상업의 역사

상업의 역사

①

왕조시대를 지나 일제 강점기까지, 경성의 시끌벅적한 상업 풍경

박상하 지음

주류성

- 일러두기 -

1) 이 책의 주요 시대 배경이 되는 1910~1940년대 식민지 조선에서 통용되던 조선은행권의 단위는 '푼分, 전錢, 원圓'이었다. 그러나 당시 '조선은행'은 식민지 조선에서 형식적인 중앙은행의 기능을 하고 있었을 뿐, 실제로는 일본의 중앙은행인 '일본은행' 조선의 지점에 지나지 않았다. 따라서 조선의 화폐 '원圓'과 일본의 화폐 '엔圓(흔히 속자 '円'으로 사용)'은 조선인과 일본인이 서로 발음만 다르게 했을 뿐 똑 같은 한자를 썼고, 동일한 화폐 가치를 지니고 있었다.

2) 1910~1940년대 당시 1원의 법정평가는 화폐법(명치 30년 3월) 법률 제16호 2조에 의거 금 0.2(0.75g)돈이었다. 예컨대 10원이 금 2돈(7.5g)이었던 것이다. 하지만 당시는 오늘날과 경제 사정이 사뭇 달랐다. 인플레이션도 거의 발생하지 않았을 뿐더러, 물가와 소득수준이 형편없이 낮았다. 또한 경제 규모가 크지 않았기 때문에 오늘날의 화폐 가치와 직접적으로 비교하는 것은 불가능한 일이다. 따라서 이 책 「상업의 역사」에서는 독자의 이해를 돕기 위해 위의 화폐 법정평가에 의거 일괄적으로 당시 '1원'은 지금 돈 '약 10만 원'으로 환산하여 표기할 수 있었다.

3) 1910~1940년대 경성 인구의 시대별 변화표

년도	1914	1920	1924	1928
인구	241,085	250,208	297,465	321,848
년도	1932	1935	1936	1938
인구	374,909	443,876	677,241	737,214
년도	1939	1941	1943	
인구	774,286	974,933	1,078,178	

<손정목, 일제강점기 도시계획연구, 一志社, 1990.>

사람은 누구나,
어차피 그 무언가를 팔면서 살아간다

우리의 근대 상업사商業史는 일천하다. 이웃 나라만 보더라도 우리하고 사정이 다르다. 중국은 이미 1872년부터 '상인을 초청해서 설립한 공기업'이란 뜻의 해운회사 '윤선초상국輪船招商局' 설립을 시작으로, 상업을 넘어 기업이 급속하게 늘어났다. 일본 역시 민간 철도회사인 니혼철도(1881)와 오사카방적(1883)을 시작으로 근대 기업들이 우후죽순처럼 세워졌다.

그에 반해 우리의 근대 기업사는 턱없이 짧은데다 초라하기까지 하다. 20세기에 들어서야 겨우 '경성방직'과 같은 근대 기업이 탄생할 수 있었다. 그나마 제대로 조명된 적도 없다. 왜 그랬던 걸까?

이건 아무리 생각해 보아도 역사를 붙잡고 따져 물을 수밖에 없을 것 같다. 그러나 우리의 역사를 되돌아보았을 때 상업사에서 기업사에 이르기까지 움터 오를 수 있는 토양이나 씨앗이 전혀 존재하지 않았다. 땅을 칠 수밖에 없는 노릇이다.

먼저 오늘날 우리의 토대를 이룬다는 조선왕조만 해도 그렇다. 조선왕조 땐 상업을 하고 싶다고 하여 아무나 상업을 할 수 있었던 게 아니다. 태조가 새 왕조를 창건한 이래 유교를 통치 이념으로 삼으면서 일반 백성들에겐 상업을 허락할 수 없다는, 이른바 '억말무본抑末務本'이라는 국시를 추상같이 견지해온 까닭이다.

따라서 조선왕조는 상업에 지극히 부정적이었다. 상업 활동은 백성들을 간사하게 만들뿐더러 통치 이념의 교화에도 어긋난다 해서, 심지어 농산물의 유통에까지 소극적이었다. 유교의 정신주의만을 강조했을 뿐 자본 축적의 기회에 손이 미치지 못했다.

물론 선말에 이르면 통공通共을 시행하기도 한다. 정조(1791) 연간에 '누구나 상인이 될 수 있다'라고 선포하기도 했다.

하지만 그것도 다 한성의 바깥에서나 가능한 소리였다. 도성 안의 알토란 같은 상권을 제외한 찌꺼기나 다름없는 나머지곳들, 그리하여 도성 바깥으로 나가 하찮은 푼돈이나 주고받는 상거래에 한정한다는 논의에 불과했다. 왕조의 기왓장이 허물어져 내리는 그날까지 우리에게 상업조차 존재할 수 없었다.

반면 이웃 나라들의 사정은 사뭇 달랐다. 중국의 경우 4천여 년 전 대륙 최초의 국가인 하夏나라 때부터 벌써 상업이 출현했다. 3천여 년 전주周나라 땐 상인들이 등장했고, 춘추전국 시대가 되면 이미 '재물의 신'이라고 불렸던 범려와 자공, 백규와 같은 큰 상인들이 경영의 진수를 한껏 뽐냈다. 이후에도 누대에 거쳐 상업이 천하와 두루 통하다通行天下, 19세기에 이르러 상업과 기업의 중간 단계랄 수 있는 '매판買辦'을 거쳐, 근대 기업으로까지 연착륙하게 된다.

일본 역시 일찍부터 상업과 금융업이 상업자본으로 꽃피웠다. 대표적인 상업자본으로 지금까지도 건재한 고노이케鴻池, 스미토모住友, 미쓰이三井 등을 들 수 있다.

고노이케는 1656년 환전업에서 일반 금융업으로 성장해갔으며, 스미토모는 1691년 이래 부동산 개발과 함께 동銅 거래를 시작해서 금융업으로 사업을 전개해갔고, 미쓰이는 1673년 의류상을 시작으로 대자본을 일궜다.

이쯤 되면 다시금 의문에 빠지게 된다. 한·중·일 삼국이 오랜 역사 속에서 다 같이 불교와 유교문화의 지배를 받아왔음에도, 자본 축적의 기회에서만은 우리가 뒤처진다. 유독 뒤처진 데다 초라하기까지 하다. 그저 단순히 유교를 국시로 삼은 왕조의 탓만이었을까?

'만일 집이 가난하고, 어버이가 늙은 데다, 처자식은 연약하며, 명절이 되어도 조상에게 제사조차 올리지 못한다면, 더구나 가족이 한데 모여도 음식을 변변히 먹지 못하고, 입을 옷이 없어 사람들과 어울리기 어려우면서도, 그 같은 가난을 진정으로 부끄러워할 줄 모른다면 참으로 못난 사람이 아니겠는가? 바로 이런 이유로 재물이 없어 가난한 사람은 힘써 일하고, 재물이 조금이나마 있는 사람은 지혜를 짜내며, 이미 많은 재산을 가진 사람은 시기를 노려 보다 많은 이익을 좇게 된다. 이것이 곧 삶의 진리가 아니고 무엇이겠는가…?'

중국 고전 「사기史記」의 한 대목이다. 지금의 시점으로 보면 이 같은 대목이 아무 문제가 될 리 없다. 하지만 2천여 년 전으로 거슬러 오른다면 사정이 달라진다.

「사기」는 2천여 년 전인 중국 한나라 때 사마천이 쓴 대륙의 역사서이다. <본기本紀> 12권, <표表> 10권, <서書> 8권, <세가世家> 30권, <열전列傳> 70권 등 모두 130권 52만 6,500자로 구성된 방대한 분량이다.

그 130권 중 <열전>의 70권 가운데 예순아홉 권째가 곧 「화식열전」이다. 앞서 인용한 문장은 이 「화식열전」에서 가려 뽑은 일부이다.

여기서 화貨는 재산이며, 식殖은 불어난다는 뜻이다. 춘추전국 말기부터 한 대 초기에 이르기까지 상업으로 막대한 부를 축적한 이들의 활약상을 꿰뚫어 본, 요컨대 재산을 늘리는 숨은 비책을 섭렵하고 있다.

특히 '재주 있는 자는 부유해지고, 모자란 자는 가난해진다'라거나, '사람의 모든 행위는 오직 부귀해지려는 몸부림이다'랄지, '이익을 추구하고, 가난을 치욕으로 여기라'는 먹고사는 민생문제를 정면으로 제기하고 있다.

다시 말해 경제 능력이 사회생활에서 얼마나 중요한가를 강조하면서, 명분보다는 실질을 택하라고 목청을 돋운다. 가난을 돌이킬 수 없는 수치로 여기라고 외친다. '사농공상의 시대'에 상업을 천시했던 가치관을 일관되게 부정하고 거역하는, 당시로선 불손하기 짝이 없는 혁명적 발상이 아닐 수 없었다.

그럼에도 사마천은 물러서지 않는다. 당대의 유학자들이 '이익을 추구하고 가난을 치욕으로 여긴 자'라며 거침없이 손가락질했던 상인들의 진가가, 따은 본질적으로 유교의 정신과도 합치한다는 주장을 굽히지 않는다. 때문에 방대한 역사서 속에 별도로 「화식열전」을 따로 구성해서, '이익을 추구하고, 가난을 치욕으로 여겼던' 상인들의 삶을 조명하여 기탄없이 칭송하고 있다.

　이유는 너무도 자명했다. 상인들이라 할지라도 '평범한 사람들로 정치를 어지럽히지 않을뿐더러 백성들의 생활을 방해하지도 않았고, 단지 상품의 매매에서 기회를 포착해서 재산을 증식하였을 따름'이라고 대변한다. 그런 만큼 '지혜로운 자라면 여기서 반드시 깨달은 점이 있어야 한다'고, 「화식열전」을 엮은 자신의 의도를 분명히 밝히고 있다.

　요컨대 한낱 평범한 필부가 세상을 어지럽히지 않으면서도 상업에서 기회를 포착하여 재산을 증식하는 일이란, 제아무리 지혜로운 자라 할지라도 정녕 본받을 점이 있다는 확신에서였다. 당대의 유학자들로부터 거센 비판의 대상이 되었던 '이익을 추구한다'라는 대목을, 사마천은 '그것이야말로 인간의 가장 자연스러운 욕구'라고 벌써 2천여 년 전에 피를 토하듯 부르짖은 것이다.

　또 그와 같이 전통적인 가치관을 일관되게 부정하며 거역하고 있음에도 결코 헛되지 않은 주장이었기 때문에 유효할 수 있었다. 손가락으로 다 헤아릴 수 없을 정도로 수많은 중국의 성현 군자들이 쏟아낸 무수한 책더미 속에서도, 2천여 년 동안을 꿋꿋이 살아남을 수 있었다. 그리하여 중국의 상인들을 '세계 3대 상인'으로 굴기시킨 불멸의 상경商經으로 남게 된 것이다.

사마천의 「화식열전」이 중국의 상인들에게 불멸의 상경이라 한다면, 일본을 경제대국으로 이끈 불멸의 상경은 시부사와 에이치의 「논어와 주판」이랄 수 있다. 우리와 같이 '상업은 곧 악'이라고 일컫던 '사농공상'의 에도막부 시대에, 그는 전혀 딴 목소리를 낸다. '부귀는 인류의 성욕과도 같은 가장 원시적이고 근본적인 욕구'라고 주장하면서, '에도 시대의 유학자들이나 송나라의 유학자들이 생각하고 있는 것처럼 도덕과 이익 추구는 상호 모순의 관계가 아니라고 주장한다. 그런 만큼 도덕과 이익 추구는 더불어 추구할 수 있다'라며 강조하고 나섰다.

시부사와는 「논어」에 결코 부귀를 천시하는 내용은 없으며, 공자가 부귀를 악으로 보았다는 해석도 후세의 오독이라고 단언한다. 본래 공자는 부귀하여 방탕해지는 것을 경계했을 뿐인데, 마치 이것을 공자가 부귀를 혐오했다고 이해하는 건 잘못이라고 지적한 것이다.

또 그는 이 같은 폐해를 해소하기 위해 공자의 「논어」를 거듭 찾는다. 송나라의 주자학에 뿌리를 두고 있는 에도막부 시대의 유학은, '이利 를 배척하고 인仁만을 강조'했기 때문에 「논어」와 다르다고 말한다. 공자가 당초에 의義와 이利는 불과 물처럼 서로 섞일 수 없는 관계라고 주장한 것이 아니라, '의리 합일'을 외쳤다고 주장한다.

에도막부 말기에 농업과 상업을 겸한 집안에서 자란 시부사와는, 27세 때 파리 만국박람회(1867) 시찰을 계기로 선진 자본주의 국가의 산업제도가 얼마나 우수한지 몸소 체득했다. 유럽에서 돌아온 그는 메이지 정부의 조세국장과 구조개혁국장을 지내며, 일본의 화폐·조세·은행·회계제도를 근대적으로 개혁했다.

그러나 33세 때 '상업이 부흥해야 나라가 산다'는 일념으로 탄탄대로를 걷고 있던 고위 관직을 스스로 버린다. 그런 뒤 '만약 부를 추구해서 얻을 수 있고 떳떳한 것이라면, 비록 말채찍을 잡고서 왕의 길을 트는 미천한 마부의 일일지라도 마다하지 않겠다'라는 각오로 상계에 투신한다.

이후 그는 미즈호은행, 도쿄가스, 도쿄해상화재보험, 태평양시멘트, 데이코쿠호텔, 지치부철도, 도쿄증권거래소, 기린맥주, 세키스이건설 등 500여 개에 달하는 기업을 설립했다. 유교적 윤리와 더불어 현실적 시장 감각의 조화를 꾀하면서 '일본경제의 아버지', '일본 근대화의 아버지'로 추앙받고 있다.

왼손에는 건전한 부의 윤리를 강조한 「논어」를, 오른손에는 화식의 「주판」을 들고서 당당하게 경제활동을 하라는 메시지가 담겨 있는 그의 저서 「논어와 주판」은, 곧 일본 상계의 나침반이자 상경이 되었다. 일본 경제를 일으킨 '비즈니스의 바이블'로 불리며 지금껏 끊임없이 읽히고 있다.

불행하게도 우리의 역사에선 이 같은 상경이 없다. 율곡과 퇴계가 남겼다는 무수한 저서 속에도, 개혁 군주의 아이콘으로 불리며 가난한 백성들을 그리도 생각했다는 정조의 수많은 어록 속에서도, 무려 500여 권이 넘는 책을 펴냈다는 다산 정약용의 책 곳간 속에서도, 평생 출사하지 않고 종루거리의 거지 왕초로 살아가면서 애오라지 저작에만 몰두했다는 연암 박지원의 도서 목록을 다 뒤져보아도, 아니 그들 말고도 문사

철의 일체를 추구한다는 수많은 조선 선비들의 서재 어디에서도 찾아보기 어렵다. 누구 한 사람 복숭아씨 같이 단단한 그런 불멸의 상경을 남겼다는 이는 끝내 찾을 길이 없다.

우리는 왜 가난을 치욕으로 여기라고, 그래서 부자가 되어야 한다고 피를 토하듯 부르짖는 역사가 없었는지 안타깝다. 요란한 빈말들이 아닌 역사의 물줄기를 바꾸어낼 그 같은 고뇌가 부재했는지, 결과적으로 먹물들의 해오解悟는 있었을지 몰라도, 그것을 헤쳐 나갈 수 있는 대각大覺은 없었는지 아쉽기 그지없다. 2천여 년 전까지는 아니더라도, 일본과 같은 19세기 만이라도 누군가 그 같은 상경을 써내고 널리 읽힐 수 있었더라면, 우리의 역사는 또 어떻게 흘렀을까?

돌이켜보면 벌써 십수 년이 훌쩍 지나갔다. '왕조 말기의 소란한 상업 풍경에서부터, 시끌벅적한 경성의 식민경제를 거쳐, 8.15해방 이후 격동기 속에서 움튼 지금의 기업 탄생에 이르기까지'라는 부제를 단 「상업商業의 역사」는, 오직 그 같은 바람에서 첫 붓질이 시작되었다. 하지만 왕조 말기의 소란한 상업 풍경에서부터 해방 이후 격동기 속에 움튼 지금의 기업 탄생까지는 미처 엄두를 내지 못했다. 고통받는 격동의 역사 속에 파묻혀 끝내 발굴되지 않은, 일제 강점기 경성의 어기찬 상업 풍경을 겨우 담아낸 「경성상계」(2008)만을 펴냈을 따름이다. 그렇게 「상업의 역사」는 내게 미완으로 남았다.

그러나 어느 하루 조바심치고 끓지 않는 날이 없었다. 「상업의 역사」를 완결 짓지 않고선 어떤 과제를 해결할지라도 후회하게 될 것이라는 강렬한 신호가 끊이지 않았다. 언제까지 밀린 원고 뒤에 숨어 핑계만을 둘러대기도 딱했다.

결국 중국의 「화식열전」과 일본의 「논어와 주판」이라는, 그 같은 상경으로 가기 위한 밑돌이 되었으면 하는 간절함이 다시금 나를 이끌었다. 막막하기만 하던 망설임을 뒤로 하고 맨 처음 가졌던 바람을 부싯돌 삼아 마침내 어떤 계시와도 같은 번쩍이는 불꽃이 일었다. 내게는 '오래된 의문과 질문이자 숙원'이기도 하였던 「상업의 역사」 앞에 속절없이 돌아와 앉았다.

차례

제1장

5백 년 전통의
조선상계
'종로 육의전'과
'보부상단'

"

백여 년 전 서울의 풍경, 신비로운 샹그릴라

"

불과 백여 년 전만 하여도 서울은 지금과 사뭇 달랐다. 오늘날은 상상조차 하기 어려운 꿈속 같은 풍경이었다. 지금의 여의도 2배 크기에 불과한, 작지만 아름답고 평온한 도읍이었다.

서울은 모두 성곽으로 둘러싸여 있는 도성이었다. 북한산, 낙산, 목멱산, 남산, 인왕산으로 꾸불꾸불 이어지는 기다란 성곽(18.6km)을 따라 흥인지문(동대문), 돈의문(서대문), 숭례문(남대문), 숙정문(북대문)의 사대문 안에 오밀조밀하게 들어앉은 모습이었다.

사대문 안에서도 비교적 조밀하게 건축되어 있던 종루鐘樓(지금의 종각) 네거리를 제외하고 보면, 도성 안의 어디를 둘러보아도 한길에서 조금만 벗어나도 이러저러한 과수원이며 배추밭 따위가 흔히 눈에 띌 정도였다. 지금의 서울역 앞 숭례문에서 까치발을 한 채 발돋움해 도성 안을 둘러보면, 둥그스름한 노란 초가지붕들이 바다를 이루는 가운데 궁궐의 광화문이며 흥인지문이 한눈에 빤히 건너다보이곤 했다.

또 그런 노란 초가지붕들이 바다를 이루고 있는 한복판에, 다시 말해 동대문에서부터 서대문 앞까지 일직선으로 곧게 뚫린 폭 56척(약 17m)의 너비에 15리(6km) 길이인 종루대로(이하 종로로 표기)와 다시 종로대로부터 남대문을 향해 뻗어있는 큰길(지금의 세종대로)이 시원스레 뚫려있었다.

그런가 하면 두 큰길이 다시 교차하는 지점으로부터 왕조의 정궁인 경복궁을 향해 곧게 내뻗은, 폭 190척(약 55m)에 달하는 육조六曹거리(지금의 광화문광장)가 훤히 뚫려있었다. 도성 안에선 가장 넓은 큰길이기도 한 이 육조거리는, 사시사철 언제나 깨끗하게 정비되고 단장되는 거의 유일한 도로이기도 했다.

촌락은 그런 큰길과 큰길 사이에 저마다 자리잡고 들어앉아 있었다. 종로대로를 중심으로 다시금 실핏줄처럼 연결된 좁다란 도로와 개천(청계천을 일컬음)을 사이에 두고, 이른바 북촌과 남촌의 크고 작은 촌락들이 옹기종기 들어앉은 형태였다.

그 같은 촌락이 대략 20여 호쯤 모여 있으면 무슨무슨 동洞으로 불렸다. 그보다 좀 더 커서 40여 호 정도이면 무슨 무슨 계溪로, 그보다도 더 커서 60여 호쯤 되면 무슨무슨 방坊이라 일컬었다. 도성 안에는 모두 49방 288계 775동으로 나뉘어져 있었다.

도성 안의 주거 구역은 대부분 세습이었다. 외국인은 물론이거니와, 지방 사람 한 명이라도 함부로 침투할 길이 없었다.

따라서 백여 년 전 서울의 풍경은, 태조 이성계가 개경(지금의 개성)에서 한성으로 도읍을 천도(1394)한 이래 거의 한결같은 모습이었다. 무려 5백여 년 동안이나 이렇다 할 변동 없이 고스란히 유지되어 왔다. 마치 북한산, 낙산(동), 인왕산(서), 목멱산(남), 북한산(북)으로 둘러싸인 산골짜

한성의 옛 지도. 한성은 5백여 년 동안 북한산, 낙산, 목멱산, 인왕산으로 꾸불꾸불 이어지는 기다란 성곽을 따라 흥인지문(동대문), 돈의문(서대문), 숭례문(남대문), 숙정문(북대문)의 사대문 안에 들어 앉은 인구 20만의 아름답고 신비로운 도성이었다.

기에 은밀히 숨어 있는 아름답고 신비로운 샹그릴라Shangri-La나 다름 아니었다.

이런 아름다움은 이방인의 눈에도 별반 다르지 않았다. 비록 30여 년 이란 세월이 흘렀지만, 미국인 켄니, 보니, 호올 등이 쓴 기록에도(1870년대) 당시 서울의 거리는 아름다움으로 가득한 도읍이었다.

···우리 일행은 이층집 우리의 숙사로 향하여 즐거운 거리를 걸어갔다. 종각이 너무 가까워서 창으로 내다볼 수 있었다. 이 유명한 벽돌집(종각)은 사각형이었고, 청홍색으로 칠해져 있었다. 높이는 서른 척(약 9m) 가량이고, 저녁 아홉 시와 새벽 한 시에 무거운 통나무로 치는 종이 매달려 있었다.

날이 저물어서 밥 짓는 연기가 집집에서 새어나오고, 그런 연기가 길거리에 서리어서 마치 인상파 화가들의 그림 모양으로 그 윤곽을 부드럽게 해주었다.

종로 거리 위에 펼쳐지는 끊임없이 변하는 풍경에 눈길이 팔려서 창가에 하염없이 앉아 있는데 그만 어둠이 슬몃슬몃 깃들어왔다.

어두운 거리에는 거의 불이 켜있지 않았다. 그러나 일흔두 명의 야경꾼들이 어두워진 거리에 순라를 돌고 있어 거리는 매우 안전하였다.

한데도 해진 다음의 종루 거리는 인적이 거의 드물었다. 늙은이는 담뱃대를 들고 집 안으로 들어갔다. 장사치는 가게 문을 닫았다. 행상들은 과일 목판을 들고 사라져 버렸다. 애들도 집 안으로 모여들었다.

해가 져서 성문을 닫은 뒤에는 부녀자들만 집 바깥으로 나다니게 된 것이 법규로 되어 있었다. 물론 관리들은 예외였다.

어둠이 깊어오자 하인이 나가서 우리의 숙사 앞에 등불을 켰다. 등은 공들여서 만든 것으로 우리의 숙사가 관사라는 것을 표시하여 주었다. 두 척 길이의 엷은 비단 주머니 같은 것이 청홍색으로 물들여져 있고, 그것이 쇳대 위로 펴져 내려온 것인데, 문 옆 고리에 걸어두었다. 그 속에는 불을 켠 초가 꽂혀있었다.

우리 일행은 20만 명이나 되는 도성 안의 사람들이 저녁 준비를 하고 있는 조용한 거리를 내다보면서 창가에 오랫동안 앉아 있었다. 너무나 고요하고 아름다운 풍경이기 때문에, 더구나 서울이 터를 잡고 앉은, 둔지를 둘러싸고 있는 산봉우리 위로 둥근 달이 둥실 떠올라올 적에는 시간이 얼마나 빨리 지나가는지를 미처 깨닫지 못할 정도였다.

이윽고 종각에서 새벽 한 시를 알리는 종소리를 듣고 나서야 밤이 깊어진 줄을 깨달을 수 있었다. 우리 일행은 비로소 종이 창문을 닫고서 서울에서의 첫날밤을 잠들기 위해 저마다 잠자리에 몸을 눕혔다….

불과 백여 년 전 서울의 풍경이 이렇듯 아름답고 평온했다면, 성곽 밖의 모습은 또 어떠했을지 궁금하다. 흥인지문, 돈의문, 숭례문, 숙정문으로 일컬어지는 사대문 바깥의 풍경 말이다.

우선 한성의 서대문인 돈의문을 나서면 저 멀리 한강까지는 곧바로 도성 바깥이었다. 도성의 바깥은 흔히 사람들이 큰 고개라고 일컫는 만리재를 중심으로 왼쪽은 용산방坊(지금의 용산구)이, 오른쪽으로는 마포방(지금의 마포구)이 자리하고 있었다.

이 두 방의 풍경은 도성 안의 모습과는 숫제 달랐다. 무엇보다 무·배추밭이며, 파·마늘·미나리·수박밭이 주거 지역보다 훨씬 더 넓은 면적

조선왕조 말기 한성의 남대문 주변 풍경. 남대문 주변에서 까치발을 한 채 발돋움해 바라보면, 저 멀리 사진의 왼쪽 상단의 북한산 자락과 함께 경복궁의 광화문이 손에 잡힐 듯 한눈에 바라보였다.

을 차지했다. 수백 년에 걸쳐 한성이 도읍으로 성장해옴에 따라 상업적 근린 농업이 번성해 있는 풍경이었다.

이런 풍경은 전통적인 미곡 농사보다 훨씬 더 많은 이익을 가져다주었다. 때문에 도성 안의 고관대작들마저 이 같은 상업적 근린 농업에 뛰어든 터였다.

다산 정약용도 이 점을 우려했다. 자신이 쓴 「경세유표經世遺表」라는 책에서 도성 안팎에 즐비한 파밭·배추밭·마늘밭·오이밭은 고작 논 네 마지기(약 800평)의 땅에서 수백 냥의 이익을 얻고 있다고 꼬집었다. 상업적 근린 농업의 이익이 상지상답上之上畓의 벼농사보다 열 배 이상의 이익을 내고 있음을 지적하며 조세의 형평성을 촉구할 정도였다.

용산방에는 상업적 근린 농업만이 성행했던 건 아니다. 용산방의 주성리와 수철리는 마을의 이름에서 짐작할 수 있듯 무쇠를 제련하여 각종 쇠붙이를 만들어 내거나, 도성 안 종로 거리의 상인들에게 납품할 유기 놋그릇 따위를 제조해내기도 했다. 용산방의 옹리 또한 옹기나 기와 따위를 구워내는 장인들이 집단으로 거주하면서, 매일 같이 매캐한 잿빛 연기가 자우룩했다.

그런가 하면 한강 연안 쪽의 여러 나루터와 더불어 얼음 창고가 늘어서 있는 서빙고나루와 동빙고나루 지역에도 늘 많은 사람들로 바글거리고는 했다. 해마다 겨울철이면 한강의 상류 지역까지 멀리 올라가 두꺼운 얼음을 채취하여 저장해두었다가 여름철에 내다 파는, 경강京江(한강) 상인들이 자리 잡으면서 시끌벅적했다. 얼음을 채취하는 제빙공이며 채취한 얼음을 창고에 저장하는 저장공 등의 숙련된 일꾼들을 비롯해서, 하루 벌어 하루 먹고사는 얼음 운반 일을 하는 품팔이 일꾼들까지 적잖이 고용하고 있었다. 때문에 도성 바깥의 용산방은 이미 개성·평양·전주·상주에 다음 가는 큰 도회지를 이루었다.

만리재 오른쪽에 자리한 마포방 또한 별반 다르지 않았다. 마포방은 용산방보다는 좀 작은 규모였다. 나주·경주 크기 정도의 도회지를 형성하고 있었으나, 이웃 용산방과는 또 다른 풍경을 보여주었다.

무엇보다 마포방은 서빙고나루에서부터 한강나루·동작나루·노량나루·마포나루·서강나루·양화나루에 이르는, 한강변을 따라 여러 나루터를 중심으로 집단촌을 이루었다. 또 그들 집단촌은 도성 안 종로 거리의 상인들과 또 달랐다. '어선은 물론 쌀 곡식을 싣고 도처에서 경강으로 폭주하는 상박商舶들이 일 년이면 일만 척을 헤아린다'라고 했을 만큼,

조선왕조 말기 경강은 '어선은 물론 쌀 곡식을 싣고 각 지역에서 폭주하는 상박商舶들이 일 년이면 일만 척을 헤아린다'라고 했을 만큼 커다란 선촌船村이 형성되었다. 그중에서도 경강의 중심 나루는 뭐니 해도 단연 마포나루였다.

하루가 다르게 상업을 단단하게 키워나가고 있었다.

경강에 이토록 여러 나루터가 생겨나고, 도성 안 종로 거리의 상인들과 또 다른 상업을 키워나갈 수 있었던 건 무엇보다 지리적 이점이 컸다. 한강의 상류는 충청북도·강원도와 통하고, 한강의 하류는 충남·호남·영남 등 삼남 지방과 더불어 황해도 지방까지 교통하기가 편리했다. 그들 지역의 산지에서 조선 최대의 소비처인 한성까지 손쉽게 물화를 운반할 수 있었기 때문이다.

더욱이 한강변의 나루는 취급하는 물품도 제각기 달라 차별화되어 있었다. 예컨대 얼음을 실은 상박이라면 서빙고 나루로, 한강을 건너 새로이 난 신작로를 따라 과천·금천·광주·수원 등지의 읍 쪽으로 가려 한다면 한강 나루로, 지방에서 올라오는 세곡선이며 어염을 실은 상박이라면 관료들의 녹봉을 지급하는 광흥창이 자리한 마포나루나 서강나루로, 서해에서 막 잡아 올린 퍼덕거리는 싱싱한 활어는 으레 양화나루로 가야 했다. 상박도 상인도 모여드는 포구마다 성격조차 따로 구분해둔 셈이었다.

그렇대도 경강의 으뜸 나루는 뭐니 해도 마포나루였다. 경강의 여러 포구 가운데서도 연중 끊임없이 들락거리는 큼직큼직한 세곡선들은 물론 저 멀리 전라도 법성포와 서산 앞바다에서 잡아 올려 굵은 소금에 절인 각종 젓갈이며, 햇볕에 바짝 말린 갖가지 건어물들이 즐비한, 흔히 '삼개나루'라고도 불렀던 마포나루야말로 단연 경강의 중심 나루터라 볼 수 있었다.

이처럼 경강의 연안에 많은 사람들이 모여들면서, 마포방은 일찍이 다른 지역에선 볼 수 없는 커다란 선촌船村이 형성되었다. 또 중간에 물품을 매매하는 객주와 거간꾼과 같은 도매상인들까지 자리 잡으면서, 도성 안의 전통적인 종로 거리의 상인들과는 또 다른 흥청거림으로 질펀했다[3].

때문에 경강포구에서 도성 안의 종로 거리까지 물품을 실어 나르는 수레가 연일 꼬리를 물었다. 또 종일토록 고된 일을 하고 나면 으레 들르게 되는 주막집 또한 셀 수 없을 만큼 생겨나서, 경강의 나루에는 주막거리마저 온통 생다지 아우성이었다.

이런 모습이 곧 조선왕조 말기 서울이었다. 지금으로부터 불과 백여 년 전 서울과 한강 인근의 풍경이었다.

덩그러어엉-! 덩그러엉-!

종로 한복판의 보신각에서 커다랗게 울려 퍼지는 종소리에 따라 동서남북 사대문의 성문이 저절로 열리고 닫히는 곳, 하늘을 찌를 듯 높다랗게 솟아 오른 빌딩도 거리를 가득 메운 자동차의 매연이나 소음도 전연 찾아볼 수 없는 곳, 청명한 하늘 아래 높지도 그렇다고 낮지도 않은 북한산·낙산·목멱산·인왕산으로 둘러싸여 있어 포근하기 그지없던 인구 20만의 서울이 눈앞에 어른거린다. 용산과 마포 너머 경강의 포구마다 푸른 강물 위를 한가로이 떠다니는 누런 황포 돛단배가 눈앞을 스쳐간다. 이제는 그만 역사의 뒤안길로 스러진 불과 백여 년 전 서울과 한강 인근의 모습이다.

“
5백년을 이어온 조선의 상계, ‘종로 육의전’
”

 백여 년 전 왕조의 도읍 한성의 상업 풍경 속으로 한 걸음 더 들어가 보면 또 어땠을까? 조선시대에는 장사를 하고 싶어도 아무나 장사를 하지 못했다. 상인이 되고 싶다고 해서 아무나 상인이 될 수 없었다. 태조 이성계가 조선왕조를 창건하면서 숭유崇儒를 통치 이념으로 내세워 백성들에게 상업을 허락할 수 없다는, 농업은 장려하고 상업은 억제한다는 억말무본抑末務本의 정책을 일관되게 견지해온 까닭이다.

 이에 따라 조선왕조는 국초 이래 농업을 천하지대본天下之大本이라 하여 널리 장려해 왔다. 반면에 상업 활동에 대해서는 지극히 부정적이었다. 상업 활동이 백성들을 간사하게 만들뿐더러, 숭유를 통치 이념으로 삼은 성리학적 교화에도 어긋난다고 보았다. 심지어는 생산물의 유통에까지 소극적이었다.

 그러다 15세기 후반에 접어들면서 추상같던 억말무본의 근간에 서서히 균열이 가기 시작한다. 「성종실록」에 신숙이 한 말이다. 성종 원년(1470)에 심한 흉년이 들어 먹고 살 길이 없자, ‘전라도 나주와 무안 지방의 백성들이 스스로 모여 시포市鋪를 열고 유무상통有無相通하므로 많은 사람들이 보전케 되었다'라는 기록이다. 조선 전기에 지방에선 이미 시골장이 나타났음을 알려주는 이 같은 내용에 조선왕조가 크게 우려했음은 두말할 나위조차 없다.

이 같은 사실은 당시 나주와 무안에서 시장이 처음 열렸을 때 전라도 관찰사(종2품) 김지경이 올린 장계에도 여실히 드러난다. 비록 소유한 물건을 소유하고 있지 않은 물건과 맞바꾸는 물물교환 방식이라고 한다지만, 결국 이것은 농업을 버리고 말업末業(상업을 낮게 일컬음)을 따르는 것이나 다름없었다. 그로 말미암아 물가가 오르고 이익은 적어져 해로운 것이 더 많다고 한 장계의 내용에서도 미뤄 짐작해 볼 수 있다.

조선왕조 시전의 초기 풍경은 소유한 물건을 서로 맞바꾸는 물물교환 방식이었다. 그럼에도 조정은 크게 우려했다. 농업을 버리고 말업을 따르는 것이라고 여겼기 때문이다. 그러다 조선 중기 이후에나 시전이 허용되었다. 사진은 백여 년 전 대구의 서문시장 풍경.

중종 때 지사(정2품) 장순손 또한 이런 말을 하고 있다.

> 지금 **외방**(지방을 일컬음)에 또다시 시장의 폐단이 일고 있습니다. 백
> 성이 다들 이것에 의지하여 매매하는데, 도둑의 장물도 많이 섞여 팔
> 리고 있다 하옵니다. 백성이 모두들 이렇게 놀고먹으므로 전야田野가
> 묵어 황폐해졌다는 것입니다….

요컨대 허락받지 않은 시장이 지방에 열리기 시작하면서, 백성들이
근본인 농사는 짓지 아니하고 장사로 놀고먹기 때문에 논밭이 황폐화
되었다는 얘기다. 더욱이 도둑의 장물까지 처분되는 장소로도 이용된다
는 설명이다.

그러나 조선왕조가 우려했던 이유는 정작 다른 데 있었다. 농촌에서
이탈한 자들이 이런 시장을 배경으로 살아가는 한편, 종래에는 이들이
도적의 무리가 되고 만다는 거였다. 다시 말해 전국에 도적이 성행하게
된 원인이 다른 데 있는 것이 아니라 순전히 시장이 열리면서부터 백성
이 농업을 버리고 상업을 따르기 때문이며, 그런 만큼 도적의 발생을 줄
이고 왕조의 근본이 되는 농업에 보다 힘쓰기 위해서라도 반드시 시장
을 금해야 한다는 논란이었다.

하지만 이 같은 논란의 바깥에 자리한 시장도 있었다. 오직 국가에서
공인받은 한성의 종로 '육의전六矣廛'이 그것이다. 국초 이래 제물포·부
산·원산 등의 세 항이 개항(1876)될 때까지 무려 5백여 년 동안이나 조선
의 상계商界는 전통적으로 도성 안 종로통의 육의전이 유일했다.

육의전이란 도성 안에 자리 잡은 집단 시전市廛(시장)을 일컬었다. 도성

안에서도 한복판이랄 수 있는 종로 네거리 일대에 자리한 여섯 집단 시전을 뜻했다.

첫 번째 시전은, 공단·대단·사단·우단 등의 각종 비단류에서부터 궁초·생초·운한초 등의 생사로 만든 직물류는 물론 도리불수주·통해주·팔량주 등과 같은 각종 무명 옷감들과 용문사·설사·빙사 따위의 견직물 등 주로 중국산 비단을 거래하는 입전立廛이었다.

두 번째 시전은, 지금의 종로 1가 일대에 자리하면서 국산 비단만을 판매하는 면주전綿紬廛이었다.

세 번째 시전은, 질이 좋은 전라도 강진·해남, 경기도 고양의 상품 무명 옷감에서부터 질이 좀 낮은 하품 무명 옷감을 포함하여, 세금으로 걷히는 군포목·공물목·무녀목 따위를 거래하는 면포전綿布廛이었다.

네 번째 시전은, 지금의 종로 3가 일대에 자리하면서 주로 모시를 거래하는 저포전苧布廛이 자리했다.

다섯 번째 시전은, 지금의 남대문 1가 일대에 자리하면서 크고 두껍고 질긴 장지, 넓고 긴 대호지, 눈같이 흰 강원도 평강의 설화지, 얇고 질긴 죽청지, 매미 날개같이 얇은 선익지, 편지용으로 쓰이는 화초지, 전라도 순창의 상화지에서부터 상소용 상소지, 도배용 초도지, 궁중 편지용 궁전지, 두루마리로 된 시를 적는 시축지, 능화문을 찍는 능화지 등 다양한 종류의 종이와 가공품 따위를 취급하는 지전紙廛이었다.

마지막으로 여섯 번째 시전은, 종로에 자리한 내어물전內魚物廛과 서소문 바깥에 자리한 외어물전外魚物廛을 합한 내·외어물전 등까지 도성 안의 여섯 개 집단 시전을 통칭하여 이른바 육의전이라 불렀다.

이밖에도 도성 안의 육의전에는 갖가지 생활 잡화를 파는 시전들이 줄을 이었다. 국내산뿐 아니라 중국 및 외국에서 들여온 화포, 홍포 등과 솜털로 만든 옷과 담요, 털모자 따위를 파는 청포전. 담배만을 파는 연초전. 말총, 가죽, 초와 밀, 향사(실), 이야기 책 등 생활 잡화를 파는 상전床廛. 흔히 싸전이라 하여 쌀만을 파는 미전. 쌀을 제외한 보리, 메밀, 조 등 곡물을 판매하는 잡곡전. 소금, 꼴뚜기젓, 황석어젓 따위를 파는 경염전京鹽廛. 흔히 바리전鉢里廛이라고도 부르며 조반기, 대접, 주발, 탕기, 보시기, 종지, 바리, 발탕기, 쟁첩, 양푼, 쟁반, 제기, 접시, 향로, 요강, 촛대, 조치, 타구 따위를 파는 유기전. 넝마전이라

사진 위부터 조선왕조 말기 종로 육의전의 거리, 종루 육의전의 전방, 쌀을 파는 육의전의 미전이다.

고도 부르며 헌 옷가지 따위를 파는 의전衣廛. 면화점이라고도 부르며 탄 솜, 그러니까 씨를 뺀 솜을 파는 면자전. 짚신이나 삼으로 만든 삼신에서부터 나무를 깎아 만든 나막신 등과 가죽 신발까지 파는 이전履廛. 각종 물감을 화피로 싸서 팔았다 하여 화피전. 왕골이나 부들로 만든 돗자리를 파는 인석전茵席廛. 당사, 향사와 갓끈, 주머니 끈 등을 파는 진사전眞絲廛. 벌꿀을 파는 청밀전. 굵고 긴 목재를 파는 내장목전. 철로 주물

한 각종 쇠붙이를 파는 철물전. 담뱃대를 파는 인죽전. 숟가락과 젓가락을 파는 시저전. 소를 팔거나 빌려주던 우전. 말을 팔거나 빌려주던 마전. 비녀전이라고도 부르며 다리(여자의 머리숱이 많아 보이도록 덧들이는 부분 가발) 꼭지를 파는 체계전髢髻廛. 벙거지, 즉 하급 군인들이 쓰는 털모자나 털갓 따위를 파는 전립전. 쇠가죽으로 만든 신발 밑창과 가죽에 기름을 먹인 징신, 당혜(가죽신) 따위를 파는 이저전履底廛. 짚이나 삼으로 만든 미투리를 파는 승혜전繩鞋廛. 땔감만을 파는 시목전. 대, 갈대, 수수깡 따위를 발처럼 엮어 주로 울타리에 쓰이는 바자를 파는 바자전. 초가 지붕을 이을 볏짚을 파는 고초전. 나무로 만든 그릇을 파는 목기전. 지금의 시멘트와 같은 석회가루를 파는 합회전. 부녀자들의 장신구를 파는 족두리전. 망건을 파는 망건전. 돼지고기를 파는 저전猪廛. 병아리를 파는 병아리전. 꿩을 파는 생치전. 생선 자반을 파는 자반전. 생선을 삭혀 만든 식혜나 새우젓 따위를 파는 남문 밖 외해전. 면을 해 먹을 수 있도록 곡식 가루를 파는 내외분전. 엿이나 사탕을 파는 백당전. 두부를 만들 때 필요한 간수를 파는 염수전. 갖가지 말안장을 파는 복마제구전. 석쇠, 못, 솥 등 쇠로 만든 각종 물건을 파는 잡철전. 각종 바늘을 파는 침자전. 화살촉을 파는 전촉전. 밀화 단추, 용잠, 화잠, 죽절잠, 호두잠, 나비잠, 비녀, 은지환, 옥지환, 노리개, 댕기, 귀주머니, 굴레, 조롱, 염낭, 봉채, 은장도, 석장도, 참빗, 얼레빗 등 각종 패물을 파는 도자전. 가늘고 길게 오린 목재를 파는 오리목전. 길모퉁이에 있다 하여 모전이라고도 부르는 배, 밤, 잣, 은행, 모과, 감, 사과 등의 과일을 파는 우전隅廛. 채소나 나물류를 파는 채소전. 우산, 발, 홰 등 잡물을 파는 잡물전. 숙수도가라는 일종의 출장요리사와 함께 잔치 때 쓰는 사기그릇, 소반 등을 세를

종로 육의전의 목물전. 이 전방에서는 마당을 쓸고 낙엽을 치우는 싸리비와 대나무비를 비롯해서 봉당이나 마루를 쓸어내는 장목수수비, 곡식을 찧는 나무절구, 타작을 할 때 후려 패는 도리깨, 알곡과 뉘를 까불어 고르는 키, 잔칫날 갖가지 전을 부쳐두는 대나무 채반과 광주리, 감자나 고구마 따위를 담아두는 대바구니며 삼태기와 소쿠리, 칠기 자개상이며 개다리소반, 차례를 지낼 때 쓰는 각종 제기, 국수를 만들 때 사용되는 홍두깨, 그밖에도 시루떡을 찔 때 앉히는 어레미와 가는 체, 쪼개지 아니하고 구멍만 뚫어 속을 파낸 뒤 곡식을 갈무리할 때 쓰는 뒤웅박, 부엌에서 쓰는 조리와 도마, 밥 푸는 나무 주걱, 술이나 장 따위를 거르는 데 사용하는 용수 등 갖가지 상품이 전방 안에 가득했다.

받고 빌려주던 세물전貰物廛. 갓양태를 파는 양태전. 옻칠을 한 검은색 갓을 파는 흑립전. 가는 대나무로 틀을 짠 뒤 베를 씌워 만든 것으로 국상이나 삼년상을 치를 때 쓰는 백립을 파는 백립전. 관례를 막 치른 아이들이나 관아의 심부름꾼, 광대 등이 쓰는 초립을 파는 초립전. 가마를 만들어 파는 교자전. 각종 씨앗을 파는 종자전. 소금을 파는 염전 등등 이루 다 헤아릴 수 없을 정도였다.

이 같은 종로 육의전은 조선왕조의 건국에 때맞추어 태종 12년(1412)에 처음 시전을 열었다. 이후 5백여 년 동안이나 거의 매일같이 열렸다.

더구나 수대를 이어져 내려오며 한 종류의 상품만을 전문으로 취급했을 뿐 아니라, 놀랍게도 상품의 가짓수만도 수십 가지를 헤아려 다양하기 그지없었다.

종로 육의전의 시전 풍경 또한 남달랐다. 웬만한 집 서너 채를 일렬로 잇대어 놓은 것처럼 모두가 하나같이 길쭉길쭉하고 번듯한 기와집이 즐비한 풍경이었다.

그 같은 풍경을 보이는 데는 그럴 만한 이유가 있었다. 길거리 쪽에 면해 있는 정면 앞칸이 상품의 진열장과 동시에 손님을 맞이하는 쓰임새라면, 좁고 긴 통로를 따라 여러 작은 방들로 나뉘어져 있는 뒷칸은 주로 상품을 쌓아두는 창고로 이용하기 위한 공간이었다. 또 그런 시전들이 종로통을 중심으로 자그마치 3천여 칸이나 즐비하게 늘어서 있을 정도였다.

여리꾼. 전방 앞에 서성이다 지나는 사람들을 꼬드겨 끌어들여 전방 주인으로부터 구전을 챙기는 여리꾼의 귀 따가운 호객 소리도 종로 육의전에서 빼놓을 수 없는 풍경이었다.

따라서 종로 육의전의 바닥 또한 엄청 넓을 수밖에 없었다. 종로 네거리를 중심으로 동쪽으론 지금의 종로 3가인 배오개까지, 서쪽으론 지금의 광화문 우체국 맞은편 북청교 자리까지, 남쪽으론 지금의 을지로2가 일대까지, 북쪽으론 지금의 견지동 일대까지 널찍이 뻗쳐나갔다. 종로 육의전 바닥을 한 바탕 둘러보는 데만 진종일이 걸린다는 얘기가 나돌 지경이었다. 가히 '조선의 만물상'이라 부르는 데 손색이 없었다.

때문에 어쩌다 시골뜨기가 종로통의 육의전 바닥이라도 둘러볼라치면 정신을 홀딱 빼앗기게 마련이었다. 시골 장터라야 기껏 골목길 양쪽으로 기다랗게 늘어선 풍경이 전부인데 반해, 종로 육의전의 바닥은 그런 골목길이 두 겹, 세 겹, 심지어 네 겹까지 겹쳐 있기까지 했다.

더구나 그런 골목길들이 또다시 가로 세로로 교차하고 있어 교차 도로에 익숙하지 않은 시골뜨기에겐 두 겹, 세 겹으로 얽혀있는 복잡 미묘한 미로에 갇혀 영락없이 헤맬 수밖에 없었다. 마치 거기가 거기 같고, 지나왔던 길이 전연 새로운 길처럼 보여, 다람쥐 쳇바퀴 돌 듯 육의전의 바닥을 마냥 맴돌고 있기에 딱 알맞았다.

뿐 아니다. 종로 육의전 거리로 들어서면 언제 어느 때나 온통 사람들로 바글바글했다. 도무지 발 들여놓을 틈도 없이 북새통이였다. 더욱이 두루마기 같은 긴 대장의大長衣에 검은 갓을 쓰고 소창옷에 한삼을 단 한복汗服 차림으로 전방 앞에 서성이다, 지나는 사람들을 꼬드겨 끌어들여 전방 주인으로부터 구전을 챙기는 여리꾼의 호객 소리가 소란스럽기만 했다. 물건의 흥정을 붙여주고 구전을 챙기는 거간꾼의 쇳소리가 마치 오뉴월의 왕파리처럼 연신 귓전을 따갑게 엉겨 붙기 일쑤였다.

종로 육의전, '금난전권'으로 상권을 지켜오다

거듭 말하지만 조선시대에는 장사를 하고 싶다고 해서 누구나 장사를 할수 있었던 게 아니다. 상인이 되고 싶다고 해서 아무나 상인이 될 수 있었던 시대가 아니다. 태조 이성계가 조선왕조를 건국하면서 숭유를 통치 이념으로 삼아 백성들에게는 시장과 상업 활동을 허락할 수 없다는 억말무본의 정책을 견지해온 까닭에서다.

한데 그런 시절에도 상인과 시장은 존재했다. 시장과 상업을 자유롭게 벌일 수 있도록 국가로부터 공인받은 데가 있었다. 앞서 언급한 도성 안의 종로 육의전과 육의전의 시전 상인이 그들이었다.

그들은 도성 안에 사는 소비 대중의 수요에 부응하기 위해 상품을 판매하는 한편, 관청에 수요품이나 생필품을 납품하는 일 따위를 주요 기능의 하나로 삼았다. 때문에 그들은 국가 권력과 매우 밀접하게 관련되어 있을 수밖에 없었다.

종로 육의전이 그처럼 관설(국가 공인)로 이루어져 있었던 만큼 그곳에서 장사를 하는 시전 상인들은 반드시 일정한 국역(국가의 살림살이)을 부담해야 했다. 이들이 부담해야 할 국역은 상업세商稅, 공랑세公廊稅, 책판責辦, 잡역雜役 따위였다. 그 대가로 자신들만의 독점적 상업 활동을 허가받았던 것이다.

조선왕조의 법률서인 「경국대전」에 의하면, 상세는 시전의 등급에 따라 매월 저화楮貨(화폐로 통용되던 종이) 3~9장으로 정해졌다. 공랑세는 시전의 매 칸마다 봄과 가을 두 차례에 걸쳐 저화 각 20장씩이 부과되었다. 책판은 국가의 임시 수요물이나 외국 사신을 응대할 때 필요한 물품을 공급하고, 사신과의 무역에도 응해야 했다. 마지막으로 잡역은 국장國葬이나 산, 능 따위의 조성 공사에 출역하는 의무였다.

다시 말해 조선왕조와 종로 육의전은 공존공생의 관계였다. 조정에선 종로 육의전으로부터 필요한 국역을 안정적으로 공급받는 대가로, 그들에게 자금을 대여해주기도 하고 외부로부터 보호해주었다. 국가가 종로 육의전의 시전을 제도적으로 보호하면서 또 그 같은 시전 체제를 계속 유지하고자 애쓴 셈이다. 예컨대 허가받은 그들 이외에 상업 활동을 불법 행위로 금지한다는, 이른바 '금난전권禁亂廛權'과 같은 별도의 특권을 시전 상인들에게 부여해 주면서 국초 이래 굳건한 조직체를 형성해오고 있었다.

금난전권은 문자 그대로 아무나 장사를 할 수 있는 '난전亂廛'을 불법 행위로 금지하되, 종로 육의전의 시전 상인들에게만 부여하는 '전권廛權'을 일컫는다. 난전을 막을 수 있도록 종로 육의전의 시전 상인들에게 일정 부분 권한을 주어 난전을 막게하는 일종의 특혜였다.

권한이란 다른 게 아니었다. 종로 육의전의 시전들이 난전을 막을 수 있도록 개별적으로 먹여주고, 입혀주고, 재워주어 가면서 일정 수의 무

남의 집 앞 길거리에 쭈그리고 앉아 나막신을 늘어놓고 파는 난전亂廛. 그러나 조선시대에는 장사를 하고 싶어도 아무나 할 수 없게 했다. 특히나 종로 육의전의 시전 상인들은 난전이 늘어나는 것을 막기 위해 조선왕조와 결탁하여 난전을 허용치 못하게 하는 '금난전권'을 확보하면서 사병私兵과도 같은 무뢰배들을 고용하기까지 했다.

뢰배들을 고용할 수 있음을 뜻했다. 종로 육의전의 상권을 지켜내기 위해 일종의 사병私兵을 둘 수 있도록 한 것이다[6]. 그리하여 국초 이래 5백여 년 동안이나 이 같은 체제를 철옹성처럼 지속시킬 수 있었다.

한데 눈길이 머무는 대목이 있지 않은가? 종로 육의전의 시전들이 '먹여주고, 입혀주고, 재워주어 가면서 무뢰배들을 고용할 수 있었다'라는 대목에서 말이다. 일제 강점기와 8·15해방을 전후해서 두툼한 양복을 빼입고 멋진 중절모자까지 눌러쓴, 혹 한때 종로거리를 주름잡은 주먹들이 떠올랐던 건 아닌지 모르겠다.

그렇다. 뒷날의 얘기이긴 하지만 우리는 임권택 감독의 영화 '장군의

일제 강점기부터 8.15해방을 전후해서 종로2가에 자리했던 극장 우미관(왼쪽)과 극장 우미관의 뒷
골목을 지배 했던 이른바 김두한과 종로 주먹들. 한때 이들 주먹세계가 영화화되고 드라마가 되어
많은 관객을 끌어 모은 적이 있는데, 딴은 이들 또한 조선시대 종로 육의전을 지켜주기 위한 '금난전
권'의 역사적 산물이었다. 영화 '장군의 아들'(오른쪽)의 스틸 사진.

아들'을 기억한다. 일제 강점기와 8.15해방을 전후하여 극장 우미관(종
로 2가에 자리함) 뒷골목을 지배했던 종로주먹 김두한을 필두로 구마적馬
賊 신마적이니, 또 그들을 꺾으려고 호시탐탐 날선 니뽄도를 뽑아들었던
혼마치 거리의 하야시 등이 등장했다는 전설 같은 스토리가 딴은 이 같
은 금난전권과도 결코 무관치 않았다. 그들이 종로 거리를 무대 삼아 한
사코 '지키려는 무리'와 '빼앗으려는 무리'로 나뉘어져 그렇게 한 시대
를 살아간 것이야말로 결코 우연이 아닌 필연이었다. 예나 지금이나 바
늘 가는데 실 따라가는 것처럼 돈(상업)과 주먹은 그 궤를 같이 할 수밖
에 없었다.

아무렇든 조선왕조와 종로 육의전은 그같이 오랫동안 공존공생의 끈
끈한 관계였다. 조정에서 종로 육의전으로부터 필요한 국역을 일정 부
분 공급받는 대신에, 이른바 금난전권을 비롯하여 전국적으로 상권을
확장시켜 나갈 수 있도록 별도의 특권을 그들 시전 상인에게 부여해 주

었다. 그러면서 종로 육의전은 국초 이래 굳건한 조직체를 형성하면서 조선상계의 간판이 되었다.

그렇대도 바람 불지 않은 곳이 또 어디 있겠는가. 제아무리 굳건한 조직체를 형성했다 하더라도 시작이 있으면 반드시 끝이 있게 마련이다.

무엇보다 자연스러운 인구 증가가 변곡점이었다. 조선왕조의 인구 증가에 따른 생산력의 증대, 정조(22대) 사후 뇌물을 주어 신분을 산 특권적 신분 계층인 양반이 크게 늘어났던 신분제의 변동과 같은 요인으로 말미암아, 철옹성으로 불리던 조선상계 또한 점차 바람을 타기 시작했다.

그런 결과 국가로부터 공인받은 종로 육의전의 시전 상인들 말고도 경강京江의 상인들과 같은 사상인私商人의 증가를 불러왔다. 또 그런 사상인의 증가로 말미암아 지난 5백여 년 동안 줄곧 지켜오던 특권적 독점 체제를 유지하지 못한 채 서로 경쟁 관계에 놓이게 되었음은 물론, 결국 그들로부터 거센 도전을 받기에 이른다.

그 뿐 아니다. 조선의 상계로 일컬어졌던 종로 육의전의 시전 상인들 앞에 지금껏 경험하지 못한 거대한 쓰나미tsunami가 기다리고 있었다. 바깥으로부터 거칠게 쏟아져 들어오는 낯선 침입이 그것이다.

"
이방인의 눈에 비친 생계망계한 옛 '장터 풍경'
"

앞서 조선왕조 전기(1470)부터 몇몇 지방에 시골장이 나타났음을 살펴보았다. 아울러 이 같은 사실에 조선왕조가 크게 우려했다는 사실도 언급했다.

하지만 우리의 시장 역사는 그보다 훨씬 오래전으로 거슬러 오른다. 이미 삼국시대 이전부터 시장이 존재했음을 문헌에서 찾아볼 수 있다. 「삼국지」의 진한辰韓 편에 '나라에 철이 나므로 한·예·왜가 모두 이것을 캐내어 시장에서 돈으로 사용했다'는 기록이 전한다.

고려시대에는 국가 체제가 정비되면서 시장이 더욱 활발하게 형성되었다. 「고려도경高麗圖經」에 따르면 개경(지금의 개성)에는 광화문廣化門의 거리 양쪽에 공랑公廊 형식의 전방塵房이 늘어서 있었고, 희종 4년(1208)에는 광화문에서부터 십자가十字街에 이르는 도로 양편으로 긴 행랑行廊 1,008영楹을 크게 개축하였을 뿐 아니라 이 같은 고정 전방 말고도 노상의 시장이 형성되었는데, 개경의 주민들과 근동에 사는 농민들까지 노상의 시장을 이용했다.

시장의 역사는 고려시대를 넘어 멀리 삼국시대까지 거슬러 올라간다. 그러나 조선왕조에선 상업 활동이 백성들을 간사하게 만들뿐더러 숭유의 성리학적 교화에도 크게 어긋난다고 해서, 아무나 상업을 할 수 없도록 하는 억말무본의 정책을 줄곧 펴온 결과 15세기에 들어서야 물물 교환 방식의 시장이 처음으로 열릴 수 있게 되었다.

물론 지방에서도 향시鄕市가 열렸는데, 지방의 시장은 읍성을 중심으로 필요한 물품을 서로 물물 교환하는 방식으로 운영되었을 것으로 추측된다. 하지만 읍성을 벗어나면 아직은 주거 환경이 제대로 갖춰져 있지 않은 시기여서 지방의 시장 또한 읍성을 벗어나지 못한 수준이었다.

거기에 비하면 조선시대에는 사뭇 사정이 달랐다. 18세기 들어 모내기의 이앙법이 보급되기 시작하면서 농업 생산력이 꾸준히 발전한 결과 거주 영역이 점차 확대되어 나갔고, 마침내 전국의 어느 지방이나 인구가 광범위하게 분포될 수 있었다. 따라서 조선시대의 지방 시장은 그런 배경 위에서 성립되었다고 볼 수 있으며, 첫 시작은 앞서 얘기한 것처럼 호남의 일부 지역에서였다.

기록상으로는 성종 1년(1470)에 극심한 흉년이 들어 먹고살 길이 없어 나주와 무안 지역의 농민들이 이를 극복하기 위해 가지고 있는 물건들을 들고 나와 장을 열었는데, 이것을 장문場門이라고 불렀다는 것이 그 첫 시작이다. 그러다 선조(14대) 때 임진왜란을 치르면서 미약하나마 5일 간격으로 각 지역이 연결되는 시장권이 형성되어 나가기 시작하여, 18세기에 이르러 국토 전역으로 확대되어 전국에 개설된 지방 시장의 수가 1천여 개소에 달할 지경이었다[7].

이 무렵 「만기요람萬機要覽」에 실려 있는 각 지방의 대표적인 향시를 열거하면 다음과 같다.

　　　경기도 – 광주 사평장, 송파장, 안성 읍장, 교하 공릉장
　　　충청도 – 은진 강경장, 직산 덕평장
　　　전라도 – 전주 읍장, 남원 음장
　　　경상도 – 대구 읍장, 창원 마산포장
　　　강원도 – 평창 대화장
　　　황해도 – 토산 비천장, 황주 읍장, 봉산
　　　　　　　　은파장
　　　평안도 – 평양 읍장, 박천 진두장
　　　함경도 – 원산 덕원장

17세기 말에 이르러 시장의 확산과 상인의 증가를 더 이상 정책으로 금지하기 어렵게 되자, 정부는 시장을 인정하되 시장을 이용하는 자들에게 장세를 거두어 지방 관아의 모자라는 재정 수입으로 보충케 했다. 사진은 장터에서 장세를 거두는 평시서 관리의 수세패. 국립중앙박물관 소장.

그밖에도 흔히 '쇠장'이라고 불린 함경도의 명천·길주와 경기도 수원의 우牛시장을 비롯하여, 서울·군산·목포·대구·신의주 등지의 곡물시장, 인천·부산·청진·마산·목포 등지의 어시장, 대구·전주·원주·청주 등지의 약령시, 서울의 안국동·돈의동·광희문·교북동 등지의 시탄(땔감)시장과 서울 도성 안팎의 현방(지금의 정육점) 등 지역의 특산물과 관련하여 발생한 전문시장도 속속 등장하기에 이른다.

이같이 국토의 전역으로 확대된 옛 장터의 모습은 또 과연 어땠을까? 백여 년 전 파란 눈의 이방인 이사벨 비숍의 눈에 비친 생계망게했을 옛 지방의 장터 풍경을 따라가 본다.

늘 권태롭고 단조로운 모습이던 마을에 장날이 돌아오면, 온통 생기가 넘쳐나면서 사람 떠드는 소리로 야단스럽다. 관아에서 장터로 지정해준 장소로 향하는 좁다란 길에는 이른 새벽부터 부산한 농부들로 가득 메워진다. 그들은 주로 닭이나 돼지·짚신 그리고 머리에 쓰는 갓이나 나무 주걱과 같은 자기들이 생산한 물건들을 장에 내다 팔거나, 다름 물품과 물물 교환하기 위해서 장터로 향했다.

반면에 큰 길에는 상인들의 차지였다. 좀 더 정확히 설명하면 무거운 짐을 진 짐꾼들이나 소잔등에 물건을 잔뜩 싣고 가는 행상인들의 행렬로 장사진을 이뤘다.

그 행상인들은 날짜를 맞추어 인근 지역에 서는 모든 장터를 두루 돌아다녔다. 하지만 그들 가운데 일부만이 장터에 차양을 치고 앉아 여러 가지 종류의 종이랄지 견포絹布·견사絹紗·허리띠로 사용되는 끈·단추·감은 견사絹紗·작은 거울·담뱃지갑·남성용 빗·바지끈·거울이

달린 상자 등을 판매할 수 있을 뿐, 그 나머지 사람들은 어쩔 수 없이 노상에 자리를 잡아야 했다.

하지만 장터를 찾는 대부분 사람들의 수요나 기호에 맞는 상품들은 노상의 낮은 좌판이나 그저 맨땅의 거적때기에 진열되어 있기 마련이었다. 물론 그런 노상의 상인들은 남의 집 앞을 사용하는 대가로 집주인에게 약간의 돈을 지불해야 하는데, 좌판 위에 진열하고 있는 상품들이란 대개 다음과 같았다.

제법 큰 엿(어떤 것은 참깨가 붙어 있는 것도 있다)에서부터 대량으로 판매되는 감미식품(각종 양념류), 여러 가지 직물(영국이나 일본제 모직물, 면직물도 있음), 국산 희귀 견직물과 주로 정기적으로 열리는 장터에서 팔리는 염료나 형광염료 등은 물론이고 긴 담뱃대, 젊은 층에 널리 보급되어 있는 일본제 권련초와 성냥·가죽가방·나뭇빗·금실이나 은실이 끄트머리에 달려 있는 머리핀과 은전을 넣어두는 돈지갑 등이 눈에 띤다.

그런가하면 맨땅에 깔려 있는 거적때기 위에는 짚으로 만든 돗자리며, 짚신과 노끈으로 만든 신발·규석·조잡하고 거친 국산 견직물·수요가 많은 말고삐用 줄·빗자루·나막신·검은 유포油布·짚·갈대·대나무로 만든 갖가지 형태의 갓이 진열되어 있고, 국산 철제 상품으로 음식을 조리하는 데 사용하는 식칼이나 그릇, 또한 삽자루나 문고리·못·망치를 비롯해서 각종 뿌리채소 등이 풍성했다. 과일은 크고 딱딱한 돌배에서부터 밤·땅콩·생강 등이 거적때기 위에 수북이 쌓여 있었다…[8].

그러나 옛 장터는 단순히 시장의 기능만을 위한 공간은 아니었다. 왕조 말기에 이르면 대부분의 지방 장터가 5일장으로 자리 잡으면서, 장터는 지방의 주민들이 살아가는 데 없어서는 안 될 필수적인 공간으로 자리매김했다.

또 이러한 인식은 지역 주민들 뿐만이 아니었다. 지방 고을의 수령들은 물론 조정에서조차 마찬가지였다.

따라서 사람들이 자연스럽게 많이 모이는 이 같은 장터의 성격을 이용했다. 정부의 시책이나 고을 수령의 지시 사항 등을 널리 알리는 데 십분 활용하기도 하였으며, 필요한 정보를 수집하는 장소로도 이용되었다.

그렇다고 장터에서의 이 같은 정보 교환 기능이 비단 정부나 고을 수령만의 차지도 아니었다. 장터에는 곧잘 정체불명의 괘서나 대자보와 같은 벽서가 나붙었다. 정부나 사회에 불만을 품고 있거나, 개인적인 억울함을 호소하기 위한 장소로 제격이었다. 물론 이 같은 괘서나 벽서는 공공연히 내붙일 수 없는 것이었음에도, 점차 전국 각지에서 수시로 발생하여 백성들의 저항 수단으로 활용되기까지 했다.

물론 이러한 백성들에게 경각심을 불러일으키기 위한 정부의 노력 또한 대부분 장터 안에서 이루어졌다. 흔히 범법자들을 징계하여 처벌한 후 장터에서 이들을 모두가 볼 수 있도록 회시回示하였으며, 반역자들은 장터 바닥에서 참수하여 붉은 피로 물들이기까지 했다[9].

그렇다 하더라도 옛 장터의 주인공은 역시 이름 없는 백성들의 것이었다. 그들이 서로 하나가 되어 만들어낸, 그래서 각박하고 고단한 삶을 스스로 위안받고 빈 마음을 채워가던 백성들만의 놀이의 장이기도 했다.

榜文
右記容貌把記者
今未百姓擊殺
牛馬財物搶奪盡
龍駒縣監
左者捕捉斬頭又表
縣念名
身長六尺
補償金
武仟兩
髥出顔多毛

사람들이 많이 모이는 장터는 정보 교환의 공간이기도 했다. 막걸리 냄새 시큼한 장터 주막집의 벽에 나붙은 방문은 수배범을 알리는 내용으로, 이 자는 사람을 타살하고 우마 재물을 강탈하였는데, 얼굴에 수염이 많고 눈매가 날카로운 인상착의를 그리고 있다. 용구 현감의 이름으로 현상금 2천 냥을 내걸었다.

　　황해도의 경우 5일장이 서는 거의 모든 장터에서 봉산탈춤이 성행했고, 경상도 일대에서는 오광대놀이가, 경기도 일대에서는 양주 별산대놀이며 송파 산대놀이 등이, 전라도 일대에서는 춘향전·흥보가·남도 육자배기 가락이 흥건했다. 이처럼 옛 장터는 단순히 상품만이 거래되었던 곳이 아닌 민초들의 유희의 무대, 곧 화합의 마당이기조차 했던 것이다.

"

두메산골의 장터까지 누빈 장돌뱅이 '보부상'

"

조선의 상계를 돌아볼 때 종로통의 육의전과 함께 빼놓을 수 없는 것이 또 있다. 보부상褓負商이 곧 그들이다.

보부상은 그 옛날 장터를 떠돌아다니던 행상을 일컫는다. 엄밀히 말해 보상褓商과 부상負商이 합쳐진 말이다. '보상'은 상품을 보자기에 싸서 질빵으로 짊어지고 다녔던 행상을 일컫는다. '부상'은 상품을 지게 위에 지고 다녔던 행상行商을 뜻한다.

이들이 취급한 상품도 각기 달랐다. 보상은 포목·면사·비단·제지·금·은·동·인삼·피혁·갓·망건·필묵 등이 주요 품목이었다. 부상은 생선·소금·무쇠·목기·목물木物 등 다섯 가지 상품을 취급했다. 조선 후기에 이르면 다섯 가지 상품 외에도 담배·유자·죽물竹物·자리방석·벌꿀·청마靑麻·석유·설탕 등이 추가되었다. 상품을 보자기에 싸서 질빵으로 짊어지고 다녔던 보상에 비해, 지게 위에 상품을 지고 다녔던 부상의 취급 상품들이 보다 서민적이고 대중적이었음을 알 수 있다.

그렇더라도 이들 보부상은 때맞춰 지방에서 열리는 장터에 결코 빠져

보상(왼쪽)과 부상(오른쪽). 상품을 보자기에 싸서 질빵을 짊어지고 다녔던 '보상褓商'과 상품을 지게 위에 지고 다녔던 '부상負商'을 통칭하여 흔히 '보부상褓負商'이라 일컬었다. 이들 보부상은 흔히 장돌뱅이·장꾼·봇짐장수·등짐장수·황아장수·돌짐장수로 불렸으며, 대개 5일마다 열리는 지방의 장터를 돌아다니거나 혹은 산간 오지를 찾아 상품을 팔기도 하였다. (오른쪽)지게 위에 상품을 지고 다녔던 부상의 모습을 그린 19세기 그림은 간송미술관이 소장하고 있다.

서는 안 될 주역이었다. 종로통의 육의전이 순전히 도성 안의 상계를 위한 유일한 상설 시전이었다면, 민초들의 광장이었던 지방의 장터는 이들 보부상이 펼쳐나가는 신세계였다.

이들은 장이 서는 곳이면 상품을 메고(보상) 지고(부상) 전국을 떠돌아다녔다. 때론 보잘것없는 1리釐에 불과한 작은 이문을 얻기 위해 5리里 길도 마다않는 행상이어야 했다. 그들이 부른 민요는 보부상의 삶과 애환이 고스란히 담겨 있음을 알 수 있다.

짚신에 감발하고 패랭이 쓰고, 꽁무니에 짚신 차고 이고 지고, 이 장 저 장 뛰어가서, 장돌뱅이 동무들 만나 반기며, 이 소식 저 소식 묻고 듣고, 목소리 높이 고래고래 지르며, 비가 오나 눈이 오나 외쳐 가며,

돌도부(머리에 이고 다니는 행상) 장사하고 해질 무렵 손잡고 인사하고 돌아서네, 다음날 저 장에서 다시 보세…[10].

산토끼가 죽어가면 여우도 슬퍼하오, 금수조차 그러한데 한심하다 우리 세상, 무거운 등짐지고 이곳저곳 떠돌면서, 아침에는 동녘 하늘 저녁에는 서녘 땅, 어쩌다 병이라도 나면 구원할 이 전혀 없네, 사람에게 짓밟히고 텃세한테 괄시 받고, 언제나 숨겨두면 까마귀밥이 되고, 슬프다 우리 인생 이럴 수가 어찌 있나, 우리 산다 한들 몇 만 년을 살 것인가, 한데 묶여 단결하고 기율로서 다스리면, 형도 좋고 아우 좋고 서로서로 도울 제면, 동네방네 좋을시고 우리 고을 좋을시고…[11].

보부상은 이처럼 아주 보잘것없는 이익을 얻기 위해 산을 넘고 내를 건넜다. 다른 행상보다 한 발 먼저 가야 이문을 얻을 수 있기에 고단한 발걸음을 재촉하지 않으면 안 되었다. 정월 초에 행상 길에 오르면 으레 세밑이 되어서야 집으로 돌아오고는 했다.

그렇게 집을 오래 비우게 되면서 오쟁이를 지는 이도 적지 않았다고 한다. 그새 아내가 다른 남자와 정분이 나 도망치는 경우도 없지 않은 것이다.

그들이 가는 곳엔 으레 천대와 텃세는 물론 목숨이 왔다 갔다 하는 순간조차 허다했다. 먼 곳으로 행상을 떠났다가 자칫 병이라도 나면 속수무책인데다, 길거리에서 객사하여 까마귀밥이 될지도 모를 일이었다.

깊은 산길을 혼자 걸어야 할 때도 빈번했다. 굶주린 호랑이와 맞닥뜨릴 수도 있었다. 산적을 만나 상품을 몽땅 빼앗기는 것도 모자라 자칫

조선 중기에 그려진 것으로 알려진 '설중향시雪中向市'. 흰 눈이 소복이 내려 쌓였는데도 소와 말 등에 바리바리 상품을 싣고서 장터를 향해가는 모습을 담아내고 있다. 이들 보부상은 작은 이익을 얻기 위해 산천을 쉼 없이 걸어야 하는 고단한 행상을 마다하지 않았다.

위해를 당할 수도 있었다.

때문에 보부상이 행상을 다닐 때면 낯이 익건 처음 보는 얼굴이건 간에 으레 몇몇이 어울려 다니기 일쑤였다. 동반자를 찾지 못해 주막의 봉놋방에 하루 이틀 쉬어가는 것쯤은 다반사였다.

또 그처럼 동행이 빈번해지면서 점차 의기투합도 했던 것 같다. 조직 형태를 취하게 되면서, 행상 가운데 조직에 가입한 행상을 보부상이라 일컫게 된 것이다.

하지만 보부상단의 조직이 언제 어떻게 결성되었는지 정확히 알 수 없다. 여말의 이성계가 위화도에서 회군할 때 토산兎山 지역의 백달원이란 사람이 800여 명의 보부상을 이끌고 와 군량미를 운반했는데, 훗날

한양에 과거 보러 가는 양반이나, 보부상들이 하룻밤 고단한 몸을 쉬어가던 주막집 장면을 재현한 작은 모형.

왕이 된 이성계가 그들의 공로를 기억하여 어염·무쇠·곡물·제지·목기 등의 행상을 전담시켰다는 설화가 전한다.

그렇더라도 보부상단의 조직은 견고하기로 유명했다. 경기도 개성의 발가산發佳山 자락에 보부상의 본부가 자리했다. 이곳을 착임방着任房이라 불렀으며, 경기도 용인에 소재한 김량金良장터의 부본부를 차임방次任房이라 불렀다. 각 도와 군에 각기 도임방과 군임방이 있었고, 각 도마다 보상과 부상의 도방이 각기 따로 설치되어 있었다. 또 이들은 도반수 → 반수 → 영수 → 접장 →유사 → 공원 등으로 이뤄지는 조직체를 구성했다.

조직체는 긴급한 사안이 발생했을 때 빛을 발했다. 서로의 이름을 사발 모양으로 둥글게 돌아가며 적어 연대 보증한 사발통문을 보부상을 통해 신속히 연락을 주고받을 수 있었다.

서로의 연대감을 고취하고 행상의 고달픔을 달래기 위한 보부상단만의 놀이 또한 없지 않았다. 언제 어디서나 웃고 즐길 수 있는 광대극 '영감 영접 행진 놀이'며, 보부상 고유의 공문제公文祭와 같은 행사가 그것이다. 이때 연출되는 보부상의 행렬 장면이다.

흔히 미투리라 불렸던 짚신을 지게 위에 잔뜩 짊어진 보부상. 반란도 많고 난리도 많았던 조선왕조 시대에 이른바 '사재기 품목' 1호가 다름 아닌 미투리 짚신이었다. 남쪽에서 반란이 나거나, 북쪽에서 난리가 나 남산의 봉화대에 검은 연기가 꾸역꾸역 피워 오르면, 도성 안의 사람들은 가장 먼저 미투리부터 다투어 사재기하는 통에 곧잘 품귀 현상을 보이곤 했다.

행렬의 맨 앞은 봉매기奉枚旗와 푸른 실로 몸체를 삼고 위와 아래에 붉은 등을 매단 청사등롱青紗燈籠 수십여 개가 지나고, 긴 저고리와 통바지에 신들 매(신발 끈) 고쳐 맨 80여 명의 장정이 흰 솜뭉치를 매단 패랭이를 머리에 쓰고, 용을 그린 물미장을 짚고 나가면, 그 뒤로 각설이·걸궁패·들병이·유무 등 잡색패·용천뱅이 호인 환술사 등이 뒤를 따랐다…[12].

장터가 열리는 날이면 으레 보부상은 이 같은 놀이를 포함해서 한바탕 떠들썩하게 난장을 벌이곤 했다. 볼거리가 많지 않은 시대에 사람을 끌어모을 수 있는 유일한 방법이었다. 사람을 끌어모아야만 먼 데서부터 메고(보상) 지고(부상)온 상품을 팔 수 있었기 때문이다.

아울러 조직의 결속력을 다지고 천대와 텃세를 받거나 비난받지 않기 위한 내부 규율 또한 엄격했다. 조직원이 잘못을 저지르면 그가 속한 도방이 나섰다. 내부 규칙에 따라 곤장을 때려 치죄했다. 죄가 보다 중하면 멍석말이를 해서 그들이 짚고 다니는 물미장(지게의 작대기)으로 징벌했다.

보부상의 내부 규칙에 따른 죄목과 형벌은 다음과 같았다.

- 부모에 효도하고 형제간에 우애가 없는 자는 볼기 50대를 친다.
- 선생(조직의 우두머리)을 속이는 자는 볼기 40대를 친다.
- 시장에서 상품을 강매시키는 자는 볼기 30대를 친다.
- 동료에게 나쁜 짓을 하는 자는 볼기 30대를 친다.
- 술주정하면서 난동을 부린 자는 보리 20대를 친다.
- 불의를 저지른 자는 볼기 30대를 친다.
- 언어가 불손한 자는 볼기 30대를 친다.
- 젊은이가 어른을 능멸하는 자는 볼기 25대를 친다.
- 병에 걸린 동료를 돌보지 않는 자는 볼기 25대를 치고, 벌금 3전을 물린다.
- 놀음 등 투기를 한 자는 볼기 30대를 치고, 벌금 1냥을 물린다.
- 문상을 하지 않는 자는 볼기 15대를 치고, 벌금 5전을 물린다.
- 계 모임에 참석하지 않는 자는 볼기 10대를 치고, 벌금 1냥을 물린다.
- 부고를 받고도 연락하지 않는 자는 볼기 10대를 치고, 부조로 낼 돈의 두 배를 벌금으로 물린다.
- 모임에서 빈정대고 비웃거나 잡담하는 자는 볼기 15대를 친다.

비록 천대받는 장돌뱅이였지만, 이런 내부 규칙은 보부상의 심장이었다. 배움은 없더라도 지킬 건 지켜나간다는, 자신의 정체성을 정립하는 정신이기도 했다.

보부상의 상징과도 같은 특이한 복장 차림 또한 이와 다르지 않았다. 하얀 솜뭉치가 달린 패랭이를 머리에 쓰고 다녀 조금은 우스꽝스러워 보이기까지 하지만, 딴은 사회가 용인하는 제도권 안으로 편입코자 하는 그들의 숨은 욕망이 고스란히 담겨 있음을 보게 된다.

보부상이라면 누구나 패랭이의 좌우에 하얀 솜뭉치 두 개를 매달았다. 이 중 하나는 보부상 가운데 목화 행상이었던 이가 상처를 입은 이성계를 응급 치료해준 것을 기념하기 위한 거였다. 다른 하나는 병자호란(1636) 때 그만 남한산성으로 몽진 길에 오른 인조가 상처를 입었을 때 보부상이 응급 치료를 해주었는데, 인조가 이를 포상하면서 이성계의 고사에 따라 좌우 한 개씩 매달고 다니게 된 것이라고 전한다.

왕조의 건국에 보부상 또한 일조했다는 존재감의 표시이기도 했다. 병자호란 때 국왕을 구한 자부심은 곧 왕조사회가 요구하는 성리학적 질서에 그들 또한 이탈치 아니하고 참여하고 있음을 밝히는 의지의 표현이다.

때문에 국가권력의 폭력에 견디다 못해 일제히 봉기한 동학농민전쟁(1894) 때에도 그들은 짓밟혀 신음하는 농민 저항군의 편에 서지 않는다. 관군과 합세하여 농민 저항군에 맞서 피로 물든 전쟁을 치름으로써 굳이 자신들의 속내를 숨기지 않았다.

국가권력의 폭력에 견디다 못해 백성들이 봉기한 동학농민전쟁 때에도 보부상은 기득권에 섰다. 짓밟혀 신음하는 농민 저항군 쪽에 서지 않았다. 피로 물든 전쟁에서 보부상은 관군과 합세하여 시대의 염원을 반영하는 민중운동을 탄압하는 데 앞장섰다. 사진은 공주 우금치 고개 전투의 기록화.

같은 시기, 전투도 있었다. 전봉준의 농민 저항군은 아니었으나, 피 아간에 많은 사상자를 내는 첫 전투가 충청도 금산읍성에서 벌어졌다.

그러니까 무장에서 전봉준이 재봉기한 뒤 전라 우도 지역을 두루 거쳐, 고부의 백산에 당도할 즈음이었다. 호남과 호서(충청도)의 경계를 이루는 진산 지역에서도 농민 1,000여 명이 집결했다. 벼슬아치들의 수탈을 막아달라는 분노의 함성이 하늘을 찔렀다.

이들은 서장옥이 이끄는 농민 저항군이었다. 진산의 방축점에 회소(지휘부)를 세우고, 사전 합의에 따라 전봉준과 연합코자 하는 세력이었다.

때문에 전봉준의 농민 저항군이 고부 백산에 당도하는 것과 때를 맞추어, 진산의 방축점을 출발해서 금산읍을 거쳐 두 세력이 합류할 계획이었다. 한데 금산읍성에 진입했을 때 예상치 못한 저항 세력과 맞닥뜨렸다. 정부의 집권 세력으로부터 사주를 받은 보부상단褓負商團이었다. 변변찮은 지방의 관군을 대신하여 농민 저항군을 깰 해결사로 나선 '청부받은 용병'들이었다.

농민 저항군과 보부상단은 이내 금산읍성을 사이에 두고 치열한 전투가 벌어졌다. 생각지도 못한 보부상단의 기습 공격 앞에 농민 저항군이 무기력하게 쓰러져갔다.

결국 유리한 성벽을 점한 보부상단의 기습 공격을 견뎌내지 못한 농민저항군이 물러서지 않을 수 없었다. 미처 전투태세도 갖추지 못한 채 100여 명의 사상자를 남긴 채 일제히 퇴각해야 했다.

그러면서 두 지역의 농민 저항군이 합류한다는 당초 계획은 수포로 돌아갔다. 정부의 집권 세력으로부터 사주 받은 보부상단에 의해 전라도와 충청도의 두 지역이 가로막히고 만 것이다…[13].

그뿐 아니라 재산을 모으면 으레 이들은 신분 상승에 나섰다. 양반이나 지배 계층의 일원으로 성리학적 질서에 합류코자 애썼다. 그 좋은 예가 중국과의 국경무역으로 억만금을 모았다는 '의주 만상灣商' 임상옥이었다.

그리고 임상옥을 설명하기 위해서는 먼저 홍경래를 알아야 한다. 뿌리 깊은 서북 지역의 차별에 분노하여 왕조의 기득 세력에 맞서 분연히 반란을 일으킨 홍경래부터 살펴보아야만 한다.

일찍이 반란을 꿈꾼 홍경래는 자신을 숨기고 의주 만상 임상옥 밑으로 들어간다. 그를 포섭하여 막대한 거사 자금을 마련하기 위해서였다. 홍경래가 임상옥 상단의 서기書記로 들어가 복잡다단한 일상의 기록에서부터 회계장부며, 중국으로 보내는 서찰까지도 별 어렵잖게 거뜬히 해냈다. 임상옥의 눈에 쏙 들었음은 물론이다.

임상옥은 그런 홍경래(20살)가 기특하여 어느 날인가 가까이 불렀다. 임상옥은 사람 보는 눈이 뛰어나서 단 한 번을 보더라도 상대가 어떤 인물인가 정확히 꿰뚫어 보았다.

의주 만상 임상옥. 호는 가포稼圃였다. '채소밭을 가꾸는 늙은이'란 뜻이다. 어려서 아버지로부터 중국어를 배워, 일찍부터 중국과의 인삼 교역에 나섰다. 평생 억만금을 모았으나, 그가 남긴 마지막 말은 '재물은 평등하기가 물과 같고, 사람은 바르기가 저울과 같다'였다. 재물을 헛되이 쫓지 말고, 정직하지 못한 재물은 반드시 그 재물로 말미암아 파멸을 맞이할 것이라는 유훈을 남겼다.

"향시(초시를 일컬음)를 단번에 급제했다던데. 사실인가?"

"복시(2차 시험)에선 보기 좋게 낙방하고 말았습니다."

"그게 어디 자네만의 탓이겠는가?"

임상옥은 홍경래의 얼굴이며 태도를 다시 한 번 눈여겨 살폈다. 아무래도 범상치 않은 젊은이 같다고 속으로 혼잣말했다. 한데 임상옥의 예감이 틀리지 않았음을 보여주는 그 날이 너무도 빨리 다가왔다.

때마침 상단에서 가장 중요하다는 원접사(중국 사신을 의주까지 마중 나와 맞는 원로대신) 일행을 접대하는 행사가 있었다. 한성에서 멀리 의주까지 온 원로대신을 비롯하여 평양 감사, 의주 부윤(종2품) 등 일행 700여 명의 요리상을 동시에 각상으로 준비해야 했다. 700여 명을 대접해야 하는 갖가지 음식이며 술·안주 따위를 마련하는 기민함과 순발력도 문제였지만, 갖가지 음식들을 담아내는 각종 식기들과 이런저런 상이며 수저 젓가락은 또 얼마나 많은지 몰랐다.

더군다나 700여 명 모두가 한 사람 한 사람 다 지위가 높은 벼슬아치들이라 상단의 사람들은 당황하고 두려워했다. 오직 홍경래만이 태연자약한 모습을 보고 임상옥의 눈썰미가 놓칠 리 만무했다.

마침내 원접사 일행이 썰물처럼 빠져나간 뒤 한가한 저녁이 되자, 임상옥이 술상을 보게 했다. 홍경래를 불러 마주앉았다.

"그동안 상단에서 노고가 많았기에 내 특별히 주안상을 마련했으니. 오늘 저녁은 허심탄회하게 술잔을 기울이기로 하세."

상단의 여느 사람 같았으면 대방大方(상단의 우두머리) 앞에서 감히 황공해 어쩔 줄 몰라 하기 마련이었다. 하지만 머리를 숙여 감사할 뿐 어려워하지 않는 홍경래에게 거푸 술잔을 권하며 나직이 입을 열었다.

"그대 같은 이는 조가朝家(왕조를 일컬음)의 서기에는 적합할지 모르나, 사가私家의 서기를 하기엔 부적당한 것 같네. 하찮은 장사꾼의 숫자놀음 문서나 만지작거리고 있을 분이 본래 아닐세."

뜻밖의 소리였다. 홍경래는 자신이 무슨 잘못이라도 저질렀는지 물었다.

"잘못이라니? 정녕 그런 뜻이 아니네. 내 그동안 자네를 유심히 보아왔는데 내 곁에 머물러있기엔 그릇이 너무 크네."

임상옥은 두 말 하지 않았다. 두둑한 노자를 내어주며 보다 넓은 세상으로 당장 떠나길 재촉했다.

훗날 서북 지역에 반란이 일어났을 때 임상옥은 반란의 주모자가 홍경래임을 단 번에 알아차렸다. 그러면서 임상옥은 이렇게 다짐했다 한다.

'나는 결코 (홍경래의 반란에 가담한) 가산 지방의 거부 이희저처럼 되진

정조(22대) 사후 김조순을 비롯한 안동 김 씨 일가에 의해 권력이 독점되는 이른바 세도정치는 필연코 부패가 뒤따랐다. 지방 고을의 수령인 사또 역시 정치 세력을 배경으로 자신들의 사복을 채우는데 여념이 없었다. 백성을 감싸 보호해야 할 수령의 역할을 다하기는커녕 백성의 등골을 빼는데 골몰했다.

않을 터이다.'

다짐만이 아니었다. 홍경래의 반란이 일어났을 때 그는 자신의 억만 금 재산을 아낌없이 내주며 관군의 편에 섰다. 관군의 군량미와 전쟁 비용을 조달하면서 홍경래의 반란과는 대척점에 섰다.

마침내 홍경래의 반란이 진압된 뒤 임상옥은 공로를 인정받게 된다. 국왕으로부터 품계를 받아 일약 오위도총부의 오위장(종2품)에 올랐다. 이어 전주 감영의 중군(종2품)을 거쳐, 평안도 곽산 등지의 사또를 지내면서 고을 백성들을 보살폈다고 전한다.

미천하고 천대받는 상인의 처지에서 일약 양반으로의 신분이 상승한 셈이었다. 비로소 지배 계층의 일원으로 성리학적 질서에 합류케 된 것이다.

보부상의 첩帖, 상단의 임명장이다(1891). 문서의 끝부분에 첩이라는 글자 위에 상단 우두머리인 대방의 수결과 함께 도장이 찍혀 있음을 볼 수 있다.

그러나 일제 강점기 독립운동가이자 언론인이었던 문일평은 자신의 「임상옥전」에서 다른 목소리를 내고 있다. 임상옥이 홍경래가 일으킨 반란군의 편이 아닌 관군의 편에 선 데 대해 이렇게 말하고 있다.

> 그때 차라리 홍경래를 도왔다면 방자方字(상단의 우두머리)보다는 더 특색이 있었을지 모른다. 다만 수 차례 백성들의 빈궁을 구휼하고 급난을 구하던 자선 공익사업과 같은 것은 그의 인격을 확실히 아름답게 빛내기에 족하다. 다만 그것이 일 읍邑 일 지방地方에 그치고 만 데에는 아쉬움이 남고, 일 국國 일 민족民族의 사료가 됨에는 부족했다…[14].

다시 말하지만 조선왕조 사회에선 장사를 하고 싶어도 아무나 장사를 할 수 없었다. 왕조가 창건될 때 숭유를 통치 이념으로 내세우면서 백성들에게 상업을 일체 허락지 않았다. 농업은 장려하고 상업을 억제하는 억말무본의 정책이 추상같았다. 상업 활동이 백성들을 간사하게 만들뿐더러 숭유의 성리학적 교화에도 어긋난다고 본 것이다.

이 같은 사회 분위기 속에서 보부상의 존재란 대단히 이질적일 수밖에 없었다. 천대받는 장돌뱅이로 온갖 텃세에 맞서야 했다. 작은 이익을 얻기 위해 바리바리 상품을 메고 지고서 전국의 두메산골을 행상으로 떠돌지 않으면 안 되었다.

나아가 왕조사회가 요구하는 성리학적 질서에 이탈치 아니하고 참여키 위해 권력을 향해 끊임없이 기웃거렸다. 국가권력의 폭력에 견디다 못해 백성들이 봉기했을 적에도 짓밟혀 신음하는 백성들이 아닌 관군과 합세하여 피로 물든 전쟁도 마다치 않았다.

그처럼 자신을 부단히 확장시켜 나갔음에도 그들은 보부상의 경험과 학습을 진화시켜 새로운 지평을 열어가는 대신에, 재산을 모으면 지주로 변신하기 바빴다. 양반으로의 신분을 상승시키는데 골몰하였음에도 보부상은 끝내 왕조의 신분 구조를 극복하지는 못한다.

또 설령 일부 신분 상승을 이뤘다 하더라도 그건 곧 덫이었다. 그들의 활동성을 스스로 약화시켰다. 무엇보다 성리학적 관념 체계에 함몰됨으로써 성장 진화에 반하는 결과만을 초래했을 뿐이다. 자본 축적이라는 상업 본연의 기회를 제한시키는 가운데 왕조 말기까지 그저 보잘것없는 장돌뱅이 행상으로 남았을 따름이다.

" '조선상계'의 길목을 장악한 전국의 4대 상단商團 "

조선의 상계에는 다양한 형태의 상단이 존재했다. 도성의 종로 육의전과 지방의 보부상으로 이어지는 단순 이분법만 아니었다. 종로통의 육의전으로 일컫는 시전과 보부상단의 행상이 있었다면, 그 중간에 해당하는 상계가 또한 자리했다. 조선의 상계를 쥐락펴락한 전국의 4대 상단商團이 그들이다. 고려왕조 때부터 뿌리 깊은 개성의 개성상단, 평양을 근거지로 삼은 평양상단, 압록강 너머 중국과의 국경무역을 통한 의주의 만상灣商, 그리고 바다 건너 일본과의 교역을 통한 부산의 동래상단이 그것이다.

먼저 개성상단은 고려왕조 때부터 도읍 상인의 위치에 올라 이미 전국의 상계를 지배했다. 「고려사」에 따르면 건국 초기 광화문 앞에 벌써 1천여 칸이 넘는 시전의 행랑이 들어서 있었다. 시전의 행랑 한 칸에 상단의 상인 너더댓 사람만 잡아도 꽤 상당한 수효였을 것으로 짐작된다.

그러나 개성상단이 주목받게 된 것은 조선왕조에 들어오면서였다. 고려왕조의 기왓장이 무너져 내리고 조선왕조가 건국되면서, 개성상단이

강세황의 송도 전경松都全景. 1757년 송도(개성의 옛 지명)를 여행하면서 그린 전경이다. 왕궁의 정문인 광화문에서 남쪽으로 곧게 뻗은 대로 좌우로 시전의 행랑이 즐비해 상계가 꽤 번성했음을 볼 수 있다.

상계의 전면에 등장했다. 도읍 상인의 위치에서 한낱 지방 상인으로 전락하면서 열악해진 상업 활동을 보다 어기차게 펼쳐나가야 했던 것이다.

이때부터 개성에는 4전塵16전塵이란 말이 전해 내려온다[15]. 큰 시전 4개와 작은 시전 16개를 가리켰다.

큰 시전 4개란 입전立塵(비단), 백목전白木塵(포목), 청포전靑布塵(중국산 포목), 어과전魚果塵(어물과 과일)을 말한다. 작은 시전 16개란 백목전, 의전衣塵, 지전紙塵, 유기전鍮器塵, 장전欌塵(가구), 사기전沙器塵 등을 뜻했다.

개성상단은 이처럼 고려왕조의 기왓장이 무너져 내린 뒤에도 기세가 꺾이지 않았다. 한성에 설치된 종로 육의전과 마찬가지로 시전을 무대로 여전히 상업 활동을 지속시켜 나갔다.

상단에는 대자본이 투자되어 많은 사람을 고용했으며, 상단의 최고경영자인 대방大房을 비롯하여
대행수大行首 → 행수行首 → 서기 → 사환 등의 조직체를 갖추었다. 사진은 상단을 소재로 한 드라마
'상도'의 한 장면(왼쪽)과 원행을 떠나는 상단의 행상 모습을 재현한 작은 모형(오른쪽).

하지만 개성상단의 존재는 뭐니 해도 행상이었다. 행상에서 자신들의 역량과 가치를 여지없이 드러냈다고 볼 수 있다. 그렇다고 보부상의 활동과 겹치는 것도 아니었다. 보부상이 소자본을 투자해서 지방의 장터를 떠돌아다니며 소매 행상을 펼쳤다면, 개성상단은 평양상단·의주 만상·동래상단으로 일컬어지는 전국의 4대 상단과 마찬가지로 대자본을 투자하여 지방에 장기간 머물면서 제법 큰 규모의 도매 행상을 펼쳐나갔다. 보부상과는 규모와 성격에서 분명 다른 영역의 세계였다.

또 이런 개성상단의 전통은 다른 4대 상단과 더불어 조선왕조 5백년을 함께 했다. 왕조의 시대에서 근대 상계의 역사로까지 고스란히 이어졌다.

일제강점기인 1911년 「시사신보」에 눈에 띄는 흥미로운 기사 한 대목이 전한다. 당시 조선에서 50만 원(지금 돈 약 500억 원) 이상을 소유한 자산가는 모두 32명으로 집계되었다. 그 가운데 개성상단의 김여황이 당당히 이름을 올렸다[16]. 개성상단의 역사가 왕조를 넘어 근대로까지 그 전통이 이어졌음을 알 수 있게 한다.

평양은 조선왕조 말기까지 전국에서 손꼽히는 도회지였다. 도읍 한성과 개성에 이은 세 번째로 큰 도시였다.

상계의 역사 또한 유서 깊었다. 고려왕조 때부터 평양의 시장은 관전장館前場이었는데, 시전이 즐비했다고 한다. 쌀·보리·콩 등의 곡물류에서부터 비단·포목·저포 등의 옷감류, 사기·옹기·유기 등의 그릇이며, 각종 잡화와 함께 종

평안감사가 벌인 거대한 잔치 풍경을 그린 단원 김홍도의 '부벽루 연회도' 중 일부. 그림 전체에 동원된 등장인물만 해도 무려 2,500명에 달해 평안감사의 위세가 어느 정도였는지 짐작해볼 수 있다.

이·주철·땔감에 이르기까지 성황을 이뤘다. 또 그 중심에는 평양상단이 자리했다.

평양상단이 전통적으로 전국의 4대 상단으로 꼽힌 데에는 무엇보다 지리적 이점이 컸다고 볼 수 있다. 평양은 육상 교통의 요충지였다.

18세기 신경준의 「도로고道路攷」에 따르면, 조선의 상계를 잇는 큰 길은 한성 — 의주 대로였다. 서로西路라고도 불린 이 대로는 다시금 한성 — 동래로 연결되는 조선왕조의 간선도로이자 혈맥이었다. 동시에 중국과 일본을 잇는 국제 연결망이기도 했다. 이 대로를 따라 무역상들이 오갔던 것이다.

이중환의 「택리지擇里志」에서도 이 대로를 주목하고 있다.

　부유한 상인이나 큰 장사치는 앉아서 재화財貨를 움직여, 남쪽으로
는 일본과 통하고 북쪽으로는 연경燕京과 통한다. 수많은 세월 동안 천
하의 물자를 끌어들여 더러는 수백만 금의 재물을 모은 자도 없지 않
다. 이런 자는 주로 한성에 많고, 다음은 개성이며, 그 다음은 평양과
안주이다….

19세기 서유구의 「임원경제지林園經濟志」에서도 같은 얘기를 전한다.

　재물은 하늘에서 떨어지는 것도 땅에서 솟아나는 것도 아니다. 교역
을 하면 반드시 재물을 얻는다. 남으로는 일본, 북으로는 중국과 교역
을 통해 수백만 금을 벌어들인 자들이 있다. 그들은 한성에 가장 많고,
다음이 개성이며, 그 다음은 동래와 밀양 그리고 의주·안주·평양에 많
다. 모두가 남북을 연결하는 통로에 있어 국내 상업보다 곱절의 이익
을 얻고 있다….

이처럼 평양상단은 한성 — 의주를 잇는 서로와 함께 다시금 한성 —
동래까지 연결되는 간선도로를 중심으로 전국의 유통망을 쥐락펴락할
수 있었다. 동시에 중국과 일본을 잇는 국제 연결망의 이점을 이용하여
'앉아서 재화를 움직여 일본·중국과 무역하는' 대자본의 무역 상단이기
도 했다.
　그러나 평양상단은 자신의 모습을 역사의 전면에 드러내진 않았다.

의주 남문. 의주는 중국과 연결되는 외교·무역의 중심지이자 국경의 첫 관문이었다. 조선왕조로 통하는 첫 번째 관문을 뜻하는 '해동제일관'이란 현판이 중층의 처마 밑에 선명하다.

선초에서 선말에 이르기까지 줄곧 소란스럽지 않은 풍경을 견지했다. 이중환의 「택리지」에서 '이성계가 나라를 창건한 이래 서북 지역 사람들을 등용치 않고, 사대부들은 그곳 사람들과 혼인하거나 벗하지 않아, 서북 지역엔 드디어 사대부가 사라지게 되었다'라고 전하는 것처럼, 노골적이고 뿌리 깊은 지역 차별 속에 또 다른 쪽으로 자신들의 숨은 역량을 키워나가고 있었다. 성리학 체제의 기존 신분 질서하고 거리가 먼 상계에서 두각을 나타내며, 많은 자본을 축적해나간 전국의 4대 상단 가운데 하나가 곧 평양상단이었다.

　의주는 서북 지역에서 몇 안 되는 도회지였다. 「무오연행록戊午燕行錄」과 「계산기정薊山紀程」에 따르면, '우리나라 서쪽에 위치한 먼 변방이긴 하나 땅의 기운이 상냥하고 산수가 맑고 그윽해서, 조금도 황량하다는 느낌이 들지 않는다. 또한 시가지와 민가가 고기비늘처럼 그득하게 늘어서 있는 변경의 웅대한 도회지'라고 전한다.

인구로 따지면 한성, 개성, 평양, 동래, 나주, 안주 등에 이은 전국에서 여덟 번째 규모였다. 하지만 국경의 요충지였을 뿐더러, 외교 사절이 오가는 중요 길목이었기 때문에 국경 도회지로 중시되었다.

시장은 5일마다 열리는 의주 읍장邑場을 중심으로 이뤄졌다. 곡물류, 견포류, 가죽류, 금속류, 해산물 등이 거래되었다.

그러나 의주 시장은 국내보다 중국에서 들어오는 국경무역이 더 컸다. 변방 도시 의주를 무역 중심의 도시로 보는 이유였다.

의주 만상의 수출품은 주로 우마, 종이, 소금, 포목, 사기류, 해산물, 농기구 따위였는데, 따로 정해지지 않은 물품은 교역할 수 없었다. 의주 상계는 수출 대가로 양구(양가죽 옷)와 소청포(폭이 좁은 포목)로 값을 계산해서 받곤 했다.

하지만 의주 만상의 진가는 중국을 오가는 사행使行의 일행에 참여하는 무역이었다. 사행의 일원으로 중국의 도읍인 연경을 오가며 국제무역을 할 수 있었다.

물론 쉽지만 않았다. 그 옛날 국경을 넘어 연경까지 가는 길이란 목숨을 내건 험난한 여정이 아닐 수 없었다.

그럼에도 의주 만상에겐 결코 포기할 수 없는 금맥이었다. 일확천금을 손에 쥘 수 있는 절호의 기회였다. 「현종개수실록顯宗改修實錄」에 이조판서(정2품) 민정중의 입을 빌어 당시 의주 만상의 일면을 엿볼 수 있게 하는 대목을 전한다.

단원 김홍도의 연행도燕行圖. 중국의 연경을 사행으로 따라가는 의주 만상의 무역은 목숨을 내건 험난한 여정이었음에도 일확천금을 손에 쥘 수 있는 절호의 기회였다. 중국에서 비단실을 들여와 일본으로 되파는 중개무역은 2.7배에 달하는 이익을 남기는 황금 루트였다.

우리나라 상인이 청나라에서 무역으로 오는 비단실은 모두 왜관으로 들어갑니다. 큰 이익을 얻을 수 있기 때문입니다. 비단실 100근을 60금金에 무역해 와서 왜관에 팔면 값이 160금이 됩니다. 이런 큰 이익이 있기 때문에 비단실은 수만 근이 들여오더라도 모두 팔 수 있습니다….

그렇더라도 의주 만상의 독점 품목은 뭐니 해도 인삼이었다. 시렁 위에 얹어 숯불을 피워 말린 조선의 홍삼紅蔘을 중국에선 '기사회생의 귀

의주 만상의 무역 상품 가운데 으뜸은 단연 조선의 인삼이었다. 조선 인삼의 효능이 알려지면서 중국과 일본 무역에서 빼놓을 수 없는 최고의 대표 상품이 되었다.

재貴材', '신초神艸'로 불렸는데, 고려시대 때부터 이미 만병통치약으로 통하던 인기 상품이었다.

일본에서도 역시 예외가 아니었다. 임진왜란(1592) 이후 「동의보감東醫寶鑑」 등 조선의 의학 서적이 건너간 이래 조선 홍삼에 대한 인식이 한층 높았다. 수요 또한 폭발적으로 증가했다.

물론 중국이나 일본도 인삼이 나지 않은 건 아니었다. 중국은 운남성과 광서성 일대에서 전칠삼田七蔘이 대량으로 생산되었다. 일본도 죽절삼竹節蔘이 있다.

하지만 조선의 홍삼은 중국의 전칠삼이나 일본의 죽절삼과는 또 달랐다.

사포닌saponin 성분에서 전칠삼이나 죽절삼의 효능에 비해 현저한 차이를 나타냈다. 값도 중국의 전칠삼보다 조선의 홍삼이 열 배 가량이나 더 비싸게 받으며 거래되었다.

일본 역시 다르지 않았다. '일본의 풍속에 어떤 병이든 인삼을 쓰게 되면 효험이 있다고 하여 값의 높고 낮음을 따지지 않고 다투어 매입하려 들었는데, 조선의 한성에서 70냥이면 살 수 있는 인삼이 일본의 에도江

戶에선 300냥쯤에 팔린다'라는 말이 나돌 정도였다. 조선의 홍삼이야말로 중국과 일본 무역에서 가장 중요한 무역 상품이었던 것이다[17].

그러나 국제 무역은 비단 목숨을 내건 험난한 여정만은 아니었다. 특히 중국 연경에서의 홍삼 무역은 중국 상인들의 농간에 흘리는 경우가 허다했다. 홍삼 무역을 성공하기 위해선 상업적 재주마저 따로 갖추지 않으면 안 되었다.

일찍이 중국은 상商나라(기원 전 1,600년) 때부터 상업이 발달해 장사 수완이 뛰어나기로 유명했다. 중국 땅은 모두가 시장이며, 중국 사람은 모두가 상인이란 말이 그냥 나온 게 아니었다.

무엇보다 중국인들을 일컬어 느릿느릿한 사람이란 뜻의 만만디라 부르곤 했는데, 여기에 걸려드는 수가 적잖았다. 중국인들의 상술에 말려들어 되레 막대한 손해를 입는 경우도 없지 않은 것이다.

조선왕조의 국정을 기록하고 있는 「승정원일기承政院日記」에서도 조선의 의주 만상과 중국의 연경 상인 간에 거래 현장을 보는 듯한 기록이 전한다.

> 요즈음 중국 상인들은 이전에 무역했던 홍삼을 내놓고 보여주면서 '이것은 아무짝에도 쓸모없는 물건이오. 우리가 살 수 있는 것이 못 되오.'라고 말합니다. 이런 방식으로 저들은 우리 상인들을 떠보곤 합니다. 결국 사행 기한이 얼마 남지 않은 끝에 이르러서야 마지못해 어쩔 수 없이 교역하게 되곤 합니다. 교묘하게 속이는 중국 상인들의 인심이 이와 같습니다….

그렇다고 호락호락 넘어갈 의주 만상도 아니있다. 수년 전 TV드라마 되어 인기를 모았던 의주 만상 임상옥은, 그런 중국 상인들에게 의주 만상의 매운 맛을 유감없이 보여준다. 가격을 터무니없이 후려치려고 담합한 중국 상인들에 맞서 임상옥은 헐값에 홍삼을 넘길 수 없다고 끝까지 버틴다. 그러다 사행이 회동관을 떠나는 날 아침 마당에 홍삼을 잔뜩 쌓아놓고 불을 질러, 오히려 남은 홍삼을 비싼 가격에 팔아넘길 수 있었다는 의주 만상의 무용담도 딴은 그런 배경에서 나온 얘기였다.

마지막으로 동래상단은 부산 동래를 중심으로 하는 전국의 4대 상단이었다. 부산 동래는 의주와 마찬가지로 무역 중심의 도회지였다. 의주 만상이 압록강 너머 중국을 상대하는 무역 중심의 도시였다면, 동래는 바다 건너 일본을 상대하는 무역 중심의 도시였다. 의주와 동래는 각기 중국과 일본으로 통하는 양대 관문이었다.

그러나 동래상단은 의주 만상과 또 달랐다. 바다 건너 일본으로 들어가서 무역을 한 예는 찾아보기 어렵다. 의주 만상과 마찬가지로 동래상단 또한 일본 에도를 찾아가는 조선왕조의 통신사 일행에 참여하는 경우도 없지 않았으나, 상단이 일본으로에 건너가서 벌이는 교역은 일체 금지되어 있었다. 잠상潛商 행위로 간주 되어 엄한 처벌을 받았기 때문이다.

예외가 없진 않았다. 일본의 상인들이 교역할 상품을 조선으로 가지고 와서 거래할 때만은 가능할 수 있었다.

그들이 묵을 공간과 거래 장소 또한 따로 제공되었다. 조선왕조가 바다를 건너오는 일본의 사신을 위해 마련한 왜관倭館이었다.

사신 일행이 왜관에 머무는 동안 두 나라 사이에 교역이 이뤄지곤 했

부산포 초량화관 지도釜山浦草梁和館之圖. 18세기 부산 초량(지금의 용두산 일대)의 왜관 전경을 그린 그림이다. 왜관은 일본의 사신 일행이 머무는 객관인 동시에 상인들이 교역하는 상관 기능을 겸하고 있었다.

다. 왜관은 객관이자 곧 상관의 기능까지 겸한 것이다. 또 그런 기능은 개항(1876) 이후 이른바 개항장이 들어서 양국 간에 무역이 열릴 때까지 동래상단과 더불어 왜관이 일본과 교역을 할 수 있는 유일한 창구 구실을 했던 셈이다.

그럼에도 왜관을 통하지 않고 일본과 은밀히 직접 교역하기도 했던 모양이다. 동래상단이 개성상단이나 의주 만상과 연대한 사실이 그것이다. 동래상단이 의주 만상과 연대하여 우피牛皮를 매점해버리자, 한성의 육의전 상인들이 발을 동동 굴렀다. 우피 장삿길이 막혔다며 조정에 호소하는 일까지 벌어졌다[18].

이같이 일본과의 교역은 오로지 왜관을 통해서만 가능했다. 또한 왜관과 통하기 위해서는 반드시 동래상단을 통하지 않으면 안 되었다. 동래상단만 왜관을 출입하며 일본 상인들과 통하는 독점적 특권을 가진 때문이있다.

'장이 열리는' 개시開市는 5일마다 왜관에서 열리곤 했다. 임진왜란 이전까지만 해도 한 달에 3차례(3, 13, 23일) 열리던 개시가, 임진왜란 이후부턴 매월 3과 8이 들어가는 날짜(3, 8, 13, 18, 23, 28일)마다 열렸다. 임란 이후 무역의 규모가 점차 확대되어 갔음을 알 수 있다[19]. 조선시대 일본과의 외교 관계를 기록한 책 「통문관지通文館志」에서 개시 날의 풍경을 보다 상세히 엿볼 수 있다.

> 매번 삼순三旬의 3일과 8일이면, 상고商賈(동래 상인을 일컬음)들이 동래부에서 출입할 수 있는 패牌를 받은 뒤 상품을 가지고 (왜관의)수문에 들어서면, (동래부에서 파견 나온)훈도訓導와 별차別差 및 수세관收稅官과 개시 감관開市監官이 지켜보는 가운데 조사하고 장부에 기록한 다음 (수문 안으로)들여보낸다. 훈도와 별차가 개시 대청마루에 들어가 자리하면, 여러 상인들이 앞으로 나아가 무릎을 꿇고 절한 다음, 각기 상품을 차례대로 마음껏 흥정하고 교역한 뒤 일시에 모두 물러난다. (왜관의)각 방에 함부로 출입하는것은 잠상潛商으로 간주하며, (동래 상인들이)왜화倭貨를 가지고 왜관 밖으로 나갈 땐 반드시 (수세관이)장부에 기록해서 연말에 이르러 출입을 비교하여 호조에 보고 한다 ….

거래 상품 또한 한정되어 있었다. 동래 상인들이 왜관에 가지고 들어갔던 상품은 '일본의 풍속에 어떤 병이든 쓰게 되면 효험이 있다'라는 인삼을 비롯해서 면사綿絲, 중국산 비단 등이 일본 상인들에게 넘겨졌다. 반면에 일본 상인들은 은과 구리를 비롯하여 동남아에서 흘러들어

동래부 관아 정문. 동래부는 지방의 한 도회 단위의 위치만이 아니라, 일본과 마주하는 변방의 국방과 교역의 중요 지역이었다. 그런 만큼 흔히 종3품의 당하관이 임명되는 다른 도호부와 달리 정3품 당상관이 동래부사로 임명되었다.

온 물소 뿔, 후추 따위가 왜관을 통해서 동래 상인들에게 넘겨졌다. 조선에선 결코 구하기 쉽지 않은 상품들이었다.

아쉬운 건 왜관 무역을 통해 동래 상인들이나 일본 상인들이 어느 정도 이윤을 남길 수 있었는가에 대해선 알려진 게 없다. 다만 1695년의 경우, 동래 상인들이 일본 상인들에게 수출한 상품 가운데 거래 금액이 가장 큰 것은 면사였다. 은으로 환산하면 2,912관(1관은 약 3.75kg)이었다. 반면에 동래 상인들이 일본 상인들로부터 수입한 상품은 납이었다. 은으로 환산하면 566관이었다.

마진율이 좋은 상품으론 품질이 뛰어난 최상급 인삼으로 110.5%에 달했다. 동래 상인들이 일본 상인들에게 수출한 상품 가운데 가장 이윤이 높았다. 반면에 동래 상인들이 일본 상인들로부터 수입한 상품 가운데선 황련黃連이 300%로 가장 높았다[20].

이렇듯 종로통의 육의전을 비롯하여 보부상이며, 개성상단·평양상단·의주 만상·동래상단으로 일컬어지는 전국의 4대 상단은, 사농공상士農工商이라는 전통적 유교 이념의 굴레 속에서도 자신만의 독특한 방식으로 조선왕조의 상계를 이끌었다. 그들은 물류의 길목을 장악하면서 국내 시장은 물론 해외 시장을 연결하는 한복판에서 이윤 추구를 위한 노력을 다했다. 그 과정에서 보여준 그들의 도전과 응전, 시련과 좌절, 학습과 단련은 오늘날에까지 여전히 맞닿아 있음을 보여주고 있는 시끌벅적한 조선 상계의 진면목이었다.

제2장

개항, 조선 상계 '종로 육의전'의 붕괴

"
왕조의 도성 안에 격증하는 일본인들
"

거듭 말하지만, 한성의 도성은 태조(1394) 이성계가 개경(지금의 개성)에서 한성으로 도읍을 천도한 이래 무려 5백여 년 동안이나 규모가 별반 달라지지 않았다. 지금의 여의도 2배 크기에 불과한, 작지만 아름답고 한결같이 평온한 모습이었다. 주거 지역은 대부분 세습적이었고, 외국인은 물론 지방 사람 한 명 일지라도 함부로 침투할 길이라곤 없었다.

그런 한성에 외국인이 처음으로 발길을 들여놓으면서 상주하기 시작한 때가 1880년 4월이었다. 일본의 강압 앞에 속절없이 체결한 '조일수호조규(1876년)'에 따라 같은 해 최초로 일본 공사관이 개설되었다. 하나부사 요시모토 공사가 부임한 것이다.

그러나 일본 공사관은 도성 안에 자리하지 못했다. 한성의 서대문인 돈의문 바깥에 자리한 청수관으로 밀려나야 했다.

그나마 2년 뒤에는 습격을 받고 말았다. 조선 정부가 일본의 후원을 받아 신식 군대를 선별하여 훈련시키는 과정에서 구식 군대를 차별 대우하는 것처럼 알려지자, 분노한 구식 군대와 백성들이 합세하여 임오

도성 안으로 처음 들어온 일본 영사관은 도심 한복판(지금의 종로2가)에 자리한 철종 임금의 사위였던 박영효 대감의 사저였다. 역사의 격동 속에 박영효 대감의 사저는 남산 한옥마을로 이전해 가고, 그 자리엔 널찍한 대지 위에 숲을 이루고 있는 고목 사이로 경인미술관과 전통다원이 들어서면서 찾는 이가 많아졌다.

군란(1882)을 일으켰다. 이때 일본 공사관은 성난 군중들에 의해 불타고 말았다. 하나부사 공사는 일본으로 줄행랑을 치지 않으면 안 되었다.

같은 해 8월, 이번에는 일본군을 앞세워 다시금 한성으로 진군해 들어왔다. 일본 해군의 나례 제독과 육군의 다카시마 소장이 이끄는 1,200여 명의 병력이 인천으로 상륙한 뒤, 나흘 뒤에는 도성 안으로 들어왔다. 한성을 지키는 금위대장 이종승의 사저(지금의 충무로 소재)를 임시 공사관으로 삼았다.

그러나 일본 공사관은 조선의 정궁인 경복궁과 보다 가까운 지근거리로 이전을 서두른다. 지금의 종로2가 관훈동에 자리한 박영효 대감의 사저로 옮긴 것이다.

이 무렵 일본 공사관의 직원은 30여 명 남짓이었다. 또 그들을 호위하기 위한 일본군 약 200명이 도성 안에 주둔하게 된 첫 외국인이었다[1].

이처럼 일본인들이 도성 안에 주둔할 수 있게 된 것은 임오군란을 트집 잡아 다시금 강압적으로 체결한 제물포 조약에 근거한 것이었다. 더욱이나 적지 않은 일본인들이 도성 안에 한꺼번에 상주하게 됨에 따라 그들에게 생필품을 조달한다는 구실로 자국의 상인들까지 불러들였다. 이즈음 한성에 진출한 일본 상인으론 협동상회協同商會와 대창조大倉組, 경전조慶田組 등지에서 파견 나온 모두 10여 명 안팎이었다.

그러나 한성에 첫발을 들여놓은 이들 일본 상인은 아직 도성 안의 조선인들을 상대로 상거래를 시작하지 않고 있었다. 우리나 그들 역시 서로 피차 준비가 되어 있지 않았다.

그런 일본 공사관이 또다시 소실(1884)되는 운명에 처했다. 관훈동 박영효 대감의 사저에서 지금의 종로3가 경운동 소재 신축 건물로 이주하게 된 일본 공사관은, 하지만 김옥·박영효·서광범 등의 개화파가 수구파인 민씨 일족을 척살한 뒤 정권을 잡으려 한 갑신정변甲申政變(1884) 때 다시 한 번 성난 군중들에 의해 몽땅 불타버리고 말았다.

이렇게 되자 일본 공사관은 남산 밑 녹천정(옛 국가정보원 자리) 터에 신축 건물을 지어 또다시 옮겨가야 했다. 그러자 도성 안의 여기저기에 흩어져 살던 일본인 거류민들이 일본 공사관의 발치인 진고개(지금의 충무로 일대) 일대로 모여들었다. 그 지역을 일본인 거류 구역으로 정했다. 이것은 경운동 소재 일본 공사관이 갑신정변 때 소실되고 만 것을 문제 삼아, 자국의 거류민들을 보호하겠다는 허울 좋은 구실을 내세운 일본의 일방적인 지정이었다.

조선 정부도 처음에는 별 대수롭지 않게 여겼던 모양이다. 당시 진고개라면 깡그리 가난한 샌님들이나 모여 살던 남촌의 맨 끄트머리께인데다, 진고개라는 이름 그대로 진흙구덩이나 다름없는 지대라서 그만 응낙해주고 말았다. 거주 환경을 과소평가한 나머지 그래 어디 한번 실컷 살아 보라고 했던 것 같다.

더구나 그즈음 조선 땅으로 건너와 상주하기 시작한 일본인들이 대개 다르지 않았다. 이 시기 진고개 일대 일본인 거류 구역의 일본 상인들 역시 도무지 칠칠찮아 보였던 게 사실이다. 자국에서 몰락하여 도망치다시피 허둥지둥 건너온 상인들이거나, 아니면 기껏 몇 푼 안 되는 영세한 자금만을 손에 쥔 채 현해탄을 건너온 자들이 대부분이었다.

때문에 당시 진고개, 아니 그들이 훗날 일컫게 되는 이른바 '혼마치本町'에 일본인 소유의 가옥이 단 한 채라도 있을 리 만무했다. 일본 상인들이 당장 장사를 하기 위해선 조선인 소유의 가옥을 임대하지 않으면 안 되었다.

한데 제물포 조약에 따라 애당초 조선 정부가 일본 상인들에게 개시장開市場을 허락한 곳은 진고개 일대가 아닌 딴 지역이었다. 경강의 맨 마지막 포구랄 수 있는 양화나루 일대에 한정하고 있었다.

물론 뒤에 양화나루 일대에서 용산방 일대로 개시장을 한 차례 더 옮겨주기는 했으나, 일본 상인들은 허락된 개시장을 외면한 채 일본 공사관을 따라와 그 발치에 있는 진고개 일대, 그들 말대로 혼마치에 집단으로 터를 잡았다. 그리곤 영세한 자금으로 행상이나 노점, 중개, 매춘 등 그저 돈이 되는 일이라면 무엇이든 닥치는 대로 종사했다.

여기엔 조선인 소유의 가옥도 예외가 아니었다. 근대적 땅 소유 개념

청·일전쟁 이후 전쟁에서 패한 청상淸商들이 떠나간 자리에 일본 상인들이 들어와 도성 안의 상권을 야금야금 점령해가기 시작했다. 사진은 일본인 거류 지역인 지금의 충무로 진고개(혼마치) 일대.

에 서투른 가난한 남산골 샌님들을 그들이 살살 꾀어내어 터무니없는 헐값에 땅을 사들였다. 또는 가옥을 저당 잡는 대신에 적은 돈을 꾸어주곤 기일이 되면 일부러 다른 곳으로 피해 숨어 있다가, 나중에야 나타나 이젠 기한이 지났다며 가옥을 가로채는 등 온갖 수단과 방법을 가리지 않았다.

그리하여 오래지 않아 일본 상인들은 조선인 소유의 가옥을 적극적으로 소유하거나 매입할 수 있게 되었다. 공터를 구입한 자는 일본 전통 가옥을 지어 바야흐로 일본인 촌락을 야금야금 꾸려나갔다.

더구나 서로의 군사력을 과시하며 티격태격 주도권을 다투던 청·일전쟁(1894년)에서 일본이 거둔 승리는 오달졌다. 전쟁에 패하면서 청상淸商들이 다투어 폐점한 뒤 귀국을 서두른 반면에, 그 자리엔 일상日商들이 사분사분 재빠르게 채워나가 어느덧 도성 안의 상권을 선점하기에 이른 것이다.

일본 상인들은 식민 지배 의욕도 노골적으로 펼쳐나갔다. 자신들의 이익 집단인 거류민회나 상업의회를 결성하는가 하면, 진고개 일대를 근거지로 한 일본인들의 시가지도 조성해 나갔다.

이처럼 진고개 일대를 자신들의 거류 구역으로 삼은 지 3년이 지난 1887년쯤이 되면, 이미 상권을 구축했다 해도 과언이 아니었다. 벌써 그들 소유의 상점들이 자고 나면 우후죽순처럼 생겨나, 혼마치의 일본인 거류민과 조선인을 상대로 장사를 벌이기 시작한 일본의 상점만도 어느새 50여 호에 달할 정도였다.

상점들을 종목 별로 열거해 보면, 우선 일반 잡화상 10여 호를 비롯해서 서양 면직포를 파는 상점과 일본 과자점이 각기 10여 호, 약종업藥種業이 5호, 사채업자의 변종이랄 수 있는 전당포가 10여 호나 되었다. 그 밖에도 빈전상회, 협동상회, 굴구상회 등 거대 무역상 몇몇이 그 뒤를 이었다.

그리하여 1887년에 이르면 진고개 일대 아니 혼마치엔 일본인들이 벌써 수천 명이나 모여 살게 되었고, 일본의 기생인 게이샤藝者를 둔 일본 요릿집 화월루花月樓까지 등장해 장안의 새로운 구경거리로 떠올랐다. 왜倭 각시를 구경하러 간다며 눈깔사탕을 사러 가는 조선인들이 얼마나 많았던지 일본 과자점 주인은 불과 몇 년 만에 떼돈을 벌어 큰 부자가 되었다는 소문이 나도는 가운데, 농공상부대신(정2품)과 내부대신을 지낸 친일파 송병준마저 혼마치에 청화정淸華亭이라는 일본 요릿집을 차리고 나서는 판이었다.

친일 매국노 1호 송병준(사진 왼쪽)과 친일 정치단체 일진회를 만든 이용구(사진 오른쪽). 당대 권력자 민영환의 집에 한낱 식객에 불과했던 송병준은, 러일전쟁 이후 일본에 잽싸게 들러붙어 벼락출세를 했다. 헤이그 밀사(1907) 사건 이후 고종 앞에서 칼을 빼들고 "일본으로 건너가 천황폐하께 사죄하든지, 대한문에 나가 (일본군 사령관)하세가와 장군에게 항복하든지 선택하라"고 큰소리로 협박도 서슴지 않았다. 조선 정부의 장관까지 지낸 자가 혼마치에 청화정을 낼 만큼 출세와 치부를 위해 타고난 철면피였다. 정치권력과 함께 조선일보를 소유하는 등 당대 조선 부자 10위 안에 손꼽히는 갑부이기도 했다.

이쯤 되자 일본 상인들은 자신감이 부쩍 붙었다. 같은 해 2월에는 경상의회經商議會를 조직했다. 그런 조직체를 발판 삼아 한성의 상계에서 자신들의 세력 확장도 기할 수 있었다.

하지만 그들의 앞서가는 의욕과는 다르게 당시 한성에서 일본 상인들의 활약은 별반 크지 못했다. 또 그 점에 관해서는 여러 가지 원인을 들 수가 있었다.

우선 개항 초기에 현해탄을 건너온 일본 상인들은 대개 일확천금을 꿈꾼 무지한 무산자無産者들이 대부분 주류를 이루었다. 그로 말미암아 상거래에서 불미스러운 속임수가 판을 쳤고, 그런 결과 좀처럼 신의를 얻지 못했다. 더욱이 이 무렵엔 일본의 일방적인 침략주의에 대한 조선 민중의 반발이 들불처럼 번져나가 일본 상인들을 배척하고 있을 즈음이 었다.

그런 만큼 일본 상인들이 한성의 상계에서 본격적으로 뿌리내리기까지는 뒤로 미뤄야만 했다. 아무래도 그들의 독자적인 활약만으로는 요원하게 여겨지기조차 했다[2].

그렇더라도 진고개 일대의 일본인 거류 구역 혼마치는 한성의 상계에 예고된 위협이 아닐 수 없었다. 언제이고 분명 고개를 쳐들고 혹 일어날, 바야흐로 거대한 폭풍이 불어 닥치고야 말 전야가 아닐 수 없었다.

" 개항으로 급조된 인천의 제물포 "

일본이 조일수호조규를 강압적으로 체결하면서 내건 주요 내용 가운데는 개항이 포함되어 있었다. 부산(1876년), 원산(1879년), 제물포(1883년)의 '세 항'이 그것이다. 그중 가장 눈여겨보아야 할 항구는 단연 인천의 제물포였다. 부산이나 원산과 달리 서울에서 기껏 80리(32km) 거리여서, 하루면 너끈히 다녀올 수 있다는 이점 때문이었다. 그러잖아도 조선의 문턱이나 다름없는 지리적 편리성 때문에 진작부터 열강들이 눈독을 들여오던 터였다. 따라서 개항과 동시에 제물포는 서둘러 급조되기 시작했다.

우선 곧게 내뻗은 널따란 신작로를 중심으로 좁다란 여러 골목길이 얼기설기 뚫려있는 제물포로 닁큼 발걸음을 들여놓으면, 가장 먼저 눈에 들어오는 건 갯바람을 맞으며 일제히 펄럭이는 이국적인 색조의 깃발 풍경이었다. 아울러 일본 상인의 전방廛房들이 기다마하게 늘어선 일본인들의 집단 거주지를 가장 먼저 지나게 되는데, 마치 조선 땅이 아닌 일본 땅의 어딘가를 고스란히 옮겨놓은 듯한 착각 속에 빠져들게 했다.

사진의 왼쪽은 개항장 제물포 포구 전경. 선박이 실어온 물품을 지게 등짐으로 하역하고 있다. 또 저 멀리 서구에서 항해해온 이양선異樣船이 바다 복판에 떠있는 모습도 볼 수 있다. 사진의 오른쪽은 지금의 인천역 길 건너편에 세워졌던 2층 건물의 당시 러시아 영사관이다.

그런 착각은 일본 상인들보다 한발 먼저 들어와 자리 잡기 시작한 중국인 집단 거주지 역시 마찬가지였다. 청나라 상인들의 전방들이 즐비하게 늘어선 중국인 집단 거주지 역시 이국적인 색채에 그만 눈이 휘둥그레졌다. 일제히 깃발이 펄럭이는 일본인 집단 거주지와 달리, 유난히 많은 등燈들이 상점 바깥에 내걸려있는 중국인 집단 거주지 또한 영락없이 그들 나라의 어딘가를 고스란히 옮겨놓은 듯한 착각 속에 빠져들게 만들었다.

그렇대도 두 나라 상인들의 집단 거주지만 놓고 본다면, 암만해도 청나라 상인들이 일본 상인들에 비해 다소 밀리는 추세였다. 개항장開港市場 제물포의 상권은 처음부터 일본 상인들이 대부분 독점하고 만 상태였다. 발 빠른 일본상인들이 자신들의 생활 풍습과 관례까지 그대로 들여와, 청나라 상인들의 집단 거주지보다 훨씬 더 분주하고 활기차 보였다. 자신들의 기세를 상큼하게 부풀린 뒤였다.

그러나 개항장 제물포엔 비단 이 두 나라 상인들만이 들어와 있었던 건 아니다. 집단 거주지의 건물 모양새부터 청나라나 일본과는 생판 다른,

독일 마이어상사의 인천 제물포 지점인 세창양행. 이 건물은 국내 최초로 지어진 서양식 양옥이었다. 세창양행은 개항장 제물포에 지점을 개설하자마자 육혈포 권총을 비롯하여 서양식 포목洋布·바늘·인쇄기계·광산기계 등을 들여왔다. 조선에선 홍삼과 금·은 등을 가져갔다. 또한 무역 외에도 자금을 앞세워 금광 채굴과 함께 남해안과 제주도에서의 전복 채취에도 손을 대는가 하면, 일종의 사채업에까지 손을 뻗쳐나갔다.

저 멀리 서구의 여러 나라에서 들어온 서양 상인들 또한 적지 않았다.

일찌감치 제물포에 들어와 자리를 선점한 청나라의 동순태同順泰와 일본의 미쓰이물산에 이어, 개항 이듬해부터는 독일의 세창양행世昌洋行이 개항장에 자리 잡기 시작했다. 독일인 에드워드 마이어가 설립한 이 무역상사는 본사를 독일 함부르크에 두고, 동양 지역으론 청나라의 홍콩·상해·천진 그리고 일본의 고베 등지에 지점을 두었다.

독일의 세창양행은 개항장 제물포에 지점을 개설하자마자, 육혈포六穴砲 권총을 비롯하여 양포洋布·바늘·인쇄기계·광산기계 등을 들여왔다. 조선에선 홍삼과 금·은 등을 가져갔다. 또한 무역 외에도 자금을 앞세워 금광 채굴과 함께 남해안과 제주도에서의 전복 채취에도 손을 대는가 하면, 일종의 사채업에까지 손을 뻗쳐나갔다.

미국 기업으론 '타운선상사商社'가 그 선봉이었다. 미국인 타운센트가 설립한 이 무역상사는 주로 선박과 화약류 등을 가지고 와 팔았다. 특히

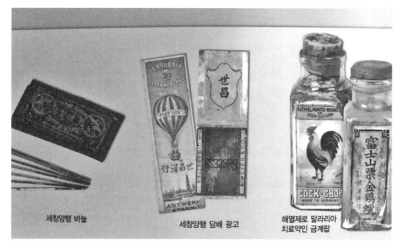

독일의 세창양행이 개항장 제물포에 양옥을 짓고 들여오기 시작한 서구의 신문물인 개화 상품들. 사진의 왼쪽부터 바늘, 담배, 치료약 금계랍. 특히 금계랍은 말라리아, 신경통, 감기 등의 해열 진통제였으나 만병통치약으로 소문이 나 불티나게 팔려나갔다.

타운선상사는 스탠더드석유회사의 등잔용 석유를 독점 판매하면서 유명해졌는데, '담손이 방앗간'이라는 대규모 도정 공장까지 경영하기도 했다.

영국 기업 또한 빠지지 않았다. 무역상사인 '홈링거'가 일찍부터 상륙해 들어오면서 개항장 제물포는 그야말로 열강들의 또 다른 각축장을 방불케 했다.

그밖에도 크고 작은 무역상사며, 알록달록한 간판을 내건 서구 시전市廛들이며, 각국의 영사관을 비롯해 개항장의 조선 해관海關(지금의 세관), 개항장 제물포에서 의주를 거쳐 국경 너머 청나라의 천진까지 전선이 연결되어 있다는 청나라 전신국, 일본인이 세운 병원, 우리나라 최초의 내리교회內里敎會, 상법회의소商法會議所, 일본 제일은행 인천출장소, 서구식 호텔 따위가 대로변을 따라 마치 영화 촬영의 세트장처럼 설멍설멍 세워져 있었다. 지구촌에서 힘깨나 쓴다는 열강 상인들이 어느 사이 개항장 제물포에 그같이 꾸역꾸역 몰려들어와 있었다.

물론 개항장 제물포에 조선인들이 없을 리 만무했다. 아니 그들 외국인보다 더 많으면 많았지 결코 적을 이유가 없었다.

한네도 개항장 제물포의 주인은 조선인이 아니었다. 제물포가 개항장으로 급조되면서 야트막한 산비탈을 따라 초가집들이 꼬약꼬약 들어앉아 있긴 하였으나, 정녕 제물포의 개항장에선 그들 외국인이 주인 행세를 했다. 수많은 조선인들이 얼마 되지도 않은 소수의 외국인 주인에게 고용되어 저마다 궂은일을 마다 않고 있었다.

예를 들면 그들 나라의 시전 전방에 단순히 짐꾼으로 고용되어 무거운 짐을 힘들게 운반하는 일을 한다거나, 아니면 썰물 때에 맞추어 바닷가로 나가 방파제를 쌓느라 하얀 무명 조끼에 바짓가랑이를 한껏 걷어 붙인 채 지게로 흙과 돌을 짊어 나르는 토목 일꾼들로 온통 비지땀을 쏟고 있었다.

포구의 한쪽에서는 외국인들이 타고 온 철제 선박으로 보이는 커다란 이양선異樣船(서양의 증기선)이며, 제물포에서 청나라의 상하이를 정기 운항하는 기선 남승호南陞號가 싣고 온 물품들을 하역하느라 한참 분주했다.

그도 아니면 '없는 것이 없을 뿐더러 진기하다'라는 소문까지 난, 개화 물품들을 사가려고 너도나도 돈 보따리가 쇄도했다. 서울에서 혹은 경기·충청 지방에서 몰려든 상인들[3]이었다.

물론 조선 정부의 관아도 빠질 리 만무했다. 개항장을 관장하는 인천

야트막한 산비탈을 따라 꼬약꼬약 들어선 초가지붕 너머로 개항장 제물포에서 맨 꼭대기에 자리한 기와지붕의 인천 감리서. 인천 감리서는 개항장 제물포의 조계지 관리를 비롯해서, 외국인 입출항에 따른 외교 업무와 무역 관세의 통상 업무 처리를 위한 조선 정부의 관아였다.

감리서仁川監理署가 풍수지리설에 따라 제물포의 야트막한 야산의 맨 꼭두머리에 자리 잡았다. 산비탈을 따라 꼬약꼬약 들어앉은 초가지붕들 너머 맨 꼭두머리에 자못 위엄 있게 서 있었다.

때문에 관아에서 바라보면 시야가 탁 트이면서 개항장 제물포는 물론이고, 포구의 전체 조망까지 손에 잡힐 듯 여릿여릿 내려다보였다. 파란 바다 위에 다채롭게 솟아오른 크고 작은 섬들이 연출하는 아름다운 풍경까지 시원스레 한눈에 바라보이고는 했다.

호텔의 탄생, 대불호텔에서 손탁호텔까지

개항과 함께 제물포에는 수많은 외국인들이 다투어 들어오기 시작했다. 일본인과 청나라 사람들 말고도 서구에서 먼 바다를 건너온 외교관, 선교사, 기업가, 의사, 특파원, 여행가. 탐험가, 사냥꾼 등 숱한 외국인들이 하루가 다르게 밀려들었다.

한데 이들이 가장 먼저 겪게 되는 어려움은 다른 무엇보다 숙박이었다. 지구를 반 바퀴나 도는 머나먼 뱃길을 달려와 제물포에 가까스로 발을 내려놓았다 하더라도, 교통 시설이 따로 없었던 당시에 제물포에서 80리 거리의 한성까지 당일에 이동하기란 요원했다. 적어도 하룻밤 정도는 제물포에서 숙박을 해결해야 했다.

그렇다고 한 방에 여럿이 묶어야 하는 조선 주막집의 누추한 봉놋방에 들어가기도 난감했다. 따라서 먼저 들어와 정착해 살고 있는 서양인들의 호의를 기대하거나, 아니면 자기 나라 영사관 건물 안에서 신세를 질 수밖엔 도리가 없었다. 호텔이라곤 아직 들어보지도 못한 언감생심이었다.

조선에 근대호텔이 맨 처음 등장하게 된 것 역시 개항장 제물포에서였다. 미국 군함의 선상 요리사로 활동하던 일본인 호리 큐타로가 개항과 함께 제물포에 정착하여, 처음에는 빵 굽는 일부터 시작했다. 그러다 정육점, 환전업, 제화업을 전전하다 세운 대불大佛호텔이 그것이다.

대불호텔의 초기 시설은 보잘것 없었다고 전한다. 서양 요리는 형편이 없는 데다, 호텔 지붕에선 빗물이 줄줄 샐 정도였다.

하지만 1887년 건축에 착수하여 이듬해에 완공한 새 대불호텔은, 완전히 서양인들을 위한 서양식 호텔로 다시 태어났다. 당시로선 가장 서양식 유행을 따른 하이컬러 3층 높이의 붉은 벽돌 건축물은 개항장 제물포의 랜드마크로 떠올랐다.

더욱이 이 호텔은 유창한 영어로 손님들을 맞이했으며, 식사 또한 서양인들의 입에 맞는 제대로 된 서양요리와 함께 커피가 제공되었다. 객실 수는 침대가 딸린 방이 11개, 다다미방이 24개로, 결코 적지 않은 규모였다. 숙박료는 당시 화폐로 상급이 2원50전, 중급이 2원, 하급이 1원 50전이었다. 주변의 숙박 시설에 비하면 2배 이상 비쌌으나 늘 빈 방이 없을 정도로 인기가 높았다. 제물포를 통과하는 모든 외국인들은 예외 없이 이 호텔을 들러 가는 필수 코스처럼 여겨질 정도였다[4].

그에 반해 한성에 호텔이라는 이름을 내건 서양식 숙박시설이 마침내 본격적으로 등장하게 된 것은 1900년 무렵에 이르러서였다. 제물포와 노량진 사이에 철도가 개설된 데 이어, 한강 철교의 준공과 더불어 서대문역까지 경인 철도가 완전히 개통된 것이 직접적인 계기였다.

예전 같으면 제물포에 당도해도 으레 하룻밤 정도는 제물포의 호텔에서 숙박을 해결해야 했는데, 기차를 이용하여 곧바로 한성까지 들어올

근대호텔이 맨 처음 등장한 것 역시 개항장 제물포에 세워진 대불호텔이었다(사진의 오른쪽). 초기 시설은 그리 보잘것없었다고 전한다. 그러나 1888년 완공한 새 대불호텔은, 서양인들을 위한 서양식 호텔로 완전히 다시 태어났다. 당시로선 가장 서양식 유행을 따른 하이컬러 3층 높이의 붉은 벽돌 건축물은 개항장 제물포의 랜드마크로 떠올랐다.

수 있게 되자 구태여 제물포에 체류할 이유가 없어졌다. 이를 계기로 제물포의 호텔들이 서서히 쇠락의 길로 접어든 데 반해, 한성에선 새로운 수요에 따라 전에 없던 서양식 호텔들이 속속 등장하기 시작했다.

새로운 황궁이 된 덕수궁 영역과 인접한 곳에 자리한 서울호텔을 비롯하여 덕수궁의 정문인 대한문 앞의 프렌치호텔과 임페리얼호텔, 또 서대문 부근(지금의 농협중앙회)의 스테이션호텔이 거의 비슷한 시기에 세워졌다. 흔히 '미스 손탁'으로 알려진 앙트와네트 손탁의 손탁호텔(지금의 이화여고 100주년기념관) 또한 같은 시기에 등장했다.

이탈리아인 삐이노 소유의 서울호텔은, 탁 트인 널찍하고 잘 갖추어진 침실이며 고급스런 프랑스 스타일의 요리를 선보였다. 호텔 부속 식료품 코너에선 그동안 구경조차 할 수 없었던 갖가지 서구 상품들이 이목을 끌었다. 새로 입하한 프랑스·독일·이탈리아·러시아산 와인이며 샴페인, 맥주, 해즐럿 커피, 농축 및 무가당 우유, 각설탕, 식탁용 건포도, 이집트산 담배, 일본산 광천수, 그리고 영국산과 미국산 통조림 등이 즐비했다.

이 호텔에는 한때 외국의 용병들이 투숙한 적도 있었다. 1898년 9월, 우리 정부의 외부 고문관 그레이트 하우스의 주도 아래 황궁 수비를 목적으로, 중국 상하이에서 고용해 온 외국인 용병들이 이 호텔에 머물렀다. 미국인 9명, 영국인 9명, 독일인 5명, 프랑스인 5명, 러시아인 2명으로 구성된 외국인 30명이었다.

하지만 만민공동회萬民共同會에서 반발했다. 우리의 힘으로 황궁조차 스스로 지키지 못하느냐는 논란을 불러일으켰다. 이에 따라 용병들은 황궁 경비 임무에 투입되지도 못한 채 공연히 1년 치의 급료만 지급받고는 곧바로 해산하는 소동이 일었다.

호텔 정면 2층에 근사한 베란다가 설치되어 있는 프랑스풍의 프렌치호텔은, 당시 한성에선 가장 규모가 큰 호텔이었다. 이 호텔의 첫 주인은 론돈이었다. 론돈이라면 개항장 제물포는 물론이고, 한성에서도 대창양행을 운영하던 무기판매상이었다. 때문에 초기 프렌치호텔은 '롱동여관'으로 불리기도했다.

이 호텔은 3년 뒤 새 주인을 맞이하게 된다. 론돈이 운영하는 제물포 대창양행의 직원이었던 마르텡으로 호텔의 소유주가 바뀐 것이다. 요컨대 프렌치호텔은 론돈에 의해 개설되었으나, 이 호텔의 운영권은 대창양행의 직원이었던 마르텡에게 넘겨진 것으로 보인다.

한강 철교의 준공과 더불어 개항장 제물포에서 서대문까지 경인 철도가 개통되어 한성의 도심에도 근대호텔이 속속 들어섰다. 사진 위는 손탁호텔, 사진 아래는 호텔 내부의 레스토랑. 우리 나라 커피 역사가 바로 이 레스토랑에서부터 처음 시작되었다.

프렌치호텔의 새로운 소유주 마르텡은 사업 수완이 뛰어났다. 1905년 서대문 부근에 자리한 스테이션호텔까지 인수하여, 이곳에 영화 상영관을 만들기도 했다.

한데 흥미로운 건 이 프렌치호텔에 묵었던 서양인 투숙객들은 한결같이 이 호텔에 대해 그다지 좋은 인상을 갖지 않았다는 점이다. 그건 아무래도 이 호텔이 목욕시설을 갖추지 않은 불편함 때문이었던 것으로 보인다.

덕수궁 대한문 앞에는 프렌치호텔 말고 또 하나 서양식 호텔이 있었다. 요리사 출신 프랑스인 몰리스 소유의 임페리얼호텔이 그것이다.

하지만 임페리얼호텔 역시 프렌치호텔과 마찬가지로 투숙객들로부터 그다지 좋은 인상을 남기지 못했다. 다름 아닌 목욕시설을 갖추고 있지 않았다는 사실이다. 때문에 이 호텔에 처음 들어선 투숙객들은 목욕시설이 구비되어 있는지부터 물었으나, 호텔 주인 몰리스는 '일본인 구역(혼마치)에 있는 대중목욕탕을 이용해야 한다'라는 얘기밖엔 말할 수 없었다.

그렇대도 새 황궁의 정문인 대한문 바로 앞에 자리한 이 호텔의 지리적 이점은 매력적이었다. 호텔의 2층 베란다는 한성의 명사들에게 새 황궁을 드나드는 모든 풍경을 바라볼 수 있게 해주는 멋진 전망대 역할을 해주었다. 간혹 고종 황제의 행차를 호텔 베란다에서 내려다보다 그만 불경죄로 처벌되는 사례도 없잖지만 말이다.

어쨌거나 그 같은 지리적 이점에도 불구하고 임페리얼호텔은 이내 역사의 뒤안길로 사라지고 만다. 문을 연지 불과 3년여 만에 폐업하고 말았다.

서대문 부근의 스테이션호텔은 영국인 선교사 엠벌리의 소유였다. 이 호텔의 초기 모습은 담장 대신 나무를 둘러 세운 장식만이 조선식이 아닐 뿐, 건물 모두가 순전히 조선의 단층 기와집 양식이었다.

그렇더라도 '스테이션'이란 이름 그대로 이 호텔은 임페리얼호텔과 마찬가지로 지리적 이점이 남달랐다. 제물포에서 경인철도를 타고 단번에 한성으로 들어온 외국인들이 주로 찾는 호텔이 되었다. 더구나 1899년 미국인 사업가 콜브란에 의해 개통된 서대문↔청량리 구간의 전차 종착점이 되면서 여러 모로 교통의 이점을 가진 호텔로 부각되었다.

엠벌리도 그 점에 주목했다. 초기의 기와집을 헐어냈다. 서양식 신축 건물을 지어 올렸다. 정면에 고깔 모양의 성탑이 우뚝 솟아있고 그 꼭대기에 다시 깃대를 높다랗게 세운, 한성의 어떤 호텔보다 멋진 품격을 자랑했다.

한데 엠벌리가 독립신문을 인수해 언론계로 뛰어들면서, 이 호텔의 운명 또한 바뀌었다. 앞서 얘기한 프렌치호텔의 마르텡 소유가 되었다. 마르텡은 이 호텔의 이름을 애스터하우스로 바꾸었다.

그 뿐 아니라 마르텡이 인수한 뒤에는 애스터하우스가 단순히 숙박시설을 넘어 때로는 영화 상영관으로, 또 때로는 한성과 제물포에 거주하는 서양인 음악가들이 출연하는 유료 콘서트를 개최하는 등, 새로운 문화 공간으로 폭넓게 활용되기도 했다. 그런가 하면 '조선의 마타하리'로 불렸던 일본의 밀정 배정자가 세 번째 남편인 박영철과 결혼식을 올린 곳도 다름 아닌 애스터하우스였다. 아직은 서양식 결혼조차 흔치 않았던 시절에 그때 이미 요즘 유행하는 호텔 결혼의 원조가 된 셈이다.

그러나 애스터하우스의 운명 또한 그다지 오래 지속되지는 못했다. 한

고종으로부터 거액의 하사금을 받아 러시아공사관 건너편에 땅을 사들여 서양식 2층 규모의 손탁호텔을 세운 앙트와네트 손탁(오른쪽에서 두번째). 손탁호텔은 한성의 다른 호텔들과 달리 황궁 국내부의 '프라이빗 호텔(예약된 손님만 투숙하는 특정 호텔)'의 형태로 운영되었다.

일병합(1910) 이후 일제 강점기에 접어들면서 호텔의 소유주였던 마르텡의 종적은 물론이고, 애스터하우스마저 완전히 자취를 감추고 말았다.

여기에 빠질 수 없는 게 손탁호텔이었다. 손탁은 프랑스 태생의 독일인이었다. 여동생의 남편이 러시아 주한공사 웨베르였는데, 그를 따라 1885년 한성으로 들어온 당시 32세의 젊은 미망인이었다.

한성에 들어온 지 몇 년이 지나지 않아 그녀는 웨베르 공사의 추천으로 명성황후를 알현케 되고, 황궁에서 외국인을 접대하는 관리로 촉탁되었다. 더욱이 명성황후에게 자주 불려가 서양 세계에 대한 이야기 상대가 되어주면서 그녀의 존재가 빛을 발하기 시작했다. 손탁은 재기발랄한데다 영어와 불어에서부터 조선어까지 능숙하여 명성황후는 물론

지금의 서대문로터리에 위치했던 애스터하우스 호텔. 정면에 고깔 모양의 성탑이 우뚝 솟아있고 그 꼭대기에 다시 깃대를 높다랗게 세워 한성의 어떤 호텔보다 멋진 품위를 자랑했다. 정문 앞에 인력거가 즐비하게 늘어선 풍경도 이채롭다.

마침내 고종의 지척에까지 나아갈 수 있었다. 그러면서 1895년 정동에 있는 황궁의 토지와 가옥을 일부 하사받아, 황궁에서의 외국인 접대 이외에도 황족들에게 서양식 식기를 비롯하여 서양의 장식 등을 소개하면서 지냈다.

　그런 손탁에게 명성황후 시해(1895) 이후 고종의 아관파천은 예기치 않은 행운이었다. 갑작스레 그녀는 러시아 공관으로 이어한 고종의 식사에서부터 일상에 이르기까지 정성껏 시중을 들었다. 고종은 그런 손탁을 유달리 마음에 들어 하여 나중에는 황궁의 요리에서부터 연회의 일체를 맡기면서 거액의 하사금까지 내렸다.

그녀는 고종으로부터 받은 거액의 하사금으로 러시아공사관 건너편에 땅을 사들여, 2층 규모의 서양식 큰 건물을 신축(1902)했다. 어느새 40대 중반이 되고만 그녀는 그 건물에 손탁호텔이라는 이름을 짓고, 스스로 여주인 겸 총지배인으로 호텔을 경영하고 나섰다. 지금의 정동에 있는 이화학당 건물이 그 자리이다.

손탁호텔은 한성의 여느 호텔들과 달랐다. 황궁 국내부의 '프라이빗 호텔(예약된 손님만 투숙하는 특정 호텔)'로 운영되었다.

그럼에도 앞서 열거한 호텔들은 온 데 간 데 없이 사라졌다. 손탁호텔만이 유명해지고 역사에 적바림된 까닭은, 처음부터 한성에 거주하는 반일친미 세력의 회합 장소로 손탁호텔이 자리매김을 하게 되면서였다. 정치적 영향력이 갖는 무게 때문인 것으로 보인다.

그러나 러일전쟁(1904)에서 러시아가 일본에 패하면서 손탁호텔에도 돌연 위기가 찾아든다. 러시아 세력이 크게 위축되면서 손탁호텔 또한 그럭저럭 명맥만을 유지하는 수준으로 전락하고 만다. 그러다 이듬해 일본의 최고 실력자 이토 히로부미가 손탁호텔에 투숙하면서, 이른바 '을사보호조약(1905)'을 배후에서 진두지휘한 비운의 역사를 간직한 공간이 되기도 한다.

결국 그녀는 역사의 격랑을 이기지 못하고 프랑스인 보에르에게 손탁호텔을 매각한 뒤, 24년 동안의 조선 생활을 마감한 채 쫓기듯 프랑스로 돌아갔다. 프랑스로 돌아가 풍광 좋은 리스 지방에 별장을 지어놓고, 극동의 왕국에서 가져온 재산을 쌓아두고 만년을 유유히 보낼 계획이었다.

한데 어찌 된 영문인지 재산의 대부분은 여동생 웨베르 부인의 명의로 러시아은행에 예치된 채, 다시 러시아 기업에 투자되었다. 더구나 예기치 않은 러시아혁명(1094) 이후 공신정권이 들어서는 과성에서 그녀의 저금도, 투자도, 한순간에 사라졌다. 손탁은 1925년 71세의 노양老孃으로 그만 러시아에서 객사하고 말았다[5].

돌아보면 개항과 함께 서양식 숙박 시설인 근대 호텔이 이 땅에 처음으로 등장했다. 비록 역사의 파고를 넘지 못한 채 하나 둘 사라지고 말았다지만, 그러나 이때 등장한 근대 호텔은 한성에 정착한 서양인들에겐 더할 나위 없는 문화 공간이었다. 한편으론 스러져가던 대한제국의 쇠망기를 고스란히 지켜본 역사의 현장이기도 했다. 그것도 긴박했던 역사적 시점의 생생한 현장이었을 뿐더러, 이들 호텔의 운명 또한 그 궤를 같이하고 있음을 알 수 있다. 요컨대 개항기에 처음 등장하게 된 근대 호텔은 단순히 외국인들을 위한 숙박 시설로서 만의 역할이 아닌, 여러모로 주목받는 문화와 역사의 현장이기도 했던 것이다.

"

개항으로 붕괴하고 만 종로 육의전의 최후

"

다시 말하지만 1880년 4월 이후 도성 안에 외국인(일본인)들이 처음으로 발길을 들여놓으며 상주하기 시작했다. 정확히 말하면 일본인들이었다. 그들의 집단 거류 구역인 지금의 충무로 진고개 일대, 이른바 '혼마치'의 등장은 조선 상계에 충격이었다. 이어지는 인천 제물포의 개항은 종로 육의전의 시전 상인들에겐 거대한 쓰나미tsunami였다. 지금껏 한 번도 경험하지 못한 바깥으로부터 거칠게 쏟아져 들어오는 낯선 침입이었다.

이러한 조짐은 일찌감치 감지되어 온 터였다. 18세기 들어 정조가 등장하면서 안팎으로 개혁의 요청이 높아졌다.

사정이 이러하자 조정에서도 입장을 내놓지 않을 수 없었다. 잇따른 임진왜란과 병자호란을 겪으면서 식유민천食有民天, 곧 백성들의 기본적인 호구는 충족시켜야 한다는 유교적 이념에 따라 정조 연간(1791년)에 그동안의 금난전권을 폐지했다. 금난전권이 폐지됨에 따라 일반 백성이면 누구라도 장사를 할 수 있도록 하는 조치가 내려졌다. 이른바 '통공

서구에서 먼 바다를 항해해온 이양선들이 정박해 있는 개항장 제물포. 부싯돌로 일일이 불을 지펴 생활하던 시절에 간편하기 이를 데 없는 개화 상품들이 진기하다는 소문 바람까지 더해지면서 당장 없어서 못 팔 지경이었다.

정책通共政策'을 실시하고 나섰다.

　도성 안의 종루 육의전을 제외한 나라 안의 모든 시전에서 금난전권이 전격 폐지된 이후, 다시 헌종 연간(1846년)에 병오통공이 뒤따르면서 역사의 봇물이 터져 나왔다. 종루 육의전의 체제와 그들만의 특권이었던 금난전권마저 혁파되어야 마땅하다는 목청이 높았다. 어느 때 어느 장소일지라도 난전을 허용하여 누구라도 자유로이 상업을 할 수 있도록 해야 한다는 요청이 줄기차게 이어졌다.

　그렇더라도 따지고 보면 기껏 한성의 바깥에서나 가능한 일이었다. 중요한 것은 여전히 도성 안의 상권이었다. 알토란같은 도성 안의 상권을 종루 육의전의 시전 상인들이 변함없이 움켜쥐고 독식을 한 채 그 찌꺼기나 다름없는 나머지의 것들에 불과했다. 도성 바깥으로 나가 서민

개항기 인천 제물포항구. 한성의 턱밑이랄 수 있는 인천 제물포가 개항되면서 쏟아져 들어오기 시작한 서구의 자본과 상품은, 5백년 조선 상계를 대표해 온 종로 육의전의 붕괴를 초래한 직접 원인이 되었다. 사진의 왼편 바닷가에 개항장 제물포의 랜드마크였던 대불호텔과 선비의 모습이 대조적이다.

들을 상대로 푼돈이나 주고받는 상거래에 한정한다는 논의였을 따름이다. 요컨대 봉건적 왕정 체제에서 길거리의 소상인 정도는 눈감아 주되, 본격적인 상인의 출현은 아직 어림없음을 여실히 보여주는 대목이다[6].

그러나 어둠이 길어지면 여명도 그리 멀지 않은 법. 통공정책을 전면적으로 실시하라는 사상인들의 커지는 목소리에 종루 육의전의 시전 상인들은 언제까지 안심할 수만 없는 일이었다. 더구나 허약해질 대로 허약해진 조선왕조가 주위 열강들의 눈치 보기에 급급해지면서, 종루 육의전의 시전 상인들마저 알게 모르게 하나둘 세력을 잃어 가는가 싶었다. 급기야 20세기에 접어들자마자 그만 더는 버텨내지 못한 채 급속히 붕괴되는 비운에 처하게 되고 만다.

그렇대도 국초 이래 자그마치 5백여 년 동안이나 조선 상계를 대표해 온 종루 육의전이었다. 그 같은 종루 육의전이 끝내 붕괴하고야 만 직접적인 이유는 실은 딴 데 있었다. 자연스러운 인구의 증가나 그에 따른 생산력의 증대와 함께 신분제의 변동이나 사상인들의 성장과 같은 누적된 연유에다, 결정적으로 불길이 옮겨붙고 만 건 개항이었다. 일본의 강압에 못 이겨 기어이 문을 열어줄 수밖에 없었던 개항이 치명타였다. 그중에서도 인천 제물포의 개항(1883)은 종루 육의전의 붕괴를 빠르게 가속한 직접적인 이유였다.

그도 그럴 것이 제물포는 앞서 문을 연 부산이나 원산과 달리 개항과 동시에 청, 일본, 독일, 미국, 영국 등 열강들의 각축장으로 돌변했다. 동시에 다투어 쏟아져 흘러든 것이 있었다. 다름 아닌 서구의 신문물인 개화 상품이었다.

그것은 지금껏 유교적 정신주의 생활 풍조 속에서만 호흡해 오던 이 땅의 뭇 백성들에게 물질문명이라는 신천지를 전개해 주었다. 경이로운 신세계의 생활을 눈앞에서 펼쳐 보여주는 근대화의 물결이 거침없이 휘몰고 들어왔던 것이다.

개항장 제물포에는 지금껏 본 일이 없는 서구의 이양선들이 속속 드나들었다. 한가로이 떠있는 황포 돛단배와 바닥이 평평한 세곡선들 사이로, 덩치가 산더미만한 서구의 화륜선과 철선들이 진기하다는 개화 상품을 가득가득 싣고서 하루가 다르게 밀려 들어왔다.

예나 지금이나 장사란 다른 게 아니다. 사람들을 편리하게 만들어주는 물품, 그런 걸 만들어서 사람들의 주머니를 열도록 하는 것이 곧 장사이다.

한데 개항장 제물포에 쏟아져 들어온 서구의 개화 상품은 사람들을 편리하게 만들어주기에 조금도 모자람이 없었다. 분명 기대 이상의 신천지였다. 부싯돌로 일일이 불을 지펴 생활하던 시절에 간편하기 이를 데 없는 성냥이며, 빨래를 손쉽게 해주는 양잿물, 토포에 비해 값이 월등하게 싼 양포, 지긋지긋한 질환을 신속하게 낫게 해주는 간단한 양약, 가볍고 편리한 각종 양재기, 작고 가늘어서 두루 쓸 수 있는 왜못을 비롯해서, 등잔용 석유 따위는 진기하다는 소문바람까지 더해져 당장 없어서 못 팔 지경이었다.

사정이 이러하자 개항장 제물포로 상인들을 불러 모으는 일은 시간문제였다. 진기하다는 개화 상품을 사가려고 돈 보따리를 바리바리 싸들고서 한성에선 물론이고, 경기·충청·황해도 지방의 상인들마저 꾸역꾸역 몰려들었다.

그런 개항장 제물포에 난데없이 나타난 검은 괴물의 출현은 또 다른 충격이었다. 화륜거 혹은 철마鐵馬라고도 불렸던 검은 괴물 기차의 출현은 하루가 다르게 밀려드는 근대의 물결을 싣고서 개항장 제물포에서 곧바로 한성의 턱밑까지 한달음에 들이닥치게 만들었다.

하지만 개항장 제물포에서 한성의 노량진 사이를 기차가 달리기까지는 말썽도 적지 않았다. 무엇보다 '쇳길鐵路'에 대한 당시 사람들의 공포증을 해소하는 데 애를 먹어야 했다.

한성의 턱밑이랄 수 있는 제물포에 개항장이 들어선 데 이어, 경인선 철도가 개통됨으로써 무엇보다 도성 안의 상계가 하루아침에 파리만 날리게 되는 커다란 충격에 휩싸이게 된다.

하기는 집 한 채를 새로이 지을 적에도 풍수지리설에 따라야 했던 당시에 땅과 쇠는 도저히 같이 어우러질 수 없는 상극이었다. 쇠는 항상 물을 말리는 음양오행의 원칙을 가진 탓이었다.

한데도 도리가 없었다. 기차가 달리기 위해선 별 수 없이 땅 위에다 쇳길을 깔아야 했다. 또 그 쇳길은 그냥 쇳길이 아니라 번갯불을 번쩍번쩍 태우면서 달려야 했기 때문에, 그 때마다 땅속의 물기가 과연 얼마나 말라버릴지 누구도 헤아리기 어려운 일이었다.

더욱이 당시 천하의 근본은 단연 농사였다. 그 농사를 짓기 위해선 반드시 물이 있어야만 하는데, 기차가 번갯불로 땅속의 물기를 다 말려버려서 결국 가물어질 거라는 논리조차 가능했다.

쇳길을 어렵사리 깔아 개항장 제물포↔노량진까지 개통한 경인선은 다시 애를 먹어야 했다. 근대의 물결을 싣고 기차가 씩씩하게 달렸건만 이용하는 승객이 없어 파리만 날려야 했다.

게다가 좀처럼 목청을 높이지 않던 양반들까지 가세하고 나섰다. 기차가 달리기 시작하면 땅이 요동쳐 흔들린다는 것인데, 그렇게 되면 조상의 묘지가 흔들려서 결국에는 집안이 망하게 될 것이라는 우려에서였다[7]. 그 같은 이유를 내세워 기찻길이 양반집 묘지 인근을 지나가려 할 때마다 입에 거품을 물고 나섰다.

그런저런 탈을 겪으면서도 마침내 경인선 철도가 개통된 것은 1899년 9월이었다. 화통에서 시커먼 연기를 연신 숨 가쁘게 뿜어내며 칙칙폭폭 우레와도 같은 바퀴 소리를 내더니, 천지가 진동하는 기적소리를 길게 울렸다. 개항장 제물포에서 한성의 노량진 사이를 힘차게 내달리기 시작했다.

하지만 어렵사리 쇳길을 깔아 개통한 기차는 또다시 애를 먹어야 했다. 근대의 물결을 싣고 지달리기 시작한 철마가 이번엔 기차를 이용하는 승객이 없어 파리만 날려야 했던 것이다.

개통 첫 해 기차를 탄 손님이 하루에 고작 20여 명 남짓이라 적자투성이였다. 때문에 철도회사는 철도선무학사鐵道宣撫學士란 걸 모집해서 양반들을 계몽시키고 다니는 웃지 못할 촌극마저 벌여야 했다.

아무렇든 기적 소리도 씩씩하게 개항장 제물포에서 한성의 노량진까지 개화 상품을 한달음에 실어 나르기 시작하면서, 골병이 들었던 건 정작 종로 육의전이었다. 5백여 년 동안이나 조선의 상계를 지켜왔던 종로 육의전의 금난전권이 그만 하루아침에 파리만 날리게 되는 충격에 휩싸이게 된다. 굳이 육의전의 시전 상인들을 통하지 않고도 진기하다는 개화 상품을 손에 쥘 수 있게 되면서, 조선의 만물상이라던 종루 육의전의 거리는 눈에 띄게 위세를 잃어갔다. 그러다 20세기 벽두에 그만 바람처럼 쓸쓸한 최후를 맞게 되고야 만다.

종로 육의전의 마지막 후예 '대창무역'

5백 년 전통을 가진 종로 육의전의 최후는 실로 어이없었다. 안팎으로부터 거세지는 도전과 하루가 다르게 변모해 가는 상업 환경에 미처 적응치 못하다, 20세기 벽두에 그만 역사의 뒤안길로 사라진 종로 육의전의 최후는 참으로 허망했다. 국초 이래 조선 상계를 지배해오며 도성 안의 한복판인 종로 네거리 일대에 자그마치 3천여 칸이나 헤아렸던, 그 수많은 시전 상인들은 끝내 새로운 상업 질서에 편입되지 못한 채 지리멸렬 스러지고 말았다.

그러면서 오직 종로 네거리 한 곳에 집중되어 있던 한성의 상권은 손가락 사이로 새어버린 물처럼 사분오열 저마다 뿔뿔이 흩어졌다. 외어물전이 있던 서대문의 바깥으로, 멀리 동대문과 남대문의 인근으로, 심지어 일본 상인들이 시가지를 이루며 집단 거주하고 있는 충무로의 진고개 일대 이른바 혼마치로 제각기 분산되어 빠져나갔다. 그와 함께 퇴색하고 만 종로 일대는 다시금 새로운 주역들이 나타나기만을 하염없이 기다리는 무주공산이나 다를 것이 없었다.

종로 상계의 시련은 거기서 그치지 않았다. 마지막 남은 숨통마저 기어이 옥죄어들었다.

1895년 10월 8일 밤 명성황후를 시해하면서 본격적인 식민 찬탈의 야욕을 만천하에 드러낸 일본은, 그 사이 국정을 거들어준다는 '고문 정치顧問政治'라는 허울 좋은 구실을 내세워 우리 조정으로 하여금 막대한 차관을 빌려 쓰게 하여 손발을 꽁꽁 묶었다. 결국 조선 상계의 경제마저 거덜 내어버릴 속셈으로 기습적인 화폐개혁(1905)을 단행하고 나섰다.

조선의 상계를 요절낼 특수한 임무를 띠고서 현해탄을 건너온 탁지부 재정 고문 메가타 수타로.

조선 상계로서는 마른하늘에 날벼락도 그런 날벼락이 또 없었다. '재무 고문 용빙 계약'에 따라 조선 조정의 재무 고문으로 건너온 일본 대장성의 조세국장 메가타 수타로에 의해 전격적으로 단행된 화폐개혁은, 먼저 전통적으로 널리 유통되던 조선 상계의 어음 거래를 전면 금지시켰다. 또한 말도 안 되는 구 화폐와 신 화폐의 교환을 전면 지연하고 가치절하 함으로써, 가뜩이나 어려움에 처한 조선 상계로서는 그냥 앉은 채로 막대한 손해를 입지 않으면 안 되었다.

결국 종로 육의전이라는 구심점이 와해되면서 뿔뿔이 흩어지는 가운데, 그나마 가까스로 살아남은 몇몇 시전 상인들조차 이내 자금난에 허덕이게 되었다. 일본의 숨은 계획대로 종래에는 모두가 집단 도산하는 사태로 번지고야 말았다. 정말 이젠 어쩔 도리가 없이 조선의 상권을 일본의 상인들에게 고스란히 내어주지 않으면 안 될 처지에 놓였다[8].

한편 한일병합 직후인 1911년 「시사신보」가 조사한 바에 따르면, 당시

이완용(왼쪽)과 조선통감 이토 히로부미(오른쪽). 일본에 나라를 팔아먹은 한일병합 직후 조사한 시사신보에 따르면 당시 내각총리대신 이완용은 재산 500억 원 이상의 갑부 32인 중 한 명인 것으로 집계되었다

조선에서 50만 원(지금 돈 약 500억 원) 이상의 재산을 소유한 자산가는 모두 32명으로 집계되었다. 물론 이들은 왕족이거나, 관료 출신의 양반 계급과 지방의 토착 토호들이 대부분이었다.

　　이 희 - 흥선대원군의 장남

　　이 강 - 고종의 아들인 의친왕.

　　박영효 - 철종의 사위

　　이완용 - 고관대작

　　이재완 - 흥선대원군의 동생인 흥안군 이최응의 아들

　　송병준 - 친일단체 일진회 회장

　　민영휘 - 고관대작

　　민영달 - 고관대작

　　김진섭 -한성 마포 거상

　　김여황 -경기도 개성 거상

　　강유승 -평안도 진남포 거상

　　백윤수 -한성 종로 거상….

한데 맨 끄트머리에 적바림하고 있는 백윤수라는 이름 석 자가 눈길을 잡아 끈다. 우리들에겐 비디오 아티스트로 널리 알려져 있는 백남준의 할아버지이기도 한 그는, 이미 전멸한 종로 육의전의 상인들 가운데 그때까지도 유일하게 살아남은 시전 상인 중 한 사람이었다.

백윤수는 종로 육의전에서 조상 대대로 견직물 시전을 경영해온 거상이었다. 일본의 전격적인 화폐개혁의 혹독한 고비를 어렵게 넘어서자마자, 1907년엔 전통적인 시전 상인의 모습을 탈피해 기업 형태의 '백윤수상점'으로 전환하고 나섰다. 이어 1916년에는 지금의 종로2가 종각 건물 바로 뒤쪽 3층 건물에 '대창무역주식회사'를 설립하면서, 종로 육의전의 마지막 후손이 여전히 건재함을 확인시켰다.

그의 회사 규모는 자본금 50만 원(약 500억 원)이었다. 남들보다 앞서 주식회사 체제를 갖추었을 뿐 아니라, 같은 시기에 설립된 민족 자본 기업들 가운데서도 보기 드문 대형 기업이었다. 백윤수의 대창무역보다 3년 늦게 설립된 인촌仁村 김성수 일가의 '경성방직' 규모가 자본금 100만 원(약 1,000억 원)에 불입자본금 25만 원(약 250억 원)이었고, 백윤수와 함께 장안의 3대 상인 자본가로 불리던 '박승직상점(지금의 두산그룹)'의 자본금 규모가 기껏 6만 원(약 60억 원) 수준이었던 점을 감안하면, 당시 백윤수의 재력이 어느 정도였는지 짐작할 수 있다.

백윤수는 '대창무역'을 통해 청나라에서 각종 견직물을 수입하여 판매했다. 회사 경영도 순탄한 듯이 보였다.

한데 1920년경부터 조선총독부가 돌연 청나라에서 견직물을 수입해 들여오는 것을 억압하기 시작했다. 그에 따라 '대창무역'은 갑작스레 경영에 어려움을 겪게 되는데, 백윤수는 이를 타개하기 위해 1924년에 '대

1935년 금강산 여행 중에 찍은 백윤수의 넷째아들 백낙승과 그의 가족. 뒷줄 맨 왼쪽이 백낙승이고, 앞줄 맨 왼쪽 꼬마가 비디오 아티스트로 유명한 백남준이다. 백남준은 종로 육의전 거상 백윤수의 손자였다.

창직물'을 설립해서 국내에서 직접 견직물 생산에 들어가기도 했다.

당시 '대창직물' 청량리 공장에 설치되었던 직조기 대수는 모두 300대로, 일본 재벌 계열의 '조선방직' 부산공장의 인견 견직기 319대의 수준에 거의 맞먹는 대규모 공장이었다. 백윤수는 그만큼 정황 판단이 빨랐고, 시류에 민첩하게 적응해 나갈 줄도 알았다.

그러나 종로 육의전의 마지막 시전 상인이었던 백윤수는 같은 해 그만 타계하고 만다. 슬하에 낙원, 낙중, 낙삼, 낙승 등 모두 4형제를 두었는데, 먼저 장남 백낙원이 아버지 백윤수의 바통을 대물림하여 이어

받았다. 하지만 그 역시 1930년대 말에 타계하면서 4남인 백낙승이 후계자로 나섰다.

대창무역의 새로운 후계자 백낙승은 일본 명치대학 법학과에서 근대교육을 받은 엘리트였다. 사업적인 감각도 뛰어났을 뿐 아니라, 정치적인 수완까지 탁월하여 시대의 흐름을 정확히 꿰뚫어 볼 줄 알았다.

일본 오사카에 본사를 둔 동양면화주식회사 경성지점. 포목을 만주로 밀수출하여 번 막대한 돈을 백낙승은 일본 동양면화에 투자하여 대주주가 되었는데, 훗날 자신의 마지막 안식처가 되어준다.

태평양전쟁 말기에는 또 어떻게 뚫었는지 서슬 퍼런 일본 관동군 헌병대에 들어가, '대창직물'에서 이름을 살짝 바꾼 '태창직물'을 통하여 만주로 포목을 밀수출할 수 있었다. 이때 '태창직물' 상표는 벚꽃 속에 '태泰'자를 써넣은 것이었는데, 일본의 마루베니 · 이토추상사와 같은 대기업들도 백낙승의 '태창직물'을 거쳐야만 만주에 직물을 수출할 수 있을 정도였다.

다시 말해 일본의 상사들이 '태창직물'에 포목을 공급하게 되면, 그 포목에다 벚꽃 속에 '태' 자 상표를 꾹 눌러 찍어 일본 관동군 헌병대의 비호를 받아가며 만주로 밀수출했다. 백낙승의 '태창직물'은 이처럼 간 큰 포목 밀수를 통해 막대한 돈을 벌어들였다. 막대한 돈은 다시금 일본의 '동양면화'에 투자하여 주식을 절반 가량이나 매입할 수 있었다.

8.15해방 직후 서울역. 서울 역사 너머 사진 왼쪽으로 보이는 지붕이 조일창고였다. 일제 말 관동군 헌병대의 비호 아래 밀수를 하다 일본 육군 감찰대에 적발되어, 태창직물의 밀수 물품 전량이 조일창고에 압류당하는 위기에 처했다.

하지만 꼬랑지가 길면 언젠가는 밟히기 마련. 태평양전쟁이 막바지로 치닫던 어느 날, 그동안 관동군 헌병대의 비호 아래 잘나가던 '태창직물'이 일본 육군 감찰대에 적발된다. 밀수 물품 전량이 법원에 압류당하는 위기에 처하게 된다.

그러나 '대창무역'의 새로운 후계자 백낙승의 시운이 거기서 다 한 것은 아니었다. 밀수 품목을 전량 압류당한 채 지루한 재판을 받던 도중, 뜻하지 않은 8.15 해방(1945)을 맞이하게 된 것이다.

압류된 포목은 지금의 서울역 앞에 있던 조일창고 세 동에 고스란히 쌓여있었다. 그리고 압류된 포목은 밀수품인지 어떤지 가릴 새도 없이 미군정 법무관의 해제 명령에 따라 즉시 물주인 '태창직물'에 고스란히 반환되었다.

더구나 해방 직후에는 포목이 없어서 미처 다 팔지 못할 정도였다. 부르는 게 곧 값이었다. 뜻밖에도 '태창직물'에 또다시 거금을 손에 쥘 수 있는 행운이 찾아든 것이다.

백낙승은 이 거금으로 '정크junk무역'에 뛰어들었다. 종전이 되었으

일제 강점기 광산으로 거부가 된 장진섭이 8.15해방 직후 귀국한 이승만에게 자신의 집을 내주어 한 동안 머물렀다는 돈암장. 장진섭은 8.15해방 직후 2년여 동안 일제 귀속재산이었던 조선타이어 사장 을 역임하기도 했다.

나 중국대륙에서 미처 다 가져가지 못한 일본의 군수품이나 상사의 창고를 중국 상인들이 털어, 정크선에 싣고 인천항으로 들어와 다른 물자와 교환해갔다. 사실상 밀무역과 다름없었다. 거금을 손에 쥔 백낙승은 이 같은 정크무역에 초기부터 뛰어들어 오뚝이처럼 무역상으로 또다시 부활할 수 있었다.

하지만 좋은 세월도 그리 오래 가진 못했다. 해방 직후 1년 남짓 기승을 부리던 정크무역도 슬그머니 자취를 감추어버리게 되자, 백낙승은 새로운 돈줄을 찾아 이번에는 정치계에 눈을 돌렸다. 서슬 퍼런 일본 관동군 헌병대를 뚫었던 솜씨를 예의 유감없이 발휘하여, 이번에는 귀국한 지 얼마 되지 않은 이승만에게 접근했다.

당시 이승만은 돈암장에서 마포장으로 새로운 거처를 옮겨가면서, 무엇보다 정치자금이 절실히 필요하던 시기였다. 백낙승은 그런 이승만에게 접근하여 거액의 정치자금을 선뜻 내밀었다. 70만 원(해방 이후 극심한 인플레로 지금 돈으로 환산키 어려움)을 헌납한 데 이어, 이후에도 매달 빠짐없이 50만 원씩을 가져다 바쳤다.

이승만은 마침내 백낙승이 점친 대로 대통령이 되었다. 이승만이 경무대(지금의 청와대)로 들어가면서 신세를 진 백낙승에게 보답했다. 일본의 귀속재산이었던 '고려방직공사' 영등포공장을 불하받을 수 있도록 특혜를 준데 이어, 당시로선 상상도 할 수 없는 식산은행(지금의 산업은행)으로부터 거금 500만 달러를 융자받게 하는 특혜에 힘입어 입지를 확고히 다질 수 있게 된다.

외화 대출은 비단 거기서 끝나지 않았다. 그밖에도 백낙승은 자신의 계열기업인 '대한문화선전사'가 전국의 홍삼 판매권을 특혜 받은것이랄지, '조선기계'를 인수할 수 있었던 특혜 또한 따지고 보면 대통령의 뒷배가 있었기에 가능한 일이었다.

그런가하면 달러가 금보다 더 귀하게 여겨지던 시절에, 그래서 달러 얘기라면 대통령 이승만마저 벌벌 떨던 시절에, 그가 일본에서 기계를 대량으로 들여와 '태창방직'을 확장할 수 있게 허가해 준 것도 그런 뒷배가 있었기에 가능했다. 그때까지만 해도 백낙승은 그야말로 고래심줄 같은 뒷배를 확실하게 잡고 있었던 셈이다.

때문에 해방 직후 친일 행각이 들통나는 통에 반민특위反民族特別委員會에 구속되었다가도 손쉽게 풀려나올 수 있었다. 자신의 경쟁자이랄 수 있는 경성 상계의 숱한 별들이 정치권력으로부터 자꾸만 멀어져 가는

사진의 윗쪽은 4.19 학생의거. 1960년 4월 19일 학생과 시민이 중심이 되어 일으킨 반독재 민주화 운동. 독재자 이승만도, 정치 바람을 거세게 일으켰던 백낙승의 태창그룹도, 이 학생의거로 말미암아 함께 붕괴하는 운명을 맞았다. 사진의 아래쪽은 1년여 뒤 2군 부사령관 박정희 소장을 주도로, 장교 250명과 사병 3,500여 명이 일으킨 5.16군사쿠데타. 사진은 장면 민주당 정권을 무너뜨리고 권력을 잡은 군사쿠데타의 주역인 (왼쪽부터)박종규 소령, 박정희 소장, 차지철 대위.

데 반해, 유독 백낙승만은 정치권력과 끈끈하게 밀착하여 정부의 특혜를 만끽했던 것이다.

백낙승은 이처럼 풍부한 자금과 정부의 든든한 지원 사격을 받아가며 기업 영토를 보다 확장시켜 나갔다. 1948년 전후엔 '태창방직'을 모기업으로 '태창공업', '태창직물', '해전직물', '대한문화선전사', '조선기계' 등 계열기업을 즐비하게 거느렸다. 그리하여 「상계의 역사」 최초의 대기업 집단인 '태창그룹'을 탄생시키기에 이르렀다.

그러나 지나치면 탈이 나게 마련. 백낙승은 정치 바람을 너무 거세게 일으켰다. 한국전쟁(1950) 이후에는 전쟁으로 파괴된 공장을 복구하면서 지나친 특혜가 말썽이 되더니. 그 후에도 이른바 '삼백파동三白波動'·'연계자금사건' 등과 같은 말썽이 일 때마다 그의 이름 석 자가 단골손님으로 등장해서 세간의 이목을 집중시키곤 했다.

백낙승은 4.19 학생의거(1960)가 일어나기 바로 직전에 타계했는데, 그의 장례는 매우 쓸쓸했다고 한다. 종로 육의전 상인의 마지막 후손이자, 이 땅에 맨 처음 그룹을 건설한 총수의 죽음으로 보기에는 너무나도 보잘것없었다.

타계하기 직전 그는 자신의 아들 백남일을 후계자로 삼아, 태창그룹을 재건하려 무진 애를 썼던 것 같다. 그러나 한번 기울기 시작한 태창그룹은 끝내 대세를 돌이키지는 못했다. 자유당 정권이 무너진 정치의 소용돌이 속에 너무 깊숙이 빠져들어가 영영 헤어나지 못하고 말았다.

백낙승이 타계한 '태창방직'은 이내 경영 악화에 빠져 심한 몸살을 앓았다. 이후 부정 축재 처리 과정에서 전 재산을 국가에 헌납하고 백남일 등은 일본에 귀화하고 말았다[9]. 할아버지 대부터 꾸준히 투자해 둔 일본 '동양면화'의 주식이 마지막 안식처를 유지케 해주었다.

이후 '태창방직'은 새 주인이 나타나 큼직한 문패를 다시 내걸었다. 새로운 주인은 서갑호였다. 당시 일본에서 개인 종합소득세 랭킹 1, 2위를 3년 연속 차지하여 일본 재계를 깜짝 놀라게 한, 우리 정부가 수립된 이듬해인 1949년 당시 시가 50억 엔币 규모의 주일 한국대사관 건물을 기증해서 다시 한 번 한국 재계를 놀라게 한 재일교포 기업가였다.

서갑호는 육군 소장 박정희가 일으킨 5.16 군사 쿠데타(1961) 이후 '태창방직'을 인수하면서 화려하게 금의환향했다. 이로써 왕조 건국 이래 무려 5백여 년 동안이나 조선의 상계를 지배해왔던 종로 육의전의 마지막 후손마저 이 땅에서 그 대가 끝내 단절되고야 말았다.

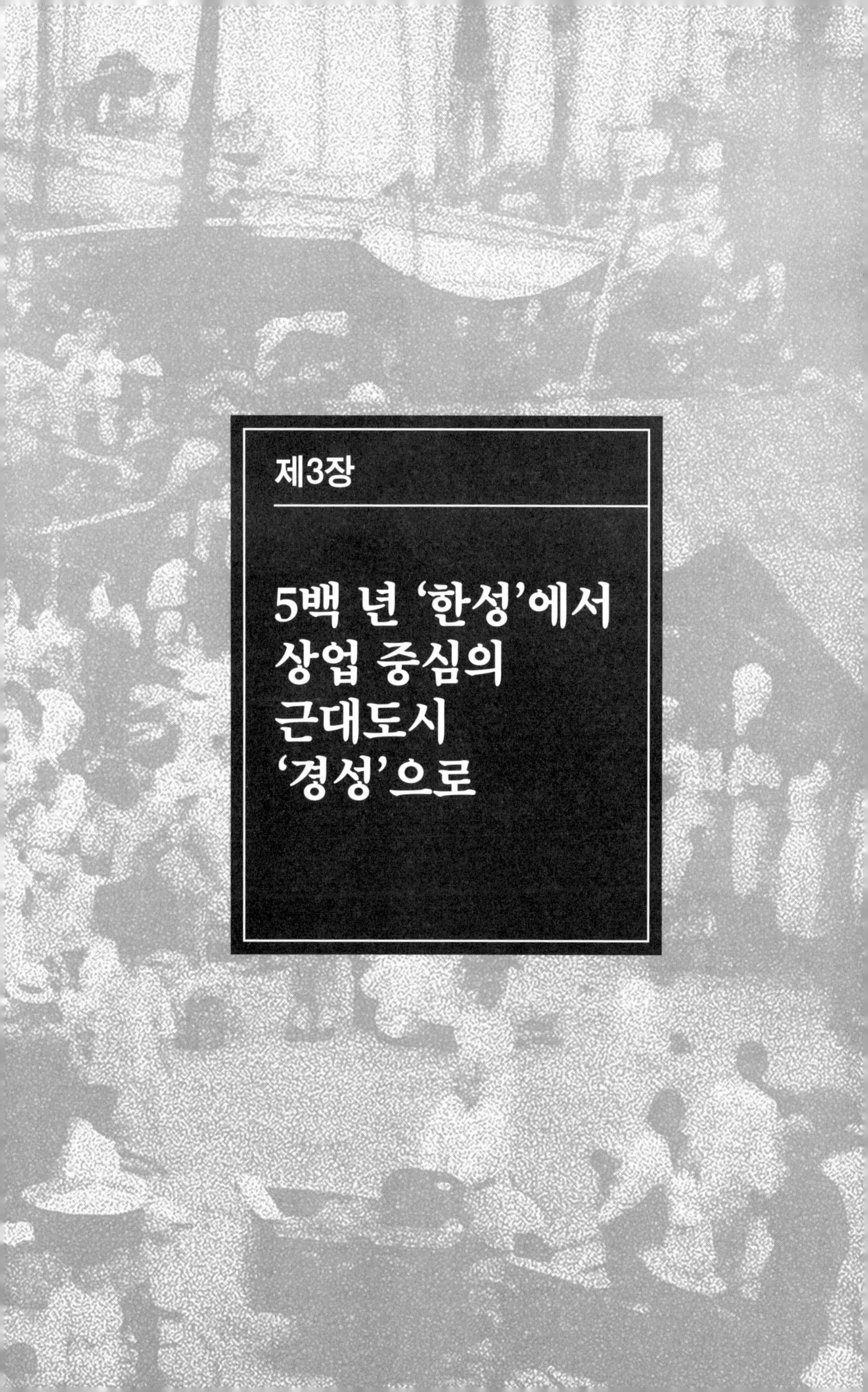

제3장

5백 년 '한성'에서
상업 중심의
근대도시
'경성'으로

" 변모해 가는 한성, 도심 속을 달리는 전차 "

이야기의 시점을 잠시 앞으로 거슬러 올라가 보자. 국초 이래 5백여 년 동안이나 조선의 상계를 지배해온 종로 육의전이 최후를 맞이하는 시점으로 다시 돌아가 본다.

일본의 조선 침략은 매우 정교하고 치밀한 것이었다. 강압에 의해 속절없이 체결한 '조일수호조규(1876)'를 구실삼아 첫 외국인으로 도성 안에 들어와 지금의 진고개 일대에 집단으로 거류하기 시작한 데 이어, 인천 제물포를 또다시 강압적으로 개항(1880)시켜 조선의 빗장을 열어젖혔다. 그런가 하면 그동안 한반도에서 패권을 놓고 팽팽하게 줄다리기를 벌여오던 청나라와의 전쟁과 동학농민전쟁(1894)에서 거푸 승리를 거두었다. 이제 조선의 운명은 일본 군국주의의 시퍼런 칼날 아래 놓일 수밖에 없게 된 것이다.

이보다 앞선 1893년 4월, 한성 영사 스기무라 후카시는 일본 외무성에 전문을 띄운다. 1,300만 조선 민중을 동화시키기 위해서는 단지 정부의 힘만으론 불가능하다면서, 방인(일본인)을 이식하는 일이 시급하다고

러일전쟁(1904)에서 승리한 일본군은 조선인들이 반발하지 못하도록 겁박의 효과를 극대화하기 위해 도성 안의 종로 거리를 행군하는 모습. 남대문 쪽에서 저 멀리 언덕 위에 명동성당을 바라본 전경이다.

보고했다. 이어 그는 '조선 같이 유치한 상업의 실상을 고려해볼 때 고상한 무역사업을 통해 거래의 발달을 도모하기보다는, 오히려 작은 부분부터 침투해 들어가 그 근저를 견고히 다지는 일이 상책일 듯하다'[1] 라고 전제하면서, 자국의 상인들을 대거 불러들였다. 그리하여 도성 안의 진고개 일대에 일본인 거류 구역인 이른바 '혼마치'가 형성되면서, 언제고 조선 상계마저 요절내버릴 채비를 갖추었다.

이쯤 되자 일본 군국주의는 명성황후를 잔인하게 시해(1895)하면서 마침내 본격적인 식민 찬탈의 신호탄을 쏘아 올렸다. 그 뒤 청천벽력과도 같은 화폐개혁(1905)을 단행하여, 전통적으로 널리 유통되던 조선 상계의 어음 거래를 전면 금지시켜 한낱 휴지 조각으로 만들어버렸다. 또한 구 화폐와 신 화폐의 교환을 전면 지연하고 가치절하함으로써, 가뜩이나 허약한 조선 상계의 마지막 목줄을 옥죄었다. 5백여 년 동안이나 연연히 이어져 내려온 종로 육의전의 상권을 하루아침에 풍비박산 내고 말았다.

그러면서 종로 네거리에 집결되어 있던 한성의 상권은 사분오열되었다. 종로 네거리의 중심에서 서대문 바깥으로, 멀리 동대문과 남대문의 인근으로, 또 다른 일부는 일본 상인들이 시가지를 이루며 집단 거주하고 있는 진고개 일대의 혼마치로 저마다 뿔뿔이 흩어져갔다.

한성의 풍경 또한 일그러뜨려 놓았다. 태조 이성계가 개경에서 한성으로 도읍(1394)을 천도한 이래, 무려 5백여 년이나 별다른 변동 없이 거의 한결같은 모습으로 고스란히 유지되어 오던 도성 안의 풍경도 하루가 다르게 변모해갔다.

그중에서도 종로 배오개(종로 3가 일대)와 동대문 일대는 도성 안에서도 가장 역동적인 지역으로 변모해갔다. 오랜 세월 종로 육의전의 변두리에 머물러 있던 배오개와 동대문 일대는 연일 수많은 잡살뱅이 도붓장수들까지 몰려들어 장사진을 치고 앉아 난전亂廛을 벌였다. 어느덧 흥숭생숭 제법 시장 풍경으로 자리를 잡았다.

이 같은 종로 거리에 또 다른 풍경을 하루아침에 바꾸어 놓은 이가 있었다. 미국인 사업가 콜브란이었다. 그가 '번갯불 먹는 괴물' 혹은 '축지법 부리는 쇠바퀴'라고 소문난, 생전 보지도 듣지도 못한 전차를 종로 거리에 성큼 선보였다. 20세기를 겨우 한 해 앞둔 1899년 부처님 탄신일인 사월 초파일, 지금의 서대문 로터리에서 종각→종로→동대문까지 전차가 씽씽 달리기 시작했다[2].

20세기를 한 해 앞둔 1899년 사월 초파일날, 생전 듣지도 보지도 못한 '번갯불 먹는 괴물'이라는 전차가 하루아침에 등장했다. 서대문 로터리에서 종로를 거쳐 동대문까지 달리기 시작하는 역사가 열렸다.

"도오데스까(어떻습니까)?"

전차 운전수는 일본에서 건너왔다. 전차를 마치 자신이 만들기라도 한 것인 양 곁에 서 있는 늙수그레한 사대부 승객을 힐끗 바라보면서 의기양양해 물었다.

"이놈아, 어떻긴. 참 빠르기도 하구나. 그래서 시원한 게 이루 다 말할 수 없이 좋다."

사진에서 보듯 초창기 전차는 둘레의 벽도, 천장에 지붕도 없는, 순전히 무개차였다. 그래서 전차에 오르면 사방을 내다볼 수 있어 시원하기 짝이 없긴 하였으나, 하지만 어쩌다 소나기라도 한바탕 우당탕 쏟아지는 날이면 영락없이 함빡 물벼락을 맞아야 했다.

"아이구, 소낙비구나!"

그렇다고 종로 한복판을 씽씽 내달리고 있는 전차 안에서 뛰어내릴 수도, 비좁은 전차 안에 소나기를 피할만한 공간이 따로 있을 리 만무했다.

"애, 칠칠아. 어디 우장 없느냐?"

늙수그레한 사대부 승객이 긴 턱수염을 어루만지며 몸종을 보고 난감해 묻는다.

"갑자기 우장이 어디 있어요, 어르신?"

"이거야, 야단났구나. 의복이 다 젖고 있질 않느냐?"

"하면 제 의복이라도 벗어드릴까요, 어르신?"

"여보게, 전차 운전수양반! 이 전차 좀 세워주구려. 소나기가 내려 내더는 못 타고 가겠으니."

종로 거리에 첫 선을 보인 전차는 가히 충격이었다. 소문을 듣고 몰려든 장안 사람들로 운행이 거의 불가능할 정도로 북새통이었다. 도로 곳곳에 대피선까지 따로 설치해 두긴 하였으나, 한결같이 노선이 단선이라서 사람들이 한꺼번에 몰려들기라도 할라치면 자칫 전차가 넘어지지 않을까 승객들이 가슴을 졸여야 할 지경이었다.

때문에 일본 교토전철에서 초빙해온 일본인 운전수들은 개통 첫날부터 진땀을 뻘뻘 흘려야 했다. 전차를 처음 타보는 조선인 차장들 역시 어떻게 해볼 도리가 없어 진종일 똥줄이 탈 수밖에 없었다.

"자네, 그 번갯불 먹는 괴물인지, 축지법 부리는 쇠바퀴인지 하는 거 타 보았는가?"

소문은 꼬리에 꼬리를 물었다. 삽시간에 도성 안의 구석구석까지 퍼져나갔고, 전차 개통 이튿날부터 종로 거리에는 구름같이 몰려든 구경꾼들로 그야말로 인산인해를 이루었다. 이른 아침부터 기다랗게 줄을 늘어서는 바람에 웬만큼 늦게 나온 이들은 좀체 낄 엄두조차 내지 못할 판이었다.

"거 참, 아무리 보아도 신기하기만 하지. 누가 앞에서 힘들여 끌지 않아도 저렇게 저절로 달리고 있으니 말야?"

"아, 저절로 달리긴. 저기 저 공중에 매달린 끈이 끌고, 땅에 깔린 쇳길이 밀어서겠지."

"허엇, 아무리 보아도 귀신 곡할 노릇이 아닌가? 공중에 매달린 끈이 끌고, 쇳길이 밀어서 저 커다란 쇳덩이가 통째 달린다니 말일세."

"어디 그뿐인가? 또 얼마나 빠른가 말야."

"한데 여보게, 어찌 전차가 이렇게 빨랑 오질 못하는가?"

"거야 빤하지 않은가. 사람들이 죄다 한꺼번에 몰려들어 탔으니. 전차인들 어찌 힘이 들지 않겠는가? 자넨 저 말 못하는 쇳덩이가 안쓰럽지도 않아서 그런 재촉을 하는가?"

요금도 헐한 편은 아니었다. 서대문 로터리에서 동대문까지가 5전(약 5,000원)에 달했다. 나중에 연장 개통된 청량리까지가 7전5푼(약 7,500원)이었다.

한데도 종로 거리에 첫선을 보인 전차는 그저 단순한 교통수단이나 운송수단 그 이상의 것이었다. 당시만 해도 백성들은 사인교 한 번 타보기조차 그리 녹록지 않던 때였다. 평생에 한 번 시집이나 장가를 들 때가 아니면 어느 곳을 가더라도 으레 걸어서 다니던 시절이었으니. 그깟 엽전 몇 푼이 문제될 것도 없었다. 굳이 사대부의 신분이 아닐지라도 달랑 엽전 몇 푼이면 누구나 사인교보다 더 근사한 전차를 타볼 수 있어 사람들을 불러 모으기에 충분했다.

종로 거리에 첫선을 보인 전차는 그저 단순한 교통수단이 아니었다. 평생 사인교 한 번 타보기조차
녹록지 않은 백성들에게 굳이 사대부의 신분이 아닐지라도, 달랑 엽전 몇 푼이면 사인교보다 더 근
사한 전차를 타볼 수 있어 인산인해를 이루었다.

웃지 못할 촌극도 속출했다. 전차가 청량리 종점에 도착했는데도 한
사코 내리려 하지 않는 승객들이 종종 나타나 차장의 애간장을 태웠다.

"어르신, 이제 다 왔습니다. 그만 내리셔야죠?"

"아니, 벌써 다 왔어?"

"네, 보시다시피 종점입니다."

"에끼, 여보 차장. 이런 법이 다 어딨소? 내가 돈을 칠전 넘게 냈거늘.
아 벌써 내리라니. 잔말 말고 어서 더 갑시다. 젊은 사람이 거 야박하기
는."

정류장이란 것도 따로 정해져 있을 리 없었다. 초기에는 전차가 달리
는 도중이라도 승객이 내리겠다고 소릴 지르면 그럴 때마다 전차는 어

쩔 수 없이 멈추어 서야 했다.

요금 징수 문제로 전차 차장과 옥신각신 다투는 일도 다반사였다. 전차 차장은 앞가슴에 계수기를 걸고 다니며 승객들로부터 엽전을 받아 집어넣으면 찡, 하는 박새 울음소리 같은 짧은 신호음과 함께 요금을 징수했다는 숫자가 나타나곤 했다. 하지만 끊임없이 밀려드는 승객들로 말미암아 비좁아진 전차 안은 번번이 아수라장이 되었다.

그럼에도 도심 한복판을 내달리기 시작한 전차에 대한 열기는 좀처럼 식을 줄 몰랐다. 오래지 않아 시골에까지 전차 소문이 널리 퍼져나가면서, 급기야 시골 사람들조차 줄지어 상경하는 사태로 이어졌다. 심지어 전차를 한 번 타보겠다며 대대로 붙여 먹던 일부 전답까지 팔아서 온 가족을 이끌고 한성으로 올라오는 촌부까지 생겨날 지경이었다.

하기는 호랑이 담배 피우던 시절에 문명의 이기인 전차를 타고서 도심 속 종로 거리를 내달린다는 건 정녕 경이였으리라. 그 시절만 하더라도 무엇을 타고 다닌다는 건 극히 제한된 일부 계층, 예컨대 고관대작이나 지체 높은 사대부가 아니면 불가능한 노릇이었다.

따라서 전차를 타본다는 건 곧 사회적 평등에 목말라하는 뭇 백성들의 해묵은 숙원을 풀어보고자 하는 심리적 충동과도 무관치 않은 것이었다. 전차를 타보기 위해 대대로 붙여 먹던 일부 전답까지 팔아가며 온 가족을 이끌고 상경했다는 이야기나, 호색꾼 탕자가 기생방을 찾아가는 것마저 잊은 채 온종일 전차에 몸을 싣고서 기분을 내고 다녔다는 이야기가, 딴은 그 같은 숨은 염원의 발로가 다름 아니었다.

어쨌든 조용한 아침의 나라에 뜬금없이 어느 날 광풍처럼 밀어닥친 개항과 정변, 농민전쟁이라는 반란과 진압, 지배 세력의 교체가 생게망게 거듭되는 가운데, 시대는 또 어쩔 수 없이 새로운 문명의 이기를 속절없이 맞아들이고 있었다.

더욱이 이 새로운 문명의 이기에 사람들은 열광했고, 종로 거리에 나타난 전차에서 볼 수 있는 것처럼 너나없이 그쪽으로 모여들기 시작했다. 뿔뿔이 흩어져 있던 사람들이 한데 몰려들기 시작하면서, 조선 상계의 중심이었던 종로 거리 역시 조금씩 활기를 되찾아가고 있는 듯이 보였다.

강철 같은 별표 고무신과 안창남에 열광하다

 사람들이 열광하기는 비단 종로 거리를 내달리기 시작한 '번갯불 먹는 괴물' 혹은 '축지법 부리는 쇠바퀴'라 불렸던 전차만이 아니었다. 인천 제물포의 개항장을 통해서 물밀듯이 쏟아져 들어오기 시작한 새로운 개화 상품에 쏠리는 관심 역시 지대했다. 신통한 과학 기술로 포장되어 진기하다고 입소문까지 난 서구의 개화 상품을 먼저 선점하려고 돈 보따리를 바리바리 싸 들고 찾아왔다. 한성은 물론 경기·충청·황해도 등지에서 몰려든 상인들로 제물포의 개항장은 연일 줄을 이었다.

 제물포의 개항장에서 쏟아내는 개화 상품 또한 그런 상인들의 눈독을 들이기에 충분했다. 개항장이 아니고선 도저히 구할 수 없는 진기한 상품을 공급받기 위해 먼 곳의 상인들까지 애써 제물포를 찾도록 만들었다.

 그중에서도 단연 인기 품목은 고무신이었다. 착용감이 좋고 오래 신을 수 있는 데다, 겉모양도 마치 지체 높은 사대부들이나 신던 갖신이나 비단신과 다를 것이 없어 눈길을 사로잡았다. 새로운 문명의 이기인 전차와 마찬가지로 사회적 평등에 목말라하는 뭇 백성들의 심리적 충동까지 더해지면서 수요가 폭발적으로 늘어갔다.

당시만 해도 일반 백성들의 신발은 일부 특수한 신분을 제외하곤 남녀노소 가릴 것 없이 모두가 다 짚신이었다. 과거시험을 치르기 위해 한양 길에 오른 젊은 선비의 봇짐 꽁지에도 으레 짚신 네댓 켤레가 대롱대롱 매달려 있게 마련이던 시절이다.

한데 짚신은 너무 빨리 닳았다. 볏짚으로 새끼를 꼬아 만들어진 탓에 기껏 사나흘을 신을

볏짚으로 새끼를 비비 꼬아 만든 짚신을 지게에 잔뜩 짊어지고 나온 왕조 말기의 짚신 장사 모습. 하지만 짚신은 너무 빨리 닳아 기껏 사나흘 가량밖에 신을 수 없었다. 때문에 변방에 전쟁이나 반란과 같은 난리라도 일어나는 날엔 너도나도 사재기 품목 1호가 짚신이었다고 한다.

수 있을까 말까 할 정도로 내구성이 형편없었다. 더구나 새끼를 비벼 꼬아 만든 바닥은 울퉁불퉁해서 불편하기 짝이 없는 데다, 비만 오면 속절없이 물기에 젖어 들면서 축축해지고 진흙마저 덕지덕지 엉겨 붙어 돌덩이처럼 무거워지기 일쑤였다.

반면에 개화 상품으로 들어온 고무신은 물기로 축축해지지도 않고, 진흙도 덕지덕지 엉겨 붙지 않았다. 비가 내린다 해도 따로 나막신으로 갈아 신을 필요가 없었다. 무엇보다 한 해 동안이나 신을 수 있을 만큼 내구성마저 질겨 선풍적인 인기를 끌었다.

개항장 제물포를 통해서 개화 상품으로 들어온 고무신이 사람들로부터 선풍적인 인기를 끌자, 덩달아 고무신 수리공도 등장했다. 불에 달군 쇠틀에 고무신 조각을 녹여 찢어지거나 닳은 부분에 간단히 붙여 수리해 다시 신었다.

하지만 이런 고무신도 처음 들어올 때부터 우리의 입맛에 딱 맞았던 건 아니다. 개항장 제물포를 통해서 들어온 일본제 고무신은 '호모화'라 하여, 바닥창만 고무이고 그 나머지는 가죽이나 천으로 만든 구두 모양이었다.

구두 모양을 한 일본제 고무 단화를 우리의 입맛에 딱 맞는 지금의 고무신 모양으로 바꾸어 대박을 터뜨린 이는 이병두였다. 평양에 자리한 일본인 잡화상 내덕상점內德商店에서 사환으로 일하고 있던 이병두는, 개항장 제물포를 통해서 들어오기 시작한 일본제 고무 단화가 인기를 끌자 내덕상점을 그만 두었다. 직접 고무신 행상에 나섰다[3].

그의 생각은 옳았다. 일본에서 고무 단화를 직접 들여와 쏠쏠한 재미를 보았다.

내친김에 고무신 상점을 내기도 했다. 나중에는 고무신 공장까지 차리기에 이른다.

이병두는 쏠쏠한 재미에만 안주하지 않았다. 일본으로 건너갔다. 거래하던 공장에 아예 수개월씩 눌러앉아 고무 배합기술에서부터 제조 공정까지를 모두 배워 돌아왔다.

그렇더라도 우리의 입맛에 딱 들어맞지 않은 일본식 고무 단화가 서민들에게까지 널리 보급되는 데는 한계가 있을 수밖에 없었다. 이 점에 착안한 이병두는 마침내 고무신의 모형을 획기적으로 바꾸어 내놓았다.

남자 고무신은 전통적인 짚신 모양을 본떴다. 여자 고무신은 앞머리가 볼록하게 솟아오른 전통적인 코신을 본떴다. 폭이 좁고 굽이 높은데다 발등까지 덮는 일본식 고무 단화를, 우리 발에 알맞도록 폭은 과감히 넓히고 굽은 크게 낮추되 발등을 노출시켰다. 이른바 우리의 체질과 환경에 적합한 지금의 '조선식 고무신'으로 탈바꿈시켜 놓았다[4].

이병두가 탈바꿈시켜 놓은 고무신은 시장에 내놓자마자 불티나게 팔려나갔다. 구두 모양을 한 일본제 고무 단화를 한사코 외면하던 서민들마저 열렬히 선호하고 나섰다. 잠시 선을 보였던 일본제 고무 단화의 씨를 순식간에 깡그리 말려버렸다.

조선식 고무신이 선풍적인 인기를 끌자 고무신 공장도 우후죽순처럼 생겨났다. 처음에 고작 2개(1921)이던 고무신 공장이 십여 년 뒤엔 무려 72개(1933)로 늘었다.

생산고도 수직으로 치솟았다. 1920년엔 고작 4,000원(약 4억 원)에 불과하던 것이 1935년엔 무려 984만5,000원(9,845억 원)으로 무려 2,461배

나 껑충 뛰었다. 고무 제품으로 만든 생산량 95% 이상이 고무신일 정도
였다[5]. 그러면서 반도고무공업사, 조선고무공업소, 서울고무공업소 등
굵직굵직한 고무신 공장들이 도처에 생겨나기 시작했다.

그러나 뭐니 해도 선두 주자는 대륙고무공업주식회사였다. 미천한 농
부의 아들로 태어났으나, 영어를 잘해 일약 미국 주재 대리공사를 거쳐
법무대신(정2품)에 오른 이하영이 설립한 고무신 공장이었다. 자본금 규
모가 2만 원(약 20억 원)에서 8만 원(약 80억 원) 수준이던 여타 공장들과
달리 공치자본 50만 원(약 500억 원)에 불입자본 12만5,000원(약 125억 원)
을 자랑하는 대기업이었다[6].

이처럼 고무신 시장이 크게 확장되고 고무신 공장들이 난립하게 되
면서, 살아남기 위한 생존경쟁 또한 진풍경을 연출했다. 급기야 업체들
사이에서 신문의 지면을 동원해서 광고 공세까지 펼치고 나서기에 이
르렀다.

신문 광고도 역시 자본금이 넉넉한 대륙고무가 가장 먼저 선제공격을
하고 나섰다. 1922년 9월에 연이어 동아일보를 도배한 이 회사의 광고
문구 가운데 일부이다.

> 대륙고무가 제조한 고무화의 출매함이 이왕 전하께서 이용하심에
> 황감을 비롯하야 각 궁가의 용명하심을 몽하며 우 여관女官 작위의 사
> 용을 수하며….

대륙고무의 주장과 같이 왕이 고무신을 신었는지 어땠는지는 확인할
길이 없다. 다만 신문 지면의 광고 문구에 왕이 이용한다는 설명까지 들

먹이고 나선 걸 보면 그때 고
무로 만든 신발이 최신 고급
상품이었던 것만은 틀림이
없어 보인다.

대륙고무가 이같이 선제
공격을 하고 나서자 이에 질
세라 만월표 고무신이 부랴
부랴 가세했다. '이강 전하가
손수 고르셔 신고 계시는…'
이라는 광고 문구로 잽싸게
응수하고 나섰다[7].

이강李堈 전하라 하면 고
종 임금의 다섯째 왕자요, 순
종 임금의 아우였던 의친왕
을 일컬었다. 1919년 비밀결
사 단체인 대동단大同團 사건
에서 볼 수 있는 것처럼 반일

고종 임금의 다섯째 아들 이강. 일본에 의해 명성황
후가 시해된 1895년 이후 특파대사 자격으로 영국,
독일, 러시아, 이탈리아, 프랑스. 오스트리아 등을 방
문했다. 이후 미국 유학을 마친 뒤 귀국하여 독립단
체인 대동단 사건에 연루되면서 강제로 송환되기도
했다. 일본 정부로부터 도일을 강요받았으나, 끝내
거부하는 항일의 기개를 보여주었다.

의식이 투철했던 이강 전하를 내세워, 일제에 대한 국민의 저항심을 자
사 제품의 신발 판매에 연계시키려 애썼다.

그에 반해 별표 고무신은 또 다른 전략으로 나섰다. 만월표 고무신의
민족감정 대신 소비자들에게 직접 호소하고 나섰다. 대륙고무나 만월표
와 달리 왕가에 줄을 댈 수 없어서 그랬는지 어땠는지는 알 수 없으나,
자사 제품의 내구성에 초점을 맞추어 소비자들을 직접 공략했다.

잡지에 실린 거북선표 고무신 광고. 가짜 거북선표가 많으니 속지 않기 위해서는 아래 그림과 같은 거북선 상표에 고무신바닥에 물결 무늬가 또 있는지 확인하라고 환기하고 있다.

강철은 부서질지언정 별표 고무는 찢어지지 아니한다!

고무신이 질기다 함도 별표 고무를 말함이오

고무신의 모양 조키도 별표 고무가 표준이오

고무신의 갑만 키도 고등품인 별표 고무…

그러자 이번에는 거북선표 고무신이 뒤늦게 신문 광고 지면에 뛰어들었다. 대륙고무나 만월표의 신뢰도, 내구성에 초점을 맞춘 별표의 직접 공략도 아닌, 신문 광고에다 이례적으로 자사의 거북선 상표가 양각된 고무신 바닥을 통째로 그려 넣은 것이다. 왕가의 배경이나 제품의 내구성이 아닌, 자사의 브랜드로 승부수를 건 셈이다.

경고!!

일 년간 사용, 확실 보증품.

가짜 거북선표가 만사오니 속지 마시고 거북선표를 사실 때에는 아래 그림과 같이 거북선 상표에 물결 바닥을 사십시오.

거북선표 고무신은 확실한 이중 장치를 폈다. 임진왜란 때 일본 수군을 물리친 이순신 장군을 떠올리게 하는 민족혼에 호소함과 동시에, 오돌토돌한 물결 바닥으로 미끄럼까지 방지했다는 특징을 부각시켰다. 경쟁 상대와의 차별적 우위를 점하기 위한 고무신 업계의 끝없는 경쟁 체제를 예고하고 나섰다.

한국인 최초의 비행사 안창남. 그의 나이 24살 때 고국 방문 비행을 한 당시 '동아일보 주최 안창남군 고국 방문 대비행'이라는 동아일보 보도 기사. 이날 안창남은 자신의 비행기 금강호로 서울의 창공을 비행하여 여의도 강변에 몰려든 군중의 탄성을 자아냈다.

하지만 개항 이후 물밀듯이 밀려 들어온 갖가지 새로운 문명의 이기 가운데 비행기만큼 뭇사람들의 시선을 사로잡은 것도 없었다. 고무신 업체 간에 신문 지면에서 광고 공방이 연일 뜨겁게 전개되고 있던 1922

안창남이 고국의 창공을 비행했던 금강호와 같은 2개의 날개를 가진 복엽기. 1차 세계대전부터 1930년대 초까지 군용기로 사용되었다.

년 12월 10일, 한강의 여의도 강변엔 매서운 한겨울 날씨인데도 몰려든 군중으로 인산인해를 이루었다. 하늘을 나는 비행기를 직접 보겠다며 서대문과 남대문을 빠져나와 모여든 군중이었다.

"아-!"

인산인해를 이룬 군중의 무리에서 한순간 낮은 탄성이 새어 나왔다. 하늘높이 치솟던 비행기가 갑자기 굉음을 내지르며 불안하게 땅바닥으로 곤두박질치듯 내려 닥쳤다.

그러나 군중의 무리에서 낮은 탄성이 불안하게 새어 나온 다음 순간, 땅바닥을 향하여 곤두박질치듯 내려 닥치던 비행기가 날렵하게 하늘을 박차며 치솟아 오른 뒤 저만큼 시야에서 아득히 사라져갔다.

"안창남 만세-!"

누가 먼저랄 것도 없이 군중 속에서 만세 소리가 연이어 터져 나왔다.

수많은 사람들이 올려다보는 하늘에서 우리나라 최초의 비행사 안창남의 비행기는 마치 한 마리의 수리였다. 자유자재로 창공을 날고 또 날았다. 그럴 때마다 군중은 만세 소리를 외쳐 부르고, 안창남의 비행기는 어느 사이엔가 날쌔게 돌아와선 군중의 머리 위를 돌개바람처럼 휘익 지나쳐갔다.

이보다 꼭 7년 전인 1916년, 똑같은 장소였다. 미국인 비행사 스미스가 조선에선 처음으로 비행 묘기를 선보였다. 비행기라는 문명의 이기를 난생 처음 보게 되는 사람들이 무리 지어 한강의 여의도 강변에 구름처럼 몰려들었음은 물론이다.

그중에는 17세의 소년 안창남도 끼어 있었다. 그리고 이날 소년 안창남은 자신도 스미스와 마찬가지로 비행사가 될 것을 굳게 결심했다.

이듬해 그는 일본으로 건너가 이윽고 자신의 결심에 따랐다. 먼저 자동차학교에 입학, 자동차 운전면허증을 따는 데 성공한다. 그런 뒤 귀국해서 자동차 운전수가 되었다. 당시 자동차 운전수라면 장안의 기생들로부터 선망의 대상이 되었을 만큼 단연 인기 직종이었다.

한데도 그에겐 여전히 식지 않은 젊은 날의 꿈이 있었다. 하늘을 마음껏 날아보는 비행사가 되는 것이었다.

2년 남짓 경성京城(1910년 일제에 의해 한성을 개칭함) 거리를 누비던 자동차 운전수 노릇을 걷어치웠다. 일본으로 다시 건너간 것은 1919년 가을이었다.

오구리비행학교에 입학한 그는, 3년 뒤 꿈에도 그리던 비행사 면허증(일본 6호)을 공동 수석으로 따내는 데 성공했다. 곧바로 도쿄↔오사카 사이를 비행하는 우편 비행기를 몰았다. 그러던 그가 동아일보사의 후원으로 이날 고국 방문 비행을 한강의 여의도 강변에서 펼쳐 보이게 된 것이다.

"아이, 추워!"

"아침에 싸들고 온 점심밥이 꽁꽁 얼어붙겠네."

"그나저나 하늬바람이 여간 찬 게 아닌데. 이렇게 추운 날씨에도 비행기가 과연 창공을 날 수 있을까?"

안창남의 비행술을 보려고 이른 아침부터 한강의 여의도 강변엔 몰려든 사람들로 북새통이었다. 다행히 전차를 탄 사람들은 한강변 노량진까지는 걷지 않아도 좋았으나, 그렇지 못한 사람들은 돈의문(서대문)을 거쳐 마포나루까지 줄창 걸어야 했다. 경성의 여러 학교에서도 학생들이 단체로 동원되었는가 하면, 장안의 기생들도 빠짐없이 구경 길에 나섰다.

이윽고 오전 11시 30분, 이른 아침부터 눈이 빠지게 기다리던 비행사 안창남의 고국 방문 비행이 드디어 막을 올렸다. 사회자가 무대 앞으로 나서자 여기저기서 폭죽이 요란스럽게 터졌다.

"여러분, 오랫동안 기다리셨습니다! 이제 우리의 영웅 안창남 비행사의 고국 방문 비행을 주최한 동아일보사 송진우 사장께서 개회사가 있으시겠습니다!"

민중의 신뢰를 한 몸에 받고 있던 동아일보 송진우 사장은, 차가운 날씨에도 아랑곳하지 아니하고 멀리 한강까지 찾아준 데 대해 고맙단 인사말로 개회사를 마쳤다. 그런 뒤 이날의 주인공인 안창남을 단상 위로 불러올렸다. 안창남이 단상 위로 오르자 강변을 새까맣게 메웠던 군중이 일제히 환호성을 올렸다.

노량진 쪽에서 바라본 안창남이 비행했던 한강 철교. 다리 중간쯤에 흰 연기를 숨 가쁘게 내뿜으며 경인선 기차가 한강 철교를 건너가고 있다. 한강 철교는 1900년 7월 5일 준공되어, 경인선 기차가 제물포↔노량진에서 한강을 건너 제물포↔서대문까지 단숨에 내달리게 되었다.

"안창남 만세-! 만세-!"

박수 소리도 그칠 줄 몰랐다. 안창남은 상기된 얼굴로 열렬히 환호하는 군중을 잠시 바라보고 나서 마이크 앞으로 다가섰다.

"여러분, 동포 여러분! 이렇게 날씨가 춥고 사나운데도 불구하고 저의 비행술을 관람하러 오셨으니 무어라 감사의 말씀을…."

스물넷, 젊은 안창남의 음성은 가늘게 떨렸다. 번번이 목이 메어 말을 잇지 못했다.

안창남에 이어 사이토 미노루 조선총독이 등단했다.

"오늘, 조선이 낳은 천재 비행사 안창남 군이 향토 방문 비행을 하게 됨에 따라 이 사람도 무한히 기쁘며, 따라서 한 말씀을 격려하지 않을 수…."

마침내 12시 22분, 고막을 찢을 것 같은 비행기 프로펠러 소리가 고요한 강변에 울려 퍼졌다. 안창남의 비행기 금강호가 여의도 비행장의 격납고를 미끄러져 나와 세찬 하늬바람을 뚫고서 길게 내뻗은 활주로를 내달리기 시작했다.

뿌우웅-!

강변에 몰려든 군중은 저마다 가슴을 졸였다. 조마조마하는 우려 속에 만일 이륙하는 데 실패라도 하는 날엔 어떡해야 하는지 발을 동동 굴렀다. 그러나 활주로의 끄트머리께에서 금강호가 가뿐히 허공으로 떠오르자 일제히 환호성이 터졌다. 감격에 겨워 서로 얼싸안고서 눈물짓는 이조차 부지기수였다.

"아, 경성 쪽으로 날아가고 있어요!"

금강호는 경성의 상공을 한 바퀴 낮게 선회했다. 그런 다음 다시금 여의도 방면으로 방향을 선회해서 돌아왔다.

"…아앗-!"

순간 강변의 군중은 자신들도 모르게 커다란 탄성을 내질렀다. 금강호가 너무 낮게 비행하는 바람에 금방이라도 한강 철교와 부딪칠 것만 같았다.

하지만 금강호는 한강 철교를 아슬아슬하게 타고 넘었다. 다시금 창공을 박차고 치솟아 올랐다. 그러다가는 또다시 땅바닥에 곤두박질이라도 치듯 마구 내려 닥쳐 저공비행으로 군중의 머리 위를 스치듯 지나쳐 갔다.

"아이고, 이거야 가슴 조여서 눈 뜨고 차마 다 보지 못하겠어."

군중은 하나같이 가슴을 쓸어내렸다. 금강호가 여의도 상공을 한 바퀴 더 돌아 활주로에 무사히 착륙한 뒤라야 비로소 안도했다.

"여러분, 1차 비행은 이것으로 모두 끝이 났습니다! 하오 2시부턴 다시 2차 고공 비행술을 보여드리겠사오니…!"

이날 저녁, 경성의 밤은 좀처럼 잠들 줄 몰랐다. 경성에서 방귀깨나 뀐다는 유지들이 모두 한자리에 모여 앉았다. 민족의 자랑스러운 젊은 아들을 위해 축하연을 성대히 베풀어주었다. 나라 잃은 시름에 젖어있던 뭇 백성들마저 밤이 깊도록 안창남의 이야기로 목청을 돋워 한껏 떠들어댔다.

또 이날 이후 누구의 입에서부터 불렸는지 알 순 없지만, 이런 노래가 유행하기 시작했다. 우리의 전래 민요인 '청춘가'의 가락에 붙인 안창남을 기리는 노래였다.

떴다 보아라, 안창남 비행기…

그러나 으레 영웅이 그렇듯 젊은 안창남 또한 갑작스레 세상을 떴다. 일본으로 돌아가 비행 교관으로 활약하던 1930년 4월 10일, 그날 역시 비행 중이었던 안창남은 갑자기 나빠진 악천후 속에 그만 자신의 비행기와 함께 끝내 산화하고 말았다. 불과 29살의 한창 꽃다운 나이였다[8].

"

유행을 키운 활동사진, '몽 파리'

"

1920~30년대의 신문 지면을 보노라면, 당시 경성의 거리 풍경도 사뭇 빠르게 변모해가고 있음을 알 수 있다. '축지법 부리는 쇠바퀴'의 전차나 '강철 같은 별표 고무신'과 같은 갖가지 서구 개화 상품에서부터 젊은 비행사 안창남의 고국 방문 비행에서 볼 수 있는 것처럼, 낯설음과 신기함으로 일컬어지는 당대의 문화현상을 그저 수동적으로 열광하는 데 그친 것이 아니었다. 적극적으로 수용하고 체질화시켜가고 있음을 목격하게 된다.

그러면서 견고하게 굳어있던 전근대적인 화석에 균열을 내기에 이르렀고, 마침내 그 균열의 틈새를 통하여 새로운 시대를 심각하게 갈망하였음을 보여주고 있다. 무엇보다 새로운 시대로의 불길을 당긴 건 유행이었음을 누구도 거부하지 못했다.

류행은 사회를 화석化石**으로부터 구언하는 것이라**-고 하는 말이 잇다. 그럴 듯한 말이다. 그래서 그런지 요사이 서울 길거리에는 여긔 이 그림과 가튼 괴이한 형상이 하늘을 울어러 저주하는 듯, 길거리를 왕래하는 사람을 깔아보는 듯한 표정을 띄고 실성한 사람 모양으로 혼자 중얼대며 짧은 다리를 무거운 듯이 옴기는 사람들이 잇다. 그는 금칠한 책을 거미발 가튼 손으로 움키어 쥐고, 풀대님한 바지에 '레인코-트'를 닙고, '사구라' 몽둥이를 들엇다. 그이 중얼거

낯설음과 신기함으로 일컬어지는 균열의 틈새를 통하여 새로운 시대로의 불길을 당긴 건 누구도 거부하지 못한 유행이었다. 사진은 당대의 시대상을 조명한 시대일보의 만문만화.

리는 소리는 이러하얏다. "조선사람은 심각하지가 못해! 조선 녀성은 모두가 천박한 것들 뿐이야! 여기서 무슨 문예文藝가 생기고 여긔에 무슨 련애戀愛가 잇겟는가? 아- 강렬한 자극을 밧고십다. 사랑이라도 아조 악독한 녀성과 더불어 하고 십다. 아- 태양을 껴안고 십다! 아- 아모것도 취取할 곳 업는 조선을 벗어나야만 한다!"고.

　- 요보게, 련애시戀愛詩 짓는다고, 선술집 안주만 업새는 친고들! 길을 똑바루 걸어라[9].

　1925년 11월 3일자 「시대일보」에 처음으로 안석영이 그린 한 컷짜리 만화에 짧은 줄글이 결합된 만문만화漫文漫畵의 전문이다. 안석영은 이 만문만화에서 연애시를 혼자서 중얼거리며 비틀대는 모던보이에게 '길을 똑바로 걸어라'라고 음성을 높인다.

시대일보에 만문만화를 그리기 시작한 안석영은 모던보이에게 '길을 똑바로 걸으라'고 음성을 높였지만, 짧은 치마를 입은 모던걸은 조금도 아랑곳하지 않았다. 도리어 하루가 멀다 하고 경성의 거리에 넘쳐났다.

그러나 대모테 안경을 쓰고 젬병 모자를 눌러쓴 모던보이나, 짧은 치마와 작은 양산을 든 모던걸은 조금도 아랑곳하지 않는다. 도리어 하루가 멀다 하며 경성의 거리에 넘쳐나 이들의 유행은 급속히 번져나갔다.

또 이 같은 모더니즘 유행의 형성에는 무엇보다 활동사진의 역할이 컸음을 부인하지 못한다. 활동사진이야말로 이들의 유행을 만들어주는 밤거리의 가로등이 다름 아니었다.

"저 집에서 암상을 한다며?"

처음에는 암상暗箱이라 불렀던 사진관이 조선에 첫선을 보인 건, 일본의 칼잡이들에 의해 명성황후가 시해된 충격에서 아직 벗어나기도 전인 그 이듬해(1896)였다. 비록 흑백 사진이기는 하였으나, 영친왕 이은의 시종장을 지낸 김규진과 그의 양자 김영선에 의해 지금의 소공동 조선호텔 앞에 처음으로 문을 열었다.

김규진은 일본 도쿄의 노노미야사진관에서 교육을 받고 돌아와, 한동안 창경궁에서 궁내인宮內人에 한하여 사진을 찍었다. 그러다 일반인에게도 허용이 된 것이다.

다만 사진값이 비싼 게 흠이었다. 서민들은 감히 찍을 엄두조차 내지 못했다.

그도 그럴 것이 현상된 사진의 크기가 지금처럼 쓰임새에 따라 다양한 것이 아니라, 하나 같이 크기가 전지판全紙版이었다. 사진 한 장이 지금의 신문 한 장을 양면으로 펼쳐놓은 것만 하였으니 가격이 비쌀 수밖에 없었다. 더구나 사진을 찍을 때 사람의 혼이 잠시 몸에서 빠져나간다는 좋지 못한 풍문까지 떠돌면서, 김규진의 사진관은 오래지 않아 문을 닫지 않으면 안 되었다[10].

활동사진은 이보다 7년 뒤인 1903년 6월 즈음이었다[11]. 당시 종로 거리의 전차 증설공사를 맡은 미국인 사업가 콜브란의 한성전기회사가, 동대문 근처에 있는 전차 차고 겸 발전소 부지에서 활동사진을 처음으로 선보이면서부터였다. 전차 증설공사장의 인부들을 독려키 위해 서구에서 흘러들어온 토막 영화를 상영하기 시작한 것이다.

한데 입소문이 나면서 일반인들도 입장료만 내면 토막 영화를 볼 수 있도록 개방했다[12]. 한데도 좀처럼 호응이 줄지 않자 콜브란의 한성전기회사는 이듬해 9월 「대한매일신보」에 이 같은 광고를 싣는다.

> **활동사진전람소는 동대문 안에 잇사옵고 일요일 외에는 매일 밤에 여덥시부터 열시까지 하옵고 전람대금은 하등에 십 전이오 상등에 이십 전이옵고 매주일에 사진을 딴 것으로 다 바꾸는데 서양사진과 대한과 온 동양 사진인데 대자미잇고 구경할 만한 거싱오니 첨군자에게 값도 싸고 저녁에 좋은 소일거리가 되겟삽.**

당시엔 활동사진전람소라야 순전히 노천극장이었다. 스크린을 대신

1922년 지금의 인사동에 처음으로 문을 연 조선극장. 10만 원(약 100억 원)의 건축 비용이 들어간 3층 벽돌 건물로, 영화 상영과 연극 공연을 겸하면서 당시 경성문화의 한 축을 담당했다. 1937년 6월 화재로 소실되면서 그만 역사의 뒤안길로 사라졌다.

한 흰색의 옥양목 장막과 영사기 등 간단한 설비만 갖춘 시설이 고작이었다.

그럼에도 영화를 보겠다는 관객들은 꾸역꾸역 몰려들었다. 매일 밤 입장료수입만 100원(약 1,000만 원)에 달할 정도였다. 한 사람 관람료가 지금의 한 달치 신문 구독료와 맞먹는 10전(약 1만원)이었던 점을 미루어 볼 때 어림잡아 매일 밤 1,000여 명에 달하는 관객이 몰려든 셈이다[13].

상영된 필름은 대부분 50에서 100피트(1피트는 약 30cm) 안팎의 단편 영화 형식을 띤 짤막한 실사 작품들이었다[14]. 화질, 내용, 모두가 조잡하기 이를 데 없었다.

그러나 영화를 처음 본 관객들은 손에 땀을 쥐었다. 바로 눈앞에서 생생하게 펼쳐지는 실감 나는 현장으로 비쳤다. 화륜거 또는 철마로도 불렸던 기차가 씩씩거리며 달려오는 장면을 본 관객은, 스크린을 대신한 흰색 옥양목 장막에서 금방이라도 기차가 뛰쳐나와 자신을 덮칠까 봐 곧잘 비명을 내지르기 일쑤였다. 근대 문명의 중심지라 일컫는 파리의 시민들조차 1898년 뤼미에르 형제가 제작한 기차 영화를 보고서 까무러칠 듯이 놀란 시절이었으니, 변방이었던 조선 관객의 소동은 어쩌면 예고된 것이었는지 모른다.

때문에 영화가 모두 끝나고 불이 환하게 켜지면 관객은 저마다 안도의 한숨부터 몰아쉬었다. 너도나도 다투어 장막 앞으로 몰려 나갔다[15]. 방금 전까지 실감 나게 본 기차가 과연 어디서 어떻게 나타나 도깨비처럼 자신을 깜짝 놀라게 한 것인지 못내 궁금해 장막을 들춰보거나 두드려보곤 했다.

이처럼 노천극장으로 출발한 활동사진전람소는, 그러나 밀려드는 관객의 성원에 힘입어 이내 관람시설을 갖춘 영화 전문 극장으로 자리를 잡아갔다. 경성고등연예관이 처음으로 개관(1910)한 것을 시작으로, 황금관, 우미관, 단성사 등이 잇따라 개관(1918)한 데 이어, 1922년에는 조선극장까지 가세하면서 영화는 어느덧 경성문화의 한 축을 담당케 되었다[16].

특히나 최초의 영화 전문 극장으로 태어난 경성고등연예관은, 영화를 열망하는 관중의 갈증을 해소해 주었다. 1회 상영에만 토막 영화 13~15편을 집중 상영했다. 대신 입장료를 대폭으로 올려 받았다. 특등석은 가장 비싼 1원(약 10만 원)을 받을 정도였다[17].

최초의 영화제작 역시 단성사와 조선극장 등이 개관하던 무렵(1922)에 만들어졌다. 영화를 찍겠다고 시사신문의 기자직마저 팽개치고 뛰쳐나온, 윤백남이 만든 '월하의 맹세'였다. 말할 것도 없이 흑백의 무성영화였다.

아, 여기는 서울 변두리의 어느 조용한 동리. 아침이면 새벽닭이 울어 사람들의 잠을 깨우고, 저녁이면 개가 짖어 마실 가는 사람들의 발걸음을 재촉하는 한적한 마을. 이 마을에 영득이라는 총각과 정순이란

처녀가 있었으니 그들은 서로 사랑하는 약혼한 사이였던 것이다. …영
득이는 서울에서 공부하고 돌아온 인텔리 청년이었으나 무엇이 못마
땅하고 무엇이 뒤틀렸는지 가사를 돌아보기는커녕 매일 같이 주색잡
기에 파묻히고, 그로 인해 그래도 남부럽지 않던 가재를 탕진하고 말
았다. 그렇게 되자 약혼자 정순이는 기가 막혔다. 기가 막힐 뿐 아니라
자기 약혼자가 그렇게 되매 정순의 고민은 이만저만 큰 게 아닌 것이
었던 것이었다…!

영사기 돌아가는 낮은 기계음이 어둠 속에서 물소리처럼 아련한 가운
데 청산유수와도 같은 변사辯士의 낭랑한 목소리가 관람객들의 심금을
쥐어짰다. 그와 함께 객석의 여기저기에선 남몰래 훌쩍이는 소리가 그
치질 않았다.

변사는 대개 스크린 왼편에 자리한 1인용 탁자에 앉았다. 스탠드나 손
전등으로 설명 대본을 비춰가며 영화 내용을 해설해 나갔다. 영화의 내
용과 등장인물을 소개하는 재담 못지않게 극장 안의 분위기를 띄우는
것 역시 변사의 중요한 몫이었다.

따라서 영화가 상영되기 전에 악대의 연주가 구성지게 흘러나오면,
변사는 모닝코트나 프록코트를 한껏 걸쳐 입고서 박자에 맞춰 뿡뿡이
춤을 추며 등장하곤 했다[19]. 관객의 흥을 돋우려면 배꼽 잡는 우스갯소
리도 필수였다. 말재주에 따라 관객의 수가 오락가락했기 때문에, 영화
광고에서 아무개 변사의 독연獨演(변사 여럿이 등장하지 않고 혼자서 여러 역할
을 도맡은 것)이라는 문구가 웬만한 주연 배우의 이름보다 더 크게 등장하
는 경우도 허다했다[20].

또 그런 변사로 말미암아 일본인 입국자가 늘어나던 1910~1920년대 경성의 극장들은 지역적으로 양분되기도 했다. 청계천을 경계 삼아 종로 일대의 북촌과 일본인들이 몰려 살던 혼마치 일대의 남촌으로 양분된 것이다. 북촌의 종

혼마치의 명동 한복판에 세워진 일본인 전용 극장 명치좌 (1936). 개관 때부터 1,000여 명이 입장할 수 있는 국내에서 가장 큰 극장이었다. 해방 이후 국립극장으로 지금도 명동 한복판에 서 있다.

로 쪽에서는 우미관·단성사·조선극장이 조선인 관객을 놓고 삼파전을 벌이는 한편, 남촌에서는 을지로 쪽의 황금관·대정관 같은 극장들이 일본인 관객을 끌어모았다.

물론 그들 극장이 관객을 따로 구분해서 받은 건 결코 아니었다. 영화를 설명하는 변사들이 조선인과 일본인으로 나누어지면서 자연스레 관객들도 따라서 갈라진 셈이다[21].

1930년대에 접어들면 경성의 거리는 더욱더 몰라보게 변모한다. 모더니즘유행의 확산이 보다 빠른 속도로 번져나가 거리의 풍경을 온통 바꿔놓기에 이른다.

만문만화가 안석영이 '길을 똑바로 걷지 않는다'라고 음성을 높였음에도 모던보이와 모던걸이 날로 넘쳐나, 일본의 도쿄는 물론 뉴욕이나 파리의 유행이 경성의 거리에서 거의 동시에 유행할 정도였다. 그 즈음에도 영화에서 받은 영향이 결코 적지 않았음은 물론이다.

만문만화가 안석영이 '길을 똑바로 걷지 않는다'고 음성을 높였음에도 1930년대에 접어들어 모던보이와 모던걸이 날로 넘쳐났다. 일본의 도쿄, 뉴욕, 파리의 유행이 경성의 거리에서 거의 동시에 유행할 정도였다.

…'파자마'라는 침의를 미국 뉴욕 걸 아니 헐리웃드의 활동녀 배우들이 입고 대낮에 길거리를 나왔다는 '뉴-스'를 바더볼 때에 벌서 세계에서 제일 적고 저주바든 가엽슨 도시인 '서울'에도 그와 조금도 다를 것 업는 침의를 입고 초가집 틈박우니로 흐느적거리고 다니는 왜장녀를 보앗다. 전파電波는 일초 동안에 지구를 네박휘나 돈다지만, 여자들의 그 조그만 해멀숙한 육체를 지나가는 류행은 왜 그리 빠르고, 또 스러지기 쉬운 것인지를 모르겠다…[22].

1930년대 신문 지상으로 본 경성의 길거리 풍경이다. '일초 동안에 지구를 네박휘나 돈다'라고 할 만큼 당시 유행의 속도가 대단히 빨랐던 모양이다. 뉴욕이나 할리우드에서 유행하던 파자마라는 '침의 패션'이 경성의 거리에서도 곧바로 나타나 유행할 정도였다니 말이다. 서구에서 시작한 유행이 일본을 거쳐 경성으로 전달되는 속도가 너무도 빨라 거의 동시 패션이라 할 수 있었다. 또 같은 무렵 이른바 동시 패션과도 같이 재빠른 유행에 불길을 당긴 문제의 영화 한 편이 있었다. 불란서 영화 '몽 파리'였다.

불란서 소위 레뷰-영화라는 '몽 파리'가 동양에 건너오자 모던-뽀이 모던-껄의 신경을 마비식힌 동시에 미처 뛰게 하엿스며 소위 대중적이라는 의미에서 그 천박한 영화는 도처에서 갈채를 밧엇다.

조그마한 상자 속 같은 활동사진 상설관에서 상영한 '몽 파리'라는 영화가 서울을 너절한 도시로 만들었다고 개탄한 신문의 만문만화. 그런 여자들을 파리나 할리우드로 귀양 보내면 어떻겠느냐고 묻고 있다.

먼저 일본에서! 다음으로는 조선에서! 수십수백의 뻘거버슨 여자들의 관능 충동의 변태적 딴스…

그것은 잔인음탕한 현대인의 신경을 자극 식히기에 족하엿다.

이 영화는 세계적 화류 도시인 불란서 파리의 표상이다.

◇

그 조그만 상자 속 가튼 활동사진 상설관에서 영사한 그 '몽 파리'라는 영화는

조선 서울이라는 너절한 도시에도 영향을 끼치고 갓다.

서울의 큰 거리에 더구나 백주에 한 야릇한 현상이 나타나 그것이 충동적으로 움즉이어 극도로 퇴폐한 서울 뽀이들의 감정을 흔드러 놋는 게 잇나니 이것은 옛날 도포짜리는 놀라서 길바닥에 잡바질 일이다.

뽀일, 불란서, 은조사, 아사, 당황라 등 거미줄보다도 설핏한 그 사옷 사히로 움즉이는 모던-껄들의 몸둥아리니. 그들은 귀탄업시 큰 길거리를 뻘거버슨 몸으로 질풍가티 쏘다니는 것이다….

◇

　그들의 차림차림이나 거름거리나 그것은 확실히 '몽 파리' 그것이
다. 녀름만 되면 서울의 녀자가 이러할 진대, 녀름만은 그 여자들을 불
란서 파리나 미국 '헐리웃드'로 귀양을 보냇스면 엇더캐할지. 그러나
그네들 불구자에 갓가운 톄격! 짜른 목, 일자 억개, 기다란 허리, 짜르
고 굽은 다리.

　그것만으로 그러케 세상의 이목을 끌지 의문이지만, 이러한 건달들
은 무슨 조처가 잇지 안흐면 큰일이 난다. 그들의 남편 되는 이들은 녀
름에는 안해의 밧갓출입을 감시하지 안어도 조흘지[23].

　…그리하야 '무랑후즈', '몽 파리'라는 영화의 세례를 밧는 서울의
청춘남녀는 모든 것에 잇서서 최첨단이어야 한다는 이 1930년을-더
구나 이 봄을-얼마나 잘 보낼가-하고 애들을 태울 것인지? 그런고로
그들은 이 봄이 넘우도 짧다고 할 걸[24].

　이처럼 1930년대 식민지 경성의 거리는 '옛날 도포짜리(자락)는 놀라
서 길바닥에 잡바질' 노릇이었다. 불란서 파리나 미국의 할리우드에서
시작한 유행이 '일초 동안에 지구를 네박휘나 돈다'라고 할 만큼 거의
동시에 유행을 따라가면서, 경성의 거리엔 숱한 모던보이와 모던걸로
넘쳐났다. '그들의 차림차림이나 거름거리나 그것은 확실히 몽 파리 그
것이다'라는, 당시 신문의 촌평과도 같이, 경성의 길거리 풍경은 하루가
다르게 상업 중심의 근대도시로 빠르게 탈바꿈해나갔다.

돈 놓고 돈 먹기, 불붙은 전당포와 고리사채업

　'뻘거버슨 몸으로 거리를 질풍가티 쏘다니는 무랑후즈'와 '몽파리'라는 불란서 영화의 세례를 받은 경성은, 그렇대도 누구나 다 거리의 모던보이나 모던걸이 될 수 있었던 건 아니다. 당시의 신문에도 적나라하게 묘사된 것처럼 그 같은 유행 속에서도 계층 간의 차이는 어쩔 수 없는 현상이었다.

　…한강 상류로 저어가서 머무는 뽀-트 안에서는 그야말로 별에 별 노릇이 버러져도 모른다.

　강 언덕에 바위 틈바구니에 옷자락이 남실남실 보인다.

　XX정에는 가족탕이 빌 사히가 업다. 욕의를 입은 젊은 여인, 젊은 남자, 혹은 노령老齡씨가 구름다리를 굽이도라 올라서, 밀실로 드러간다.

　그럿치만 창으로 고개만 내밀면 눈압헤 강물이 안타가운 소리를 내이며 흘으는 명당이다.

　◇

왕조 말기 전당포 사진. 입이 떡 벌어지는 높은 이자와 야박한 변제 독촉으로 서민들의 고혈을 빤다는 원성에도 불구하고 전당포 앞은 늘 문전성시를 이뤘다.

뻐-스에서 사람들이 내리고는 갈사람을 태이고 간다. 또 얼마 잇스면 또 새사람들을 실어다가 쏘다 버리고는 또 간다. 향락의 무리들이다. 그러나 이들은 안가安價의 십전十錢인간들이다. 그러나 십 전 인간에게는 로맨틱한 꿈이 잇다. 정열이 잇다. 진실은 모르겟스나….

그러나 뻐-스가 끈허진 뒤에는 일원오십전짜리 택시가 XX정 압헤 줄닷는다. 이들은 시내에서 요정 가튼 데에서 권태감 늣기어, 본능 이상의 수인獸人의 '이데오로기'를 가지고 나아오는 사람들이다…[25].

한강의 상류로 한가로이 나들이 떠나는 사람들을 묘사하고 있는 대목이다. 한쪽 사람들은 버스를 타고 가고, 또 다른 쪽 사람들은 택시를 타고 가고 있다.

이처럼 버스를 타고 떠나는 사람들이 왕복 차비 10전(약 1만 원)짜리 인간들이라고 한다면, 버스가 떠난 뒤에도 유유히 택시를 타고서 한강 상류를 찾는 사람들은 1원 50전(약 15만 원)짜리 인간으로 불린다는 풍경을 전하고 있다.

아무렇든 버스를 타고 가건 택시를 타고 가건 간에, 그래도 한강의 상류로 나들이라도 떠날 팔자라면 그나마 좀 나은 편에 속했다. 너나 할 것 없이 밑구멍이 찢어지도록 가난하던 시절이었으니, 그런 나들이는커녕 끼니조차 걱정해야 하는 서민 계층이 절대 다수였다.

때문에 입이 떡 벌어지는 높은 이자와 야박한 변제 독촉으로, 서민들의 고혈을 빤다는 원성에도 불구하고 전당포 앞은 늘 문전성시였다. 당장 내일 아침 끼니 해결이 다급한 이들은 임시변통을 해주는 전당포를 찾지 않으려야 찾지 않을 수 없었다. 이런 서민들의 경제 사정을 1920년 7월 7일자 「동아일보」에 그대로 담고 있다.

> 뎐당포가 업다하면 아츰저녁을 굴믈 지경에 잇는 사람이 경성 실팔만의 조선 사람 중에 류만명 가량이 될 것은 사실이다. 이와갓치 뎐당포라 하는 것은 가난한 사람에게는 업지못할 큰 긔관일 뿐 아니라 오히려 가난한 사람에게는 뎐당포 한 집이 조선은행이나 한성은행 백 개보다도 필요하고 뎐당노리하는 사람은 어느 방면으로 보면 소위 것흐로 자선가라고 할 수도 잇고 정직한 공익사업을 하는 사람이라고도 할 수 잇다….

문인들 역시 예외가 아니었던 모양이다. 전당포 문간 출입에 기댈 수밖에는 없었다. 근대 리얼리즘문학의 지평을 열었다고 평가받는 소설가 염상섭(일본 게이오대학 문학부 졸업·동아일보 기자)은 자신이 전당포를 애용할 수밖에 없었던 고단한 처지를 잡지에 이렇게 털어놓고 있다.

> …가세가 궁함애 항상 전당표와는 인연이 갓갑게 지내간다. 아츰에 때일 나무가 업서도 또 저녁에 솟헤 너흘 쌀이 업서도 부득이 의복이

소설가 염상섭은 일본 게이오대학에서 공부한 뒤 귀국하여, 동아일보 기자로 재직 중이었던 당대 지식인이었다. 그런 그도 가난한 현실 앞에서 어쩔 수 없었던 것인지. 전당포 출입에 기댈 수밖에 없었던 자신의 고단한 처지를 1931년 삼천리 잡지 3월호에 숨김없이 털어놓았다.

나 기구를 들고 행낭 뒷골 전당포 문을 두드리지 안을 수 업다. 도시의 생활에 일정한 정기적 수입이 업시는 누구나 나와 가튼 곤경을 격지 안을 수 업스리라.

…나는 지금도 여덜장의 전당표를 가지고 잇다. 그 중에는 한 벌 밧게 업는 매일 입고 다니는 양복조차 드러갓다. 재작년 결혼 때에 하여준 안해의 결혼반지까지 드러갓다. …이제는 전당 잡힐만한 물건이 업서서 잡혀 먹지 못한다고나 할가[26].

　　　　　　앞서 잠시 살펴본 적이 있지만, 전당포는 구한말에 들어서면서부터 비로소 성행하기 시작한 것으로 알려지고 있다[27]. 개항과 함께 쏟아져 들어오기 시작한 바깥 자본, 그 가운데서도 일본의 자본이 유입되면서 그 수효가 급격히 증가했다.

하지만 그때나 지금이나 전당포는 별반 크지 않은 점포들이기 일쑤이다. 전당 영업을 알리는 신문 광고가 자주 등장하지도 않았다. 어쩌다 눈에 띄는 신문 광고라야 몇 줄짜리 짤막한 안내 문구 정도가 전부였다. 크기도 고작 명함 절반 정도에 지나지 않은 게 대부분이었다.

그러나 일제 식민시대에 접어들면서 전당포 영업도 발 빠르게 진화해 나갔다. 무전 대금, 다시 말해 무언가 전당을 잡히지 않고도 돈을 빌

려준다는 사채업소의 신
문 광고가 곧잘 눈에 띄
기 시작했다. 그 즈음 사
채업소 '고목'이 「황성신
문」에 여러 차례 낸 광고
가 이랬다.

…본소는 착실한 인
人에게는 전당 업시 돈
을 대급할 터이니. 차득
하자는 인人은 본소로
내의하시오….

그 뿐 아니다. 전당포
업소도 급격히 늘었다.

다들 형편이 어려워진 일제 식민시대에 전당포가 보다 성
행하기 시작했다. 개항과 함께 쏟아져 들어오기 시작한 바
깥 자본, 일본의 자본이 유입되면서 그 수효가 급격히 증
가했다.

1927년 9월이 되면 조선인 799명, 일인 606명, 외국인 1명 등 총 1,406
명이 전당업에 종사하고 있을 만큼 크게 증가했다[28]. 인구 30만이 채 되
지 않은 경성의 거리에 '돈을 빌려준다'라는 전당포 간판이 도처에 나붙
어 얼굴을 내민 것이다.

이처럼 전당포 영업이 활개를 치게 된 데에는, 일제가 만들어낸 왜곡
된 경제구조의 탓이 무엇보다 컸다. 근대적인 산업구조와 화폐 금융제
도를 아직은 온전히 갖추지 못한 자연 경제적 상태였기 때문에, 다시 말
해 인구의 90%가 그저 농업에 기대고 있는 처지에 화폐 형태의 자산은

울릉도 도동리에 자리한 일본식 가옥. 이 가옥의 주인이었던 일본인 목재업자 사카모토 나이지로는, 1910년대 이 지역에서 소문난 고리사채업자로 유명했다.

늘 부족할 수밖에 없었다.

전당포가 바로 그런 틈바구니를 노렸다. 그 틈새를 노려 일본의 사채업자들이 상업자본과 결합하여 서민에게 고리를 뜯었다. 고리를 감당하지 못하는 사람들은 대신 전당 잡힌 가옥이나 토지를 강제로 빼앗겨야 했다[29].

> 흡혈마吸血魔 고리대금업자! 전식동물錢食動物 고리대금업자! 동정할만한 불상한 우리의 고리대금업자의 세모는 어떠한가!
> '이 금음만 넘기면 손해가 막대하다! 이번에는 그놈들이 빗을 안내

면 가장즙물이고, 게집이고 딸이고 그 집에서 기르는 암캐고 무에고 빼서와야 하겠다! 그랫다고 설마 칼을 들고 안인밤중에 덤빌리야 잇나? 이번에는 내가 모흐라는 그 범위를 채워야 하지! 돈이다! 돈이 잇고야! 이 뎐디를 다-살 수도 잇다.

그러나 세모가 되면 잠을 잘 수가 업다! 두렵다! 생쥐색기가 바스럭거려도! 이란몸이 살을 물러도-그것이 모두가 나를 협위脅威하는 것 갓다! 이번 세모에는 마당 한울에 털망을 치고 담이란 담 우에는 깨어진 삐루(맥주)병을 박어노하야 하겠다. 그러나 그것도 돈이다. 돈 안 들고 할 수가 업슬가?

그리고 집안에 무에고 뾰족한 곳이 예리한 것은 이 금음 안으로 모다 치워버려야 하겠다! 에-몸서리가 난다! 그러나 그것도 돈인데 어떠케 업새나! 올치 조흔 수가 잇다! 조흔 수가 잇다. 업새기는 앗갑다. 쇠라면 모든 게 내 손기름으로 길드린 것이 아니냐?'이러한 것이 고리대금업자의 세모고다! 그의 행복한 세모고다![30].

1928년 세밑의 풍정을 담은 「조선일보」 만문만화의 한 토막이다. 거리의 모던보이와 모던걸을 향해 '길을 똑바로 걷지 않는다'라고 음성을 높였던, 만문만화가 안석영의 고리사채업자들을 바라보는 시선이 결코 곱지만은 않다. 입이 떡 벌어지는 높은 이자와 야박한 변제 독촉으로 서민들의 고혈을 빤다는 전당포의 원성보다, 오히려 고리사채업자가 더하면 했지 모자라지 않았기 때문이다.

…그 사람에게 빗을 밧지 못하야 너에게 빗을 갑지 못한다고 하여서

제 삼자 되는 사나히의 음랑을 잡아다려 혼도케 한 고리대금업하는 일본 여자가 잇다 한다. 돈과 사나히의 음랑과 무슨 관계가 잇스리오만은 돈 때문에 생기는 이러한 변태적 행위가 비록 이것 뿐이 아니일 것이다…[31].

몇 년이 더 지나 같은 신문에 난 정초 풍정을 보도한 기사는 보다 충격적이다. 고리사채업을 하는 어떤 일본 여자가, 자기의 빚을 갚지 못하는 '제 삼자 되는 사나이의 음낭을 잡아당겨 혼절케' 하였다는 내용이다. 고리사채업자들이 폭력적인 변제 독촉도 무람없이 동원하고 있다는 사실을 보여주고 있다.

이 세상에 제일 못 견딜 일은 XX(고문)과 빗쟁이에게 졸리는 때다. 업는 사실도 꿈여야 위험을 면하는 것이 XX이요. 돈 업스면 죽어 업서져야 그 괴로움을 면한다고 하는 사람이 잇다. 먹고 살랴고 도적질을 하게 되는 사람도 잇고, 빗에 졸리여 갑흘 도리가 업슴으로 쥐잡는 약이라도 먹고 죽는 사람도 잇다. 더구나 이 구력세 모는 길거리에서 빗쟁이에게 졸리는 사람을 흔히 볼 수 잇다. 이러한 사람은 하늘에 나는 새를 보고서 "하나님이여! 나를 이제 곳 저- 하날에 날 수 잇는 새를 맨드러주면 당신을 아버지라 부르리이다. 당신께 할렐루야! 영광을 들리리이다."[32].

" 은행의 탄생, 조선은행에서 동일은행까지 "

　굳게 닫혀 있던 왕조의 문이 일본에 의해 강압적으로 열리자마자 마치 기다렸다는 듯 일본 상인들이 대거 밀려들었다. 그들은 서구의 근대적 공장에서 만든 새롭고 진기한 상품들을 개항장으로 마구 퍼 날랐다. 쇄국의 울타리 안에만 머물러 있던 조선의 시장 역시 그런 개화 상품에 열광했다.

　그러나 조선의 상계는 그처럼 열광하는 새로운 수요에 대응할 만한 자본도, 기술도, 아직은 변변치 못했다. 조선왕조의 산업을 지배해오던 종로의 육의전은 일본에 의해 주도된 갑오경장(1894) 이후 벌써 붕괴한 상태였다. 근근이 이어오던 수공업자들 또한 근대산업을 감당하고 나설 처지가 되지 못했다.

　때문에 내세울 수 있는 민족자본이라야 극히 제한적일 수밖에 없었다. 보잘 것 또한 있을 리 만무했다. 몇몇 토지 자본가들을 비롯하여 원면에서 실을 뽑아 옷감으로 만들어내는 방직업, 그런가 하면 일본 사채업자들과 일본계 은행들이 판을 치자 뒤늦게 자극을 받아 뛰어든 금융

1912년 준공된 이래 지금껏 자리하고 있는 우리나라 최초의 은행인 조선은행 본점. 르네상스 형식의 지하 1층 지상 2층 건물로 오랫동안 한국은행 본점으로 쓰이다 지금은 한국은행 화폐박물관으로 개관해 오늘에 이르고 있다. 신세계백화점 맞은편에 자리한다.

업, 예컨대 소수의 은행이 전부라고 볼 수 있었다.

당시 은행은 장안의 부호들이 가장 선망하는 산업이었다. 이른바 '돈 놓고 돈 먹는' 금융업이야말로 사업 경험이 전무 했던 당대 자본가들에겐 가장 안전한 사업이었기 때문이다. 그런 만큼 내놓을 만한 한성의 부호들이 너도나도 은행업에 뛰어들거나 뛰어들길 원했으며, 따라서 다른 산업에 비해 상대적으로 자산의 동원 규모 또한 꽤나 컸다.

이런 은행의 탄생은 개항과 더불어 처음 시작되었다. 개항 이후 조선에서 상업과 무역에 종사하는 자국 상인들의 경제 활동을 지원하기 위해, 일본 제일은행(1887)이 가장 먼저 부산포에 들어왔다. 이어 제18은행(1889)이 원산에, 제50은행(1892)이 제물포에 출장소를 개설하자, 영국의 홍콩상하이은행(1896)이 제물포에, 한성의 러시아공관에 개설된 한로은행(1889)이 줄을 이었다.

한데 이런 은행은 오로지 자국 상인들을 위한 것이었다. 자국 상인들의 예금, 대출, 송금과 같은 고유의 영업을 하고 있었으나, 조선의 상인들과는 거의 관계를 맺지 않았다. 자국 상인들과 밀착되어 있을 뿐 조선의 상인들을 위해서 어떤 편리함도 개발하려 들지 않았다.

이에 따라 근대적 금융기관으로서의 민족은행이 설립되기 시작했다. 먼저 대한제국의 황실과 관료들이 적극적으로 나섰다. 화폐 제도와 재정 제도의 혼란을 극복하고, 일본 은행의 침투를 막아내기 위한 노력이 최초의 결실을 맺은 건 1896년에 설립된 조선은행이었다. 조선은행은 황실과 함께 독립협회를 주도한 고위 관료들이 발기하고, 그들과 협력 관계에 있던 조선의 상계가 두루 참여하여 설립되었다.

그러나 황실에 의해 만들어진 조선은행은 순항하지 못한다. 독립협회의 쇠퇴와 함께 운명을 같이 할 수밖에 없었다.

이듬해 황실에 의해 다시 설립된 한성은행의 운명 또한 다르지 않았다. 한성은행은 설립과 동시에 조세 취급의 권리를 획득하면서 유리한 조건 속에 영업을 개시할 수 있었다. 하지만 이듬해 다시 대한천일은행이 설립되면서 황실의 지원이 한성은행에서 대한천일은행으로 집중되었다. 결국 한성은행의 금고가 부실해지고 말았다.

고종으로부터 내하금 3만 원(약 30억 원)을 지원받으면서 출범하게 된 대한천일은행은, 앞서 설립한 조선은행과 한성은행의 시행착오와 한계를 학습 삼아 개혁에 나섰다. 먼저 황실에서 신임하는 관료들을 요직에서 배제했다. 나아가 조선은행과 한성은행의 경우 황실이 설립을 주도하고 관료들의 지원을 받는 형식이었다면, 대한천일은행은 민간이 주도

최초의 은행인 조선은행이 순항하지 못하자 황실에 의해 다시금 설립된 한성은행 본점. 지금의 남대문 앞 신한은행 본점 건물이 바로 한성은행이 있던 자리이다.

했다. 한성의 거상이었던 김두승·김기영·백완혁·조진태 등 민간인들이 설립하고, 황실로부터 지원받는 형식으로 체질을 강화하였다.

1902년에는 영친왕이 대한천일은행 은행장으로 취임하면서 은행의 정치적 지위와 사회적 신뢰를 공고히 다졌다. 주주와 자본금도 크게 늘어났다. 1905년에는 주주가 51명으로 늘어났으며, 불입자본금 또한 법정자본금 5만6,000원(약 56억 원)을 모두 채울 수 있을 정도가 되었다.

그러면서 일본에 의해 기습적인 화폐개혁이 단행(1905)되었던 한 해동안 영업을 잠시 정지한 것 말고는, 대한천일은행→조선상업은행→한

국상업은행→한빛은행에서 지금의 우리은행으로 상호를 변경하면서 지금까지, 그 오랜 역사를 면면히 이어왔다. 한 세기 넘게 줄곧 금융기관으로서의 역할을 다하고 있다.

그렇대도 대한천일은행만으로 조선 상계의 금융 문제를 모두 다 해결하기는 어려웠다. 일본은 이미 조선의 상계가 이용할 수 있는 재정자금의 길을 철저히 차단해 놓은 터였다. 대신 자국민이 지

대한천일은행의 후신으로 설립된 민간 은행인 조선상업은행 본점. 은행장은 호남의 부호 박영철이었다. 일제는 1920년대에 일본인 소유의 군소 은행들을 조선상업은행에 합병시켜 은행 내부에서 일본 자본의 세력 강화를 시도했다. 해방 이후 상업은행으로 개편되어 본점 건물로 사용되었다.

배하는 금융기관을 구축한 뒤, 식민 지배를 본격화하며 자금 경색이 심각해진 상태였다.

그 뿐 아니라 이들 금융기관의 금리는 자국 상인들보다 조선 상인들이 월등하게 더 높았다. 따라서 조선에 진출한 일본 상인들의 자금 운용은 상대적으로 수월했다. 조선 상인들이 겪고 있는 자금 경색에 편승하여 축적된 자금을 이용한 사채놀이까지 하고 실정이었다. 고금리의 수탈로 조선 상인들을 압박했던 것이다. 또 그런 압박은 식민 지배를 본격화한 일본이 내심 바라던 구도이기도 했다.

그러나 이 같은 고금리는 조선 상인들에겐 큰 문제였으나, 결과적으

1909년 바로크 양식의 2층 건물로 건축된 대한천일은행 종로지점. 우리나라에서 가장 오래된 은행 점포로 꼽히고 있다. 백 년이 넘도록 자리를 지켜오면서 지금은 우리은행 종로지점 간판을 달고 있다.

로 민간 은행 설립은 곧 안정적인 수익을 보장하는 결정적 조건이 될 수 있었다. 결과적으로 일본 금융기관의 고금리가 민간 은행 설립의 주요한 배경이 될 수 있었던 셈이다.

한데도 은행 설립은 상당한 규모의 자본이 필요했다. 때문에 은행업에 진출한 이는 대개 다 대지주였다. 그때까지만 해도 자산의 주요 형태가 토지였던 점을 감안하면, 민간 은행 설립에 참여했던 자들이 대지주였다는 사실은 너무도 당연했다. 또한 그들이 은행 설립이나 경영에 직접 참여하고 나섬으로써 비로소 대지주들의 자본가 계급으로 변신을 촉진하는 계기가 되었다.

그런 결과 1910~1920년 사이 전국의 주요 도시에 민간 은행이 잇따라 설립되었다. 1921년까지 한일은행, 한호농공은행, 밀양은행, 선남은행, 부산상업은행, 대구은행, 호서은행, 경남은행, 삼화은행, 평양은행,

1920년대 호남 거부 현준호의 지주자본과 목포 거상인 김상섭의 상업자본이 규합하여 설립된 호남은행의 목포지점 건물. 지금은 목포문화원이 자리하고 있다.

동래은행, 신의주은행, 원산상업은행, 삼남은행, 경일은행, 조선실업은행, 경상공립은행, 호남은행, 대동은행, 해동은행, 동일은행 등이 영업을 개시하고 나섰다.

  그러나 이후 민간 은행은 더 이상 설립될 수 없었다. 조선총독부가 과잉 투자 분야로 규정하면서 상호 간에 점차 흡수·합병되어가는 순서를 밟았다. 또 그 같은 은행 간의 흡수·합병은 은행자본 간의 집중화 과정이자 한국계 은행자본의 도태 과정이기도 했다.

그리하여 1929년 17개이던 한국계 민간 은행이 중일전쟁(1937) 이후 전시 금융 통제에 들어갔을 때 조선 전체를 둘러보아야 겨우 몇 개만을 손꼽을 수 있는 정도였다. 그나마 언제 어떻게 흡수·합병 등으로 사라질지 모르는 소규모 지방 은행들이 대부분이었다. 제법 규모를 갖춘 은행이라야 경성에 설립된 박영철 소유의 조선상업은행, 민대식 소유의 동일은행, 김연수 소유의 해동은행 등 3개가 고작이었다.

하지만 이런 세 은행마저 일제 말기에 접어들어 더 이상 보이지 않게 된다. 한국계 은행자본의 도태 과정이 막바지로 치달으면서, 이후에도 은행 간의 흡수·합병과 도태가 계속된 것이다.

예컨대 호남은행이 동래운행을 합병하여 수권 자본금을 법정 한도액인 200만 원(약 2,000억 원)까지 높여 영업을 지속할 수 있는 여건을 만들었음에도, 민대식의 동일은행에 합병(1942)되는 비운에 처하고 만다. 동일은행은 호남은행과 합병하여 몸집을 불린 결과 유일하게 끝까지 살아남은 한국계 은행이었으나, 이미 일본계 은행으로 넘어가고 만 한성은행(1943)과 다시 합병케 되면서 조흥은행(지금의 신한은행과 합병)으로 이름을 바꾸어야 했다. 하지만 마지막까지 살아남았던 동일은행마저 끝내 사라지게 됨으로써, 해방 직전 한국계 은행은 완전히 소멸하고 말았다.

돌이켜보면 한일병합(1910) 이후 일본 상인들의 고금리에 반발하며 민간 은행들이 급속히 탄생하였다가 이내 사라져갔다. 그러나 이 같은 민간 은행들의 탄생이 있었기에 격변하는 일제강점기의 시장환경 속에서도 그나마 조선 상인들의 전멸을 모면할 수 있었다. 전통적인 종로 거리의 상권을 어느 정도 유지할 수 있게 해준 유일한 버팀목이었다.

우후죽순처럼 세워지는 근대 건축물들

…이 녀자는 산보를 조하하엿다. 더구나 저녁때의 하늘, 너울, 그 공긔, 그 잡하게 움직이는 동체動體들의 소음, 놉히 소슨 '삘딍'- 이것이 자긔의 신경을 얼마나 자극식히고, 자긔의 정신생활에 잇서서 얼마나 고마운 것인지…[33].

…가시네여! 서울의 가시네여!
네 집이 헐리고 헐린 그 자리에 '삘딍'이 놉히스고
그래서 산으로 올라 토막土幕을 짓고 - 그럿치 안으면 이역異域의
사나운 풍운에 휩쓸려 유리遊離하거든
너는 네 한 몸만 영화를 그리여 이들을 떼처바리지 안엇느냐…[34].

5백 년의 유구를 자랑하던 한성이었다. 그런 한성 아니 경성을 크게 변모시켜 놓은 풍경은 뭐니 해도 거리 곳곳에 우후죽순처럼 세워지는 낯선 근대 건축물이었다. 유리창이 반짝이는 '삘딍'들이었다. 조선총독

부를 비롯해서 이름도 생소하기만 한 이런저런 관공서에서부터 은행, 학교, 종교시설, 병원, 극장, 유곽, 백화점, 호텔, 다방, 카페, 바, 상점들에 이르기까지 헤아리기조차 어려웠다.

이 같은 근대 건축물은 우리의 요청에 따라 세워진 게 아니었다. 우리에겐 어떤 의미조차 설명해주지도 않은 채 순전히 일본 군국주의에 의해서, 혹은 '새로운 기회의 땅'을 찾아 대거 이주해 온 일본 상업자본의 요청에 의해 주도면밀하게 건축되었다.

일제는 청일전쟁(1894년)과 러일전쟁(1904년)에서 거푸 승리를 거두며 조선에서의 주도권을 확립하자마자, 식민 지배와 약탈에 필요한 건설을 위해 서둘러 근대 건축물을 경성의 거리 곳곳에 세워나갔다. 이를 위해 일제는 이미 탁지부(지금의 재정경제부)에 따로 건축소를 설치(1906)한데 이어, 이듬해 4월부턴 마포에 자리한 연와제조소에서 벽돌을 생산하기 시작했다.

하지만 공장 건물은커녕 벽돌가마의 축조며 기계 설비가 미처 완공되기도 전부터 수요가 폭증했다. 탁지부 청사·대심원 청사·대한의원·한조농공은행의 신축 공사에 따른 급한 수요가 쏟아지자, 우선 경사 가마 3기를 임시방편으로 축조했다. 수공업으로 벽돌을 생산하여 급한 수요부터 충당해 나갔다. 그러다 2년여 뒤 독일 호프만식 벽돌을 생산하게 되면서 본격적으로 기계식 대량 생산을 시작했다[35].

일제가 이처럼 근대 건축물을 서둘러 경성의 거리에 세운 데에는, 경성이 한반도 식민 통치의 주요 핵심부였기 때문이다. 나아가 전쟁을 벌이는 전시체제 때 대륙 침략을 위한 전쟁 물자의 생산기지로서, 또는 물자 수송의 전진기지로서 중요한 역할을 수행하기 위함이었다.

유리창이 반짝이는 근대 건축물들이 우후죽순처럼 세워지고 있는 지금의 신세계백화점 앞 조선상업
은행 로터리. 전차가 지나가고 있는 로터리 한복판에 흰 포말을 뿜어내는 분수가 인상적인 1925년의
풍경이다.

1908년 대한제국 정부에 의해 건립된 대한의원. 부속 건물은 이후 모두 철거되어 지금은 본관 건물 만이 남아 있다. 건축 당시 조선은행 본관, 일본 동양척식주식회사 건물과 함께 장안의 근대 건축물 3대 상징물로 꼽히기도 했다. 지금은 서울대학병원의 의학박물관으로 쓰이고 있다.

그러나 이 시기 경성의 모습이 빠르게 변화한 주된 원인은, 일제에 의해 대륙 침략의 중간 거점으로 이용할 속셈이었음을 간과할 수 없다. 또한 거기에 못지않게 중요한 건 5백 년 도읍의 상징성을 말살시키기 위한 건축물의 강제 철거와 함께, 도시 구조를 변화시켜 나가면서 서울의 모습이 크게 훼손되고 말았다.

우선 일제의 '경성 도시계획안'에는 몇 가지 원칙이 있었다. 각급 관청의 배치 계획 또한 그런 원칙 가운데 하나였다.

예컨대 주요 관청의 소재지를 컴퍼스로 재어보면 경성부(지금의 서울 시청) 앞 광장에서 반경 1km 이내에 모두 들어간다는 사실이다. 이 같은 일제의 관청 배치 계획은 일본에서 명치유신(1868) 직후 일본 정부가 시도했던 '일본교日本橋 중심 10리 사방의 양식화'를 그대로 답습한 것이었다[36]. 그들의 표현을 빌자면 '폭도들로부터의 방어와 효율화'를 의도했을 것으로 추측된다.

이처럼 일본 군국주의에 의해서, 혹은 '새로운 기회의 땅'으로 대거 이주해온 일본 상업자본의 요청에 의해서, 수많은 근대 건축물이 경성의 거리에 주도면밀하게 세워졌다. 그 가운데서도 경성을 지배하는 경성부 청사가 먼저 눈에 띄었다.

지하 1층 지상 4층의 르네상스식 석조 건물로, 1926년에 완공되어 백년 가까운 지금까지 고스란히 살아남아 서울도서관과 서울역사관으로 쓰이고 있는 이 경성부 청사는, 까다로운 장소 선정을 거쳐 현재의 자리가 최종 낙점되었다. 무엇보다 일본인 상업 구역(혼마치)과 조선인 상업 구역(종로)의 중간 지점에 위치하는 데다, 당시엔 그곳 지형이 야트막한 구릉으로 되어 있어 주위를 내려다보기에도 좋다는 이유에서였다.

더욱이 경성부 청사는 조선총독부로부터 경성역에 이르는 대로의 딱 중간에 위치하고 있을 뿐더러, 당시 황궁이었던 덕수궁을 내려다볼 수 있는 곳에 자리하고 있어 조선인의 독립 의지를 약화하려는 숨은 의도를 포함하고 있다는 설까지 나돌았다. 실제로 경성부 청사를 높은 곳에서 내려다보면 건물의 형태가 일본의 '본本'자 모양으로 지어졌음이 사실이다.

그러잖아도 조선 사람들은 조선총독부 청사가 '일日'자 모양이라고 입을 모았다. 그 안쪽에는 다시 총독의 관저가 위치한 북악산이 '대大'자 모습이라고 생각해오던 터였다. 그리하여 경성부 청사와 함께 경성 한복판을 남북으로 가로질러 대일본大日本이라는 글자가 차례대로 새겨져 있다고 믿었다. 일본 군국주의의 음흉한 속내가 숨겨져 있다고 의심할

경성부 청사는 처음 건축될 때부터 사람들의 입방아에 올랐다. 일본인 상업 구역(혼마치)과 조선인 상업 구역(종로)의 딱 중간 지점인데다, 당시 황궁이었던 덕수궁을 한눈에 내려다볼 수 있는 곳에 자리하고 있어 우리의 독립 의지를 약화하려는 숨은 속내가 숨겨져 있다고 의심했다.

수밖에 없었다.

다음으로 눈에 띄는 건축물은 일제시대 명치정이라 불렸던, 지금의 명동 일대에 들어선 조선은행(지금의 한국은행 본점)과 조선저축은행(제일은행 제일지점) 그리고 미쓰코시백화점(신세계백화점) 등의 근대 건축물이다. 이 근대 건축물들은 지금도 원형 그대로 남아 있어 고스란히 사용되고 있다.

당시 명치정은 한반도 최고의 번화가였다. 양품점과 카페가 즐비하게 늘어선 유행의 진원지였다. 그뿐 아니라 상업과 금융의 중심지이기도 했다. 전차가 땡글땡글하고 지나가는 이 일대를 일본인들은 곧잘 '조선은행 앞 광장'이라고 일컬었다. 일본인이 쓴 「경성이야기」란 책에 이 거리의 풍경이 다음과 같이 묘사되어 있다.

1930년 일본인 거류 구역인 혼마치에 세워진 최초의 미쓰코시백화점. 옥상 카페의 조각공원은 경성의 상류층이 즐겨 찾는 명소였다. 일본계 백화점이었지만 고객의 7할이 조선인이었다. 사진의 오른쪽 지금의 신세계백화점 본관의 외관이 옛 모습을 거의 유지하고 있음을 볼 수 있다.

…남대문을 통과하여 아카시아 가로수의 보도를 따라 '조선은행 앞 광장'으로 향했다. 2천 평쯤 될까. 아니면 그 이상일지도 모른다. 삼각형에 가까운 광장이었다. 정면의 한끝을 차지하고 있는 것은, 지나가면서도 보이는데, 메이지 분위기가 강한 빨간 벽돌의 중앙우편국(지금의 중앙우체국 자리)이다. 좌측 한끝은 커다란 화강암을 쌓아올린 장중한 영국풍의 조선은행 본점이다. 우측의 한끝에는 마찬가지로 화강암 외장이 호장豪壯한 감을 주는 조선저축은행과 고딕 르네상스풍의 장식을 입힌 미쓰코시백화점 경성지점이 줄을 잇고 있다. 중앙우편국 좌측 중국총영사관으로 들어가는 골목의 왼쪽 모퉁이에는 파리의 몽마르뜨 거리에서 운반해온 것은 아닐까 생각되는 크림색 사쿠라 바가 있었다. 작고 아름다운 레스토랑이었는데, 나중에 중화요리점으로 바뀐 뒤부터는 외장도 별로 하지 않은 것으로 기억하고 있다….

그다음으로는 조선은행 앞 광장에서 그리 멀지 않은 곳에 세워진 명동성당을 들 수 있었다. 백여 년이 훨씬 넘는 오늘날에도 서울대교구 주교 성당으로 변함없이 그 자리를 지키고 있는, 우리나라 천주교회를 대표하는 성당 건물이다. 당시에는 종현예배당으로 불렸다.

그 자리는 일찍이 이승훈·정약전·권일신 등이 모여 종교 집회를 가짐으로써 조선 천주교회를 창설한, 명례방坊의 역관 김범우의 집이 있던 곳이었다. 1882년 본당으로 설정된 이후 설계와 공사감독은 프랑스 신부가, 건축 공사는 중국인 기술자들이 맡아 지어 올린, 우리나라에서 유일한 순수 고딕 양식의 라틴 십자형 근대 건축물이었다. 공사를 시작한 지 만 6년 만인 1898년 준공하여 모습을 드러내면서, '뾰족집'이라는 별칭으로 이내 장안의 명물이 되었다.

명동성당에서 그리 멀지 않은 곳에 자리한 경성역(지금의 서울역) 또한 당시 사람들에게 경이로운 근대 건축물이었다. 이곳은 원래 2층 목조 건

'뾰족집'이라는 별칭으로 준공 당시 장안의 명물이었던 서울대교구 주교 성당. 국내에서 유일한 순수 고딕 양식의 라틴 십자형 근대 건축물로, 백 년이 훨씬 지난 지금도 명동성당으로 건재하다.

물의 남대문역이 들어서 있던 자리였다. 남대문역은 한성과 인천 제물포를 잇는 경인선 철도가 개통되고, 또 당시의 토목 기술로는 난공사로 여겨졌던 한강 철교가 드디어 완공됨으로써 1900년 7월에 설치된 기차역이었다.

이로 말미암아 육로로 12시간, 강로江路로 8시간이 소요되던 한성과 인천 제물포 사이를 경인선 철도가 불과 1시간 거리로 단축해 놓았다. 그 뿐 아니라 남대문역에서 종로→동대문까지는 미국인 기업가 콜브란의 한성전기주식회사가 운행하는 전차가 분주하게 왕래했다. 경성의 중심부와 인천 제물포 사이가 철도를 통하여 직접 연결되었던 것이다.

이후에도 일제는 철도를 끊임없이 부설해 나갔다. 경인선 다음으로 경부선·경의선(1900~06년)을 개통시킨 데 이어, 호남선과 경원선(1910~14년)을 잇따라 확장시켜 나갔다.

아울러 남대문역의 중요성을 내세워 일제는 경성역 건설에도 착수했다. 1925년 6월, 마침내 2층 목조 건물을 헐어낸 뒤 우아하고 장대한 모습의 역사 건물을 완공시켰다. 지하 1층, 지상 2층의 붉은 벽돌 건물로, 2층에 있는 서양식 그릴은 당시 명사들이 모이는 사교장으로 명성을 떨쳤다.

역사의 설계는 조선총독부에 근무하던 독일인 건축기사 게오르그 라덴다가 맡았다. 건축비는 94만5,000원(약 945억 원)이 들었다. 역사의 정면 처마 밑에는 직경 1미터가 넘는 대형 벽시계가 내걸려 시계가 드물던 시절 경성 시민들에게 시각을 알려주곤 했다.

경성 거리에 우뚝 솟아있는 경이로운 근대 건축물 가운데는 동양척식주식회사(이하 동척)도 빼놓을 수 없는 '삘딩'이었다. 영국의 동인도회사

독일인 건축기사가 설계하고, 건축비 945억 원이 들어간 식민시대 경성역 역사. 역사의 정면 처마
밑에 직경 1m가 넘는 대형 벽시계가 내걸려 경성 시민들에게 시각을 알려주곤 했다.

를 본떠 조선을 비롯하여 만주·중국 등 동양의 경제를 지배할 목적으로
일본 총리 가쯔라 다로오에 의해 세워진 일본의 국책회사였다. 조선총
독부가 식민정치의 본영이라고 한다면, 동척은 곧 식민경제의 마 궁魔宮
이나 다름 아니었다.

　더욱이 조선의 경제를 약탈해가기 위해 동척이 시행한 토지조사 사업
을 통해, 조선인들의 토지를 일본 자국민에게 불하했던 기구로 악명 높
았다. 1919년 11월에 결성된 조선의열단이, 조선총독부와 함께 동척을
반드시 파괴해야 할 대상의 하나로 선정했던 것도 그 같은 민중의 원한
을 반영한 것이었다.

　1912년 지금의 을지로 2가 외환은행 본점 자리에 건축된 동척은, 일제
의 다른 주요 건물들이 모두 석재건물이었던 것과 다르게 화려한 백색
의 목조 외장을 뽐냈다. 8.15해방이 되면서 한때 미군정 정훈국으로 사

용되었다가, 1970년 외환은행이 사들여 철거한 뒤 지금의 외환은행 본점 건물을 지어 올리면서 흔적조차 찾아보기 어렵게 되었다.

그러나 경성의 거리에 지어 올린 근대 건축물 가운데 일제의 야심작은 정작 따로 있었다. 뭐니 해도 조선총독부 청사였다. 백색의 화강암으로 치장된 중후하면서도 화려한 이 근대 건축물은, 조선왕조의 정궁인 경복궁의 근정전과 광화문 사이에 위압적인 자태로 세워졌다. 지난 1995년 파쇄 철거되어 영원히 사라지고 말았으나, 8.15해방 이후 6.25 한국전쟁의 포화 속에서도 끝까지 살아남아 한때 정부 종합청사로 쓰이기도 했다.

한데 조선총독부는 원래 그곳이 아닌 남산에 자리하고 있었다. 남산 북쪽에 자리하고 있던 조선통감부 건물을 줄곧 사용해 왔었다.

그러다 직원 수의 증가와 사절의 내방, 또 각종 기관을 통괄하면서 확대된 사무량으로 보다 넓은 신청사가 필요해졌다. 그러면서 건설 장소로 하필이면 경복궁의 근정전과 광화문 사이를 꼽았다. 행정적으로 편리한 위치를 채택한다는 구실에서였다.

하지만 그들의 속내는 일찍부터 내정해 둔 터였다. 조선의 민족적, 역사적, 문화적 심리를 단번에 제압할 수 있는 곳이라야 했다. 조선의 자주 의식을 부정하고 일본의 권위주의를 강하게 심어줄 수 있는 장소를 점 찍었다. 일설에 의하면 풍수지리설에 따라 서울의 지맥을 끊을 수 있는 장소가 고려되었다고도 한다.

아무렇든 일제는 발 빠르게 움직였다. 경복궁 부지 안에 조선총독부 신청사를 건설하기로 결정하고, 1916년에 착공하여 1925년 섣달에 준공했다. 건물을 지어 올리는데 필요한 화강암은 낙산(동숭동 대학로 뒷산)

조선을 식민 지배하기 위해 건립된 조선총독부 청사(사진 위). 광화문 한복판에 왕조의 궁궐을 가로막고 세워진 1926년 준공 당시 조선총독부는 동양 최대 규모의 근대 건축물을 자랑했다. 8.15해방 이후 정부 청사, 국립 중앙박물관으로 쓰였다. 남산의 조선통감부(사진 아래). 1907년 조선통감부 청사로 지어져 1925년까지 총독부 이전 1925년까지 통감부 청사로 사용되었다.

의 봉우리를 깨뜨렸다. 예부터 도성을 지켜준다고 믿은 '현무(북한산)' '청룡(낙산)' '주작(남산)' '백호(인왕산)' 가운데, 동쪽의 방위 산을 절반이나 무너뜨렸다. 또 조선총독부를 건축하면서 당시 경복궁 안에 있는 전각과 대문, 중문, 당堂 등 아름답고 다양한 궁중 건축물들을 무수히 해체하는 만행도 서슴지 않았다.

이렇게 완공된 조선총독부 청사는, 얼핏 보면 일본 도쿄에 자리한 국립박물관 안에 있는 표경관表慶館 건물과 매우 유사하게 닮은 네오 르네상스 양식을 띠었다. 설계는 독일인 건축기사 데 랑데로가 맡았으며, 준공 당시 동양 최대 규모의 위용을 자랑하던 초대형 건축물이었다.

또 건립 당시에는 조선총독부 난간에서 기총 사격을 할 수 있도록 배려되어 있었다고 한다. 실제로 각 층의 양쪽 끄트머리 방에는 1개 부대가 주둔하면서 경비할 수 있도록 설계되어 있었다[37].

이같이 경성의 거리에는 우리가 굳이 요청하지 않았음에도, 더구나 우리에게는 어떤 의미조차 설명해주지도 않은 채, 일본 군국주의와 일본 상업자본에 의해 생게망게한 근대 건축물이 우후죽순처럼 세워져 나갔다. 종로 한복판의 보신각에서 울려 퍼지는 커다란 종소리에 따라 동서남북 사대문의 성문이 저절로 열리고 닫혔던, 태조 이성계가 개경에서 한성으로 천도(1394)한 이래 세습적 풍습에 따라 거의 한결같은 모습으로 고스란히 유지되어 왔던 5백 년 도읍의 모습은 한순간에 온통 뒤틀리고 말았다. 지금의 남대문 근처에서 까치발을 하고 서서 멀리 바라다보면, 동그스름한 노란 초가지붕들이 바다를 이루는 가운데 동대문 쪽이 한눈에 빤히 건너다보였던, 그런 동화 속 같던 아름다움과 평온은 온데간데없이 사라지고 만 것이다.

일제 식민 통치의 상징물이었던 조선총독부 내부의 중앙홀. 8.15해방 이후 제헌국회 개원식(1948)
이 열려 국회의장에 이승만, 부의장에 신익희가 선출된 역사를 간직한 자리이기도 하다.

대신 경성의 거리는 누대로 변함없이 내려온 과거의 풍경과 함께 우후죽순처럼 세워지는 르네상스풍의 근대 건축물들이 혼재했다. 미묘한 분위기마저 풍기는 근대 도시로 성큼 변모해갔다. 대모테 안경을 쓰고 젬병 모자를 눌러쓴 모던보이와 짧은 치마와 작은 우산을 든 모던걸이 거리마다 넘쳐났다. 고리사채업을 하는 어떤 일본 여자가 자기의 빚을 갚지 못하는 '제 삼자 되는 사나희의 음낭을 잡아다려 혼절케'하는, 그야말로 사람이 상품화된 상업 중심의 근대 도시로 빠르게 탈바꿈해나갔다.

제4장

경성의 젊은 상인들, 종로 거리로 돌아오다

궁중의 비방으로 탄생한 동화약방의 '활명수'

19세기 말은 조선 상계의 종말과 함께 지금껏 보지 못한 전혀 새로운 상인들이 속속 등장하는 시대였다. 5백 년 전통을 자랑하던 종로 육의전의 허망한 붕괴 이후 새로이 등장한 이들 상인 가운데는, 궁중의 어가를 호위하던 선전관(정3품) 민병호 같은 이도 있었다. 민병호는 궁중에 있을 때 궁중의 전의典醫들과 틈틈이 교류하면서, 대대로 궁중에서 내려오던 비밀스런 비법을 들고 나와 상계에 뛰어든 새로운 상인이었다.

민병호는 「동의보감」에도 나오지 않는다는 궁중의 비방을 토대로 계피 4g, 정향 3g, 감복숭아씨 6g을 침출기에 넣고 적포도주 150g을 가해 잘 혼합한 뒤 3일간 침출시켰다. 이 침출액에다 다시 박하뇌 0.15g, 장뇌 0.03g을 넣고 백설탕 40g과 증류수 70g을 더한 다음 혼합 용해한 후에 여과시켜 60ml 작은 병에 담았다. 이것이 곧 '목숨을 살리는 물'이라는 뜻의 활명수活命水였다. 민병호는 활명수를 개발하면서 동화약방도 창업했다. 1897년 가을이었다.

이 무렵 국내 의약계 사정은 이제 막 걸음마를 시작한 무렵이었다. 부

고종의 선전관이었던 민병호가 누대로 내려오는 궁중 비법을 가지고 나와 만든 동화약방의 활명수는, 입소문을 타면서 손쉽게 대중 속으로 파고들었다. 하지만 민병호는 후견인을 자처하며 자신의 아들 민강을 내세웠다. 사진은 동화약방의 초대 사장 민강.

산포가 개항(1877)되면서 그 지역에 서양식 의료시설인 제생의원이 처음 세워졌다. 이어 우리 정부가 세운 최초의 서양식 의료시설인 광혜원(1885)이 문을 열었다.

동화약방의 활명수는 이처럼 굳게 닫혀 있던 나라의 빗장이 열리고, 서양의학이 막 첫선을 보이기 시작하던 거의 같은 시대에 탄생했다. 궁중의 바깥으로 걸어 나와 일반 대중을 위한 약품으로 경성의 상계에 등장한 것이다.

그러나 이미 불혹의 나이에 접어든 민병호는 약방 경영에는 직접 참여치 않았다. 자신은 후견인을 자처하며 아들인 민강을 동화약방의 초대 사장으로 내세웠다.

이런 동화약방의 활명수는 순식간에 큰 인기를 끌어모았다. 오랫동안 내밀하게 전해져 내려오던 궁중의 비방으로 만들었을뿐더러, 국왕을 가까운 거리에서 모시는 고위직을 지낸 인물이 만든 약품이라는 신뢰가 입소문을 탔다. 더군다나 전래의 한약처럼 번거롭게 굳이 달여 먹지 않아도 되는 편리함에다, 복용하는 즉시 나타나는 신속한 효과로 대중 속으로 손쉽게 파고들 수 있었다.

하지만 순식간에 인기를 끌어모은 게 탈이라면 탈이었다. 동화약방의 활명수가 빠르게 성공하자 그만 모방의 위험에 노출되고 만 것이다.

그리하여 5년여(1912)가 지났을 땐 활명수를 모방한 유사 상표가 시장

동화약방의 활명수가 출시되자마자 선풍적인 인기가 끌자, 노골적인 유사 모방 상품들이 줄을 이었다. 민강의 동화약방은 이를 막기 위해 처음으로 '부채표' 활명수라는 상표 등록을 했다.

에 넘쳐났다. 당시 꽤나 유명하다는 대형 약방들까지 나서 발매한 활명수의 유사 제품으론 천일약방의 통명수, 화평당약방의 회생수, 모범매약의 소생수, 조선매약의 약수, 낙천당약방의 낙천약수, 조선상회의 활명회생수, 제생당약방의 보명수라는 짝퉁이 줄줄이 쏟아져 나왔다. 그뿐 아니라 일본인이 경영하는 나카무라약관의 활명액까지 모두 10여 종에 달할 지경이었다.

더욱이 조선상회와 같은 경우에는 '활명회생수'라는 라벨에서 회생이라는 글자만을 일부러 작게 표기해 언뜻 보면 활명수로 오인하게끔 노골적이었다. 나카무라약관의 활명액은 선정적이기까지 했다. 여체의 상반신을 벌거벗은 채 드러낸 자극적인 그림을 신문광고에 지속적으로 싣기조차 했다.

이쯤 되자 모방을 방지할 수 있는 제도적 장치를 마련하는 것이 시급했다. 활명수의 상징이랄 수 있는 부채표를 상표로 등록(1910)한 것이다. 국내 최초의 상표등록이었다.

부채는 「시경」에 나오는 '지주상합紙竹相合 생기청풍生氣淸風'에서 얻은 말이었다. 곧 대나무와 종이가 합해져야 비로소 부채를 이뤄 맑은 바람을 일으킨다는 뜻이다. 이것은 '민족이 갈라지지 않고 합심하면 잘 살 수 있다'라는 '동화'라는 회사명과도 일맥상통하는 것이었다.

나아가 제품의 다각화에도 힘을 기울였다. 창립 10주년이 되었을 즈음에 활명수 이외에도 인소환·백응고 등을 잇달아 개발해, 당시 유명 약방 중에서도 가장 많은 98종의 의약품을 생산했다. 활명수의 인기에 안주하지 않고 창업자인 민병호와 초대 사장 민강이 제품 개발에 얼마나 심혈을 기울였는지 알 수 있게 한다.

조금 뒤늦기는 하였지만 그동안 눈길을 주지 않던 광고에도 관심을 쏟았다. 1910년 「대한민보」에 근하신년 광고를 게재하면서부터 신문광고 전략에도 본격적으로 나서게 된다.

이때에도 동화약방이 내보내기 시작한 광고는 다른 약방들의 광고와는 차별성이 뚜렷했다. 무엇보다 활명수나 인소환·백응고 등과 같은 주요 제품에 대해서만 알린 것이 아니라, 약방의 창업정신과 특약점의 관리 규정 등까지 함께 내보냈다.

또 같은 해 가을에는 국내 최초로 광고대행사인 한성광고사가 특집 기획해 「매일신보」에 실은 광고에도 참여하여, 관허 품목이 90여 종을 헤아린다고 알렸다. 이후 1913년의 근하신년 광고에선 당시로서는 대단히 이례적으로 신문의 전면광고를 시도했다. 동화약방의 사세를 과시하는 한편, 화장품부와 건재부·서류부 등과 함께 특영영업부의 활약을 신기도 했다.

이처럼 초기 신문광고는 대개 사세를 내세워 소비자로부터 신뢰를 쌓는 기업광고 중심이었다. 따라서 광고 제작 역시 요란스럽거나 화려하지 않았다. 제품 위주에서 벗어나 카피 위주의 제작이었다. 등록상표인 부채표 말고는 딱히 이렇다 할 다른 비주얼 요소를 일체 찾아보기 어려웠다. 또 그런 선택과 집중적인 광고 전략이 있었기에 백여 년이 훌

뒤늦게 시작한 신문 광고에도 동화약방은 여느 약방과 달리 차별성이 뚜렷했다. 주요 제품만을 알린 것이 아니라, 창업정신과 특약점의 관리 규정 등 신뢰에 바탕을 뒀다.

쩍 지난 오늘날까지 소비자에게 '부채표 활명수'로 각인되어 남아 있는 계기가 되었는지도 모를 일이다.

그런가 하면 기업의 사회공헌 활동에도 깊은 관심을 나타냈다. 1915년 초대 사장 민강이 설립에 참여하고 교장으로 재직한, 사립 소의학교에 이익금 전액을 기부하겠다는 내용으로 경품 없는 경품부 광고를 내보내기도 했다.

하지만 동화약방의 신문 광고는 이후 크게 줄어든다. 사세를 과시하던 전품목 기업광고를 지양하는 대신 활명수 등 주력 제품의 광고만을 간간이 볼 수 있었을 따름이다. 요컨대 경쟁 약방들에 비해 상대적으로 광고가 줄어든 셈인데, 아무래도 이것은 초대 사장 민강의 경영철학과

동화약방의 초기 광고는 신문에 사세를 내세워 소비자로부터 신뢰를 쌓는 기업광고 중심이었다. 또한 요란한 무개차를 길거리에 운행하여 소비자에게 직접 알리기도 했다. 무개차 앞쪽 정면에 배가 불룩해진 사람이 '아이고 배야'하는 그림 위에 실제 모양을 한 활명수 병 모형이 지금 보아도 눈길을 끈다.

도 밀접한 관련이 있어 보인다.

초대 사장 민강은 3·1운동(1919)이 일어나자 만세 시위운동에 적극 참여한다. 일제의 눈을 피해 이승만을 집정관 총재로 내세운 한성 임시정부의 수립과 함께 국민대회 개최도 추진한다. 그는 연락과 준비 업무를 맡았으며, 국민대회 취지와 임시 정부의 약법約法 등을 작성했다. 그 뿐 아니라 자신의 동화약방을 연락 거점으로 삼아 은밀하게 자금 조달 활동까지 펼친다. 결국 이 일로 그는 일본 경찰에 체포되어 옥고를 치르다 보석으로 출옥한다.

한데 출옥 이후에도 독립운동 단체인 대동단에 가입하는 한편, 국내 대동단과 상해 임시 정부가 비밀 행정부서로 설치한 서울 연통부의 거점으로 자신의 동화약방을 제공한다. 연통부는 국내 도·시·군·면 단위까지 조직을 갖추면서 각종 정보와 군자금을 임시 정부에 전달하는 역할을 했다. 연통부 활동은 일제에 의해 적발되어 일제히 와해(1922)될 때까지 지속되었다.

이렇게 보면 초대 사장 민강은 기업가라기보다는 민족주의자이며, 교육자이길 더 바랐는지 모른다. 그는 기업을 단순히 영리 추구를 위한 수단으로 보기보다는, 이상을 추구하기 위한 도구로 삼고자 했던 게 아니냐는 생각을 지울 수 없다.

동화약방의 초대 사장 민강은 어쩌면 기업가라기보다는 민족주의자, 교육자이길 더 바랐는지 모른다. 그는 기업을 단순히 영리 추구를 위한 수단으로 보기보다는, 이상을 추구하기 위한 도구로 삼고자 했는지 모른다. 사진은 어느 날 지인들과 고궁을 찾은 초대 사장 민강(맨 오른쪽).

그런 의도는 약방 경영에서 실제로 나타났다. 독립운동의 자금 조달을 하기 위한 거점으로 이용할 뿐더러, 연락 창구로도 활용했던 흔적이 동화약방의 역사 곳곳에서 발견된다.

따라서 그가 미시적 경영 기법인 광고에 그다지 연연해하지 않았던 건 어쩌면 당연한 일인지 모른다. 짐작하건대 자신의 약방에서 개발한 약으로 병마에 시달리는 대중을 구제하겠다는 신념을 가진 그에게, 판매를 촉진하기 위해 소비자를 설득해야 하는 광고가 그리 탐탁지 않았으리라는 것도 쉽게 생각할 수 있게 하는 대목이다.

결국 거기에 발목이 잡혔다. 초대 사장 민강의 비기업가적 경영철학, 다시 말해 독립운동에 깊이 관여하면 할수록 동화약방의 경영은 어려움에 처할 수밖에 없었다. 최고경영자가 감옥에 가 있지 않으면, 해외에서 망명 생활을 하느라 회사를 제대로 돌보지 않는데 경영상태가 좋을 리

'동화약방본포입구'라고 써진 동화약방의 본사를 가리키는 길거리 이정표. 동화약방은 각종 신규 사업으로 경영 위기에서 벗어나고자 몸부림쳤으나 신통치 못했다. 결국 기업을 공개하면서 주식회사 체제로 전환하기에 이른다.

만무했다. 동화약방이 보유했던 약품 허가 품목 수만 하더라도 전성기의 87종에서 24종으로 줄어들 정도로 사세가 크게 위축되어 갔다.

경영의 어려움을 타개하기 위한 몸부림도 없지 않았던 것 같다. 경영의 위기에서 탈출하고자 신규 사업에 진출한 것도 그중 하나였다.

그러잖아도 동화약방의 전국 영업장에는 고객이 약품을 주문하면서, 심심찮게 각종 혼수용품이나 문방구·시계·축음기·생활

잡화 따위를 서울에서 구해달라는 주문이 적잖았다. 이런 주문이 줄을 잇자 동화약방은 결심하기에 이른다. 사내에 부속 영업부를 신설하면서 새로운 사업 영역으로 진출(1913)하기로 한다.

같은 시기 화장품 사업에도 진출을 꾀했다. 이미 관허를 획득한 품목 가운데 동화백분은 여성용 화장품이었다. 옥용수는 주근깨나 마른버짐 제거에 좋고, 위생유는 비듬을 제거하고 향기를 풍기는 머릿기름으로 알려진 제품이었다.

그러나 이 같은 몸부림도 그다지 신통치 못했던 것으로 보인다. 이후 동화약방의 화장품 광고가 신문에서 종적을 감춘 것으로 보아, 화장품

사업 진출도 지지부진했을 것으로 짐작된다.

다음으론 기업의 공개였다. 동화약방을 주식회사 체제로 전환하여 외부 자금을 수혈받은 것이다.

1931년 정월 동화약방은 액면가 50원(약 500만 원)의 보통주 2,000주를 발행하고, 주식회사 동화약방으로 경성지방법원에 등기를 완료했다. 당시 주식 분포를 보면 민병호와 민강 부자가 각기 650주와 1,000주를, 그 나머지 주식은 인척이거나 외부 인사 6명의 소유였다.

동화약방의 마지막 경영 타개책은 기업 공개였다. 부채표 상표와 함께 '주식회사 동화약방'이란 현판을 내걸었다. 그러나 주식회사 체제로 경영을 개선해보기도 전에 초대 사장 민강이 48세를 일기로 그만 타계하고 마는 비운에 처한다.

그러나 동화약방은 침체에 빠진 기업의 면모를 주식회사 체제로 일신하고 경영을 개선해보기 위한 노력을 미처 다 펴보기도 전에, 초대 사장 민강이 그만 세상을 뜨고 마는 비운에 처한다. 이때 그의 나이 48세였다.

초대 사장 민강의 갑작스런 죽음은 그렇지 않아도 어려움에 처한 동화약방을 혼란에 빠뜨렸다. 동화약방의 창업자인 그의 아버지 민병호는 이미 74세의 고령인데다, 초대 사장 민강의 장남 민인복은 이제 겨우 17살의 고등학생이었다. 민 사장의 뒤를 이를 적합한 인물이 없었다.

하는 수 없어 민 사장의 인척인 민영덕이 2대 사장으로 취임했다. 하

「동의보감」에도 없다는 궁중 비방으로 만들어진 동화약방의 활명수는 독점상품이었다. 백 년 전이나 지금이나 변함없이 애용되고 있다. 남녀 52명의 직원이 한자리에 모인 주식회사 동화약방 창립기념일 사진(1942).

지만 주식 150주를 보유한 민영덕은 바지 사장에 불과했다. 경영의 실제 권한은 초대 사장 민강의 부인 이효민이 쥐고 있었다. 그녀는 자신의 친정 조카인 이인영을 지배인으로 내세워 실질적인 회사 경영을 전담케 했다.

한데 바지 사장 민영덕이나 지배인 이인영 둘 다 경영에는 문외한이었다. 동화약방의 경영이 호전되기는커녕 점점 더 어려워져만 갔다.

결국 2년 뒤 초대 사장 민강의 아들 민인복이 중앙고보를 갓 졸업한 19살의 나이에 새로운 사장으로 취임(1935)했다. 하지만 침몰해가는 동화약방을 구하기에는 역부족일 수밖에 없었다.

그 사이 동화약방의 영업 실적은 눈에 띄게 줄어갔고, 부채는 눈덩이처럼 불어갔다. 1936년 총매출액은 4만3,000원(약43억 원)에 불과했으며, 부채는 식산은행에만 8만 원(약 80억 원)을 넘어섰다. 활명수 판매는 30만 병을 채우기도 힘들 지경이었다.

연일 장고 끝에 민씨 일가가 내린 결론은 어떻게든 파산의 불행만은 피하자는 거였다. 동화약방을 되살리고 키워나갈 수 있는, 보다 역량 있는 인물에게 회사를 넘기기로 결심하기에 이른다.

민씨 일가와 회사 간부들이 상의하고 물색한 끝에 결국 동화약방을 윤창식에게 넘기기로 했다. 그는 일찍이 보성전문 상과를 졸업한 뒤 정미업을 시작으로 큰돈을 모아 재력이 풍부한데다, 독립운동과 빈민 구휼사업을 펼치면서 당시 민족 기업인으로 존경받던 인물이었다. 창업 40년의 역사를 자랑하던 동화약방은 그렇게 민 씨 일가에서 윤 씨 일가로 넘겨져 오늘에 이어지고 있다.

「동의보감」에도 없다는 궁중 비방으로 만들어진 동화약방의 활명수는 당대 독점 상품이었다. 하지만 경영악화를 이기지 못해 끝내 지키지 못하고 말았다.

과연 초대 사장 민강은 일제강점기라는 시대를 잘못 타고난 것일까? 아니면 반기업가적인 경영철학으로 끝내 선대 창업을 지키지 못한 것일까? 신은 한 사람에게 결코 두 가지 재능을 허락하지 않았다.

〝

왕조가 망하자 잡화상점 차린 왕족

〞

조선왕조는 일제의 강압을 뿌리치지 못한 채 끝내 역사를 마감한다. 한일병합(1910)으로 왕조가 망하고야 만 것이다.

왕조가 망하면서 숱하게 쏟아져 나온 궁궐의 관기들은 거리의 기생으로 전락해야 했다. 정승판서라고 큰소리치던 고관대작들은 다투어 상인이 되었다. 주판과 돈궤를 들고 저잣거리 한복판으로 나섰다.

왕족이라고 해서 처지가 다를 게 없었다. 왕족 이재현 또한 자신이 그동안 누리고 있던 부귀영화를 모두 다 내놓아야 했다. 당장 다른 길을 선택하지 않으면 안 되었다. 엊그제까지만 하여도 그가 지체 높은 왕족의 신분으로 경상도 관찰사(종2품) 벼슬을 했을지라도, 당장 먹고살자면 상인이 아니라 상인 할아비라도 나서야 할 처지였다.

그렇더라도 왕족 이재현이 잡화상점을 차리고 나섰을 때 아직은 갓쟁이들이 판을 치던 1910년대였다. 당시만 해도 왕족의 신분으로 궁가 한쪽의 중방을 헐어 점포를 내고, 엿이며 왜사탕 · 물감 · 바늘 · 쌀 등을 늘어놓은 채 양반이고 상놈이고 가리지 아니하고, 손님이 찾아올 적마

서대문 정거장. 당시엔 경성역이라 불렸다. 지금의 서울역은 당시엔 남대문역으로 불린 중간역이었으며, 당시 경성의 종착역은 서대문 정거장이었다. 개항장 제물포에서 경인선 기차를 타고 종착역인 서대문 정거장을 나서면 애스터하우스 호텔, 스테이션 호텔이 서 있던 것도 딴은 그런 이유에서였다.

다 "어서 오십시오. 무얼 드릴까요?"하고 굽실거리며 잡다한 상품을 판다는 건 그야말로 까무러칠 노릇이었다.

그도 그럴 만한 게 양반은 물에 빠져 곧 죽어도 개헤엄을 치지 않아야 했다. 사흘을 굶어도 손발 하나 까닥하지 아니하고 두 다리만 뭉개고 앉아서 공자왈 맹자왈 하는 일이 아니면, 어떻게 줄을 대어 벼슬 한자리라도 하는 게 흔히 있어 온 일이었다.

한데 그가 어떻게 결심했는지는 알 수 없다. 경상도 관찰사까지 역임했던 혁혁한 문벌이요, 천하가 다 아는 왕족의 신분으로, 다른 곳도 아닌 궁가의 벽을 헐어 거기서 잡화상점을 연다는 것이 어찌 쉬운 일이었겠는가. 그가 아니고는 감히 엄두를 내지 못할 일이었다.

그러나 왕족 이재현이야말로 겉치레를 과감히 내던진 선구자적 실천

가였다. 세상 돌아가는 시세의 흐름을 누구보다 앞서 민감하게 꿰뚫어 본 인물이었는지도 모르겠다.

> 경성 서대문 밖 정거장 근처에 있는 유리공장은 이재원씨가 자본금 5천 원을 저축하야 설립한지 4개년에 업무가 점점 발달하는 중 금번에 이재현 씨가 일층 확장할 목적으로 5천 원을 더하야 합자회사로 서대문 초자공장을 경성초자제조소라 개칭한 뒤 소장은 이재현 씨로, 감독은 이재원 씨로 정하고 기타 임원을 조직하얏다더라[1].

오래지 않아 왕족 이재현은 잡화상점에서 손을 뗐다(1913). 대신 국내 최대 규모의 유리공장을 경영하는 기업가로 변신했다. 지금의 서대문 로터리 근처에 경의선 서대문 정거장이 있었는데, 바로 그 서대문 정거장 옆에 자리한 유리공장이었다.

당시라면 경성의 거리에도 이제 막 유리창으로 반짝이는 새로운 근대 건축물이 우후죽순처럼 들어서기 시작할 즈음이었다. 그러잖아도 일본 상인들이 남촌의 혼마치에서 하나같이 상업을 성공시킨 요인 가운데 하나가 다름 아닌 유리였다. 그들의 상점은 유리로 만든 투명한 진열장으로 되어 있어 손님을 보다 많이 불러 모을 수 있었다.

반면에 조선 상계의 상점들은 그때까지도 우중충하기만 했다. 폐쇄적인 구조를 한 흙집에다, 창문이라야 죄다 한지로 발라놓아 안에서 바깥을 내다보지 못했다. 물론 바깥에서도 상점의 안을 들여다볼 수가 없는 구조였다.

하지만 일본 상인들의 상점 구조는 벽돌이나 목재로 지어 네모반듯했다. 또 점포 바깥에다 투명한 유리문을 달아놓아 손님의 눈길을 끌기에도 충분했다. 이른바 견물생심 見物生心이 따로 없었다. 물건을 직접 보아야 욕심이 발동하고, 욕심이 발동해야 비로소 호주머니를 열고 싶은 것이다.

한데 이 시기에 이르면 조선 상계의 상가에서도 뒤늦게 유리 선풍이 한창

1887년 부산항 인근의 부산해관장 관사에 설치된 유리온실. 개화기 주거생활에 가장 큰 변화를 가져온 건축자재는 단연 '유리'였다. 한지창에서 유리창으로 점차 바뀌어 가며 생활에 커다란 변화를 몰고 왔다.

일기 시작할 때였다. 5백여 년 동안이나 희미한 등잔불만을 밝혀오던 종로 거리에 비로소 전등불이 들어오는가 하면, 덩달아 상점마다 투명한 유리문을 설치하느라 야단법석이었다.

거기다 일본 상인들이 주조공장을 차리면서 각종 유리병 수요조차 더해졌다. 기업형 약방에서 양약과 물약이 불티나게 팔려나가면서 약병의 수요까지 엄청났다.

왕족 이재현은 이 같은 유리 붐을 타고서 기업경영에 뛰어들었다. 1913년 5,000원(약 5억 원)을 투자해서 유리공장을 세웠다.

또한 집주름(지금의 부동산중개사)을 내세워 경성 시내 여러 곳에다 수십 채의 가옥을 사두는 등 이른바 부동산에도 눈길을 돌렸다. 말하자면 잡화상점과 유리공장을 경영한데 이어, 지금 얘기로 부동산 투자에까지

왕족 이재현은 잡화상점에 이어 유리공장과 부동산 사업이 순조롭자, 사회에도 눈길을 돌릴 줄 알았다. 이따금 안경 쓰고 단장 짚고 금시계 줄을 앞가슴에 늘어드린 채 여기저기 학교에도 찾아가 거금을 기부하기도 했다. 당시 신문의 만문만화에 등장하는 개화기 신사.

손을 뻗치면서 탄탄대로를 걸을 수 있었다.

그러면서 찾아오는 신문기자도 제법 만나고는 했다. 신문기자에게 당시로 선 좀처럼 마시기 힘든 맥주를 대접하며 상당 수준 개화된 담화를 나누는가 하면, 이따금 안경 쓰고 단장 짚고 금시계 줄을 앞가슴에 늘어뜨린 채 여기저기 학교에도 찾아가 몇십 원씩 거금을 기부하기도 했다.

한데 그처럼 잘 나가던 이재현이 한순간에 그만 몰락하고 만다. 도대체 무엇이 잘못되었는지는 몰라도 어느 날 갑자기 쫄딱 망하고 말았다.

그것도 혼자만 망한 게 아니었다. 어물전 망신은 꼴뚜기가 시킨다고, 자신이 거처하던 은언궁恩彦宮마저 내어주지 않으면 안 되었다. 자신의 시조인 할아버지 철종 임금의 위패를 모실 집조차 사라지게 되었다.

어떻게 된 걸까? 이재현이 그만 만세를 부른 1914년이라면 제1차 세계대전이 막 시작되었을 때다. 세계대전의 여파 때문에 국내외 경제가 한창 곤두박질치고 있던 시절이었다. 같은 해 8월 29일자 「황성신문」을 보아도 시중 물가가 크게 요동치고 있음을 알 수 있다.

밀가루 한 포대 - 2원48전에서 2원60전(약 24만8,000에서 26만 원)

성냥 한 돈 6 궤 - 19원80전에서 20원

설탕 한 포대 - 7원20전에서 10원50전

양잿물 한 상자 - 5원70전에서 10원

석유 한 상자 - 3원52전에서 3원57전

비누 한 개 - 20전에서 22전

우유 1궤 - 13원60전에서 17원80전

나중엔 왜못 100근 들이 한 통에 9원(약 90만 원) 하던 것이 3배 넘는 28원(약 280만 원)까지 널뛰었다. 더욱이 건축경기마저 시들해지면서 이재현의 유리공장마저 타격을 입었다.

그렇더라도 이 정도의 타격에 침몰하고 말 그가 아니었다. 은언궁 왕족 이재현은 세계대전의 발발과 동시에 물가 상승을 지켜보면서, 내심 인플레를 확신했다. 인플레를 확신하면서 반응에 가장 민감하다는 쌀을 매점하기 시작했다.

이재현의 동생 의양군 이재각. 특명대사로 영국 국왕의 대관식에 참석한 뒤 유럽 일주 여행하고 돌아왔다. 초대 대한적십자사 총재를 지냈다.

"두고 보아라! 내 생각이 틀림없이 적중할 테니."

그는 여기저기서 빚까지 내어 마포나루로 향했다. 수천 섬이나 쌀을 매점해 두었다.

하지만 물거품이 되고 말았다. 수많은 투자금을 쏟아부었던 그의 확신은 불과 한 달 여 뒤에 땅을 쳐야 했다. 그해 가을엔 실로 수십 년 만에 대풍년이었다. 쌀 한 말에 24전(약 2만4,000원)씩 수천 섬을 매점해 두었던 것이, 불과 한 달여 만에 18전(약 1만8,000원)으로 폭락하고 말았다. 나중에는 14전(약 1만4,000원)을 불러도 거들떠보지도 않았다. 엎친 데 덮친다고, 서울 시내에 사두었던 수십 채의 부동산마저 매매가 급락하는 바람에 이러지도 저러지도 못하게 되었다.

그리고 이 두 번째 타격은 그를 재기불능으로 빠뜨렸다. 마침내 자신의 오랜 거처인 은언궁마저 내어주지 않으면 안 되었다.

결국 그는 동생 이재각의 도움을 받아들여야 했다. 그의 동생 이재각은 약관의 나이로 과거에 급제하여 의양군義陽君에 피봉 되는가 하면, 궁내부 특진을 거쳐 특명대사로 에드워드 7세 영국 국왕의 대관식에 참석(1902)하면서 유럽을 일주하며 여행했다. 1905년에는 초대 대한적십자사 총재로 취임했으며, 또한 영친왕과 이방자 여사가 일본에서 혼인할 때 왕궁을 대표한 특별 보빙대사로 참여하기도 했던 인물이다. 그런 동생 이재각의 집 행랑채 신세를 지어야만 했다.

왕조가 망하자 왕족의 신분을 내던지고 과감히 상계에 뛰어들었던 이재현은, 그처럼 두 번의 고비를 넘기지 못한 채 통한의 무릎을 꿇었다. 쇠똥벙거지에 짝짝이 고무신을 신고 중풍 맞은 입술을 씰룩거리면서[2], 스산하게 불어대는 찬바람을 맞아가며 일제 식민지 경성의 거리를 하염없이 방황할 수밖에 없었던 것이다.

개화경 장사로 종로 상계에 다시 진출하다

정조(1752~1800)는 안경 낀 최초의 국왕이었다. 47세부터 시력이 급속히 나빠져 중요 문서를 볼 때는 안경을 껴야만 했다. 이런 사실은 「정조실록」 32권에서 살펴볼 수 있다.

오래 전에 만들어진 영화 '영원한 제국'에서도 정조 역을 맡은 배우 안성기는 안경을 낀 채 영화에 등장하여 관객의 눈길을 끌었다. 그보다 앞서 정조가 실제로 사용했을 것으로 추측되는 옥玉안경이 발견되어 세간의 이목을 집중시킨 적이 있다.

정조의 옥안경은 지금의 안경과 사뭇 달랐다. 우선 안경다리는 보라색 노끈이다. 안경테는 두꺼운 백색 옥으로 만들어져 동양적인 분위기를 자아낸다. 정조 때에는 노끈이 안경다리 역할을 했으며, 왕족만이 옥 제품을 사용했을 것으로 짐작이 된다. 정조의 이 옥안경은 덕성여자대학교 박물관에 소장되어 있다.

조선왕조의 마지막 국왕인 순종도 시력이 좋지 않았다. 일찍부터 안경을 착용했다는 기록이 전한다. 황태자 시절 순종을 만났던 미국인 선

사진의 왼쪽은 1754년 왕실 화가 김득신이 그린 작품으로, 투전판에 모여 앉아 끗수를 재어보고 있는 인물 가운데 안경을 끼고 있는 이가 눈에 띈다. 사진의 오른쪽은 정조 임금이 썼던 안경. 원형의 알에 옅은 갈색의 색을 입히고, 테는 옥으로 만들어졌다.

교사 버드비숍 여사는, '건강에 중대한 결함이 있어 보인다. 체질은 허약하면서 꽤나 비만했다. 더욱이 심한 근시였지만, 궁중 예법 때문에 공식 석상에서는 안경을 쓸 수 없어 보기에 딱했다'라고 기록하고 있다.

조선왕조에 사신으로 온 일본 공사 오이시는 안경 때문에 한바탕 소동을 일으켰다. 고종을 알현(1891)하면서 얼굴에 쓴 안경을 벗지 않아 일어난 사태였다. 당시만 해도 웃어른에게 인사할 때는 반드시 안경을 벗는 것이 예의였는데, 하물며 국왕 앞에서 버젓이 안경을 쓰고 있었으니 말썽이 된 것은 당연했다.

내시들은 통역을 맡은 현영운에게 당장 안경을 벗어줄 것을 종용했으나 오이시 공사는 끝내 벗지 않았다. 고종은 몹시 불쾌했지만 외국의 사신인 까닭에 참을 수밖에 없었다.

이 사태에 대해 훗날 조정은 문제를 삼았다. 우리나라를 얕보고 국왕에게 불경한 태도를 보인 오이시 공사의 무례한 행동을 지적하는 항의 문서를 일본 정부에 전달했다. 일본 정부는 아무런 반응도 보이지 않았

60여 년 만에 일본에 간 조선왕조의 수신사 일행. 정사 김기수는 우리의 우월감을 과시하고자 수신사 일행 모두에게 흑색 수정구 안경을 끼도록 지시했다.

다. 국왕의 노여움을 풀 방법이 없었던 조정의 대신들은 차선책을 찾아야 했다.

결국 오이시 공사의 통역을 맡았던 현영운을 공연스레 무고(誣告)했다. 곤장을 마구 때린 뒤 유배 보냄으로써 이 사건을 일단락 지었다.

운양호 사건(1873) 때에도 안경으로 어김없이 소동이 일어났다. 쇄국정책을 고수하던 홍선대원군이 하야한 뒤 권좌에서 물러나자, 일본은 무력으로라도 통상조약을 체결하기 위해 팔을 걷어붙였다. 운양호를 비롯한 3척의 전함을 강화도 앞바다에 보내어 조선왕조의 심기를 건드렸다. 전함 운양호가 강화도의 초지진까지 접근하자, 위기를 느낀 조선군 수비대가 일제히 맹공을 퍼부어 격퇴하였다.

일본이 이를 트집 잡았다. 길길이 항의하며 수교할 것을 요구하자, 우리 조정에선 사과 사절로 수신사를 파견했다. 수신사가 현해탄을 건너기는 60여 년 만이었다. 이때 수신사 정사는 김기수였다.

한데 정사 김기수는 수신사 일행 모두에게 흑색 수정구 안경을 쓰도록 지시했다. 김기수가 그런 지시를 내린 데에는 우리의 우월감을 일본인들에게 과시하고자 함에서였다. 그즈음 조선에선 지체 높은 신분만이 장소를 가리지 않고 안경을 착용할 수 있었고, 비싼 안경을 쓰는 것이 대단한 자랑거리였던 시절이다.

일본인들은 60여 년 만에 조선에서 온 수신사 일행을 구경하려고 구름처럼 몰려들었다. 한데 이상하게 여겼다. 인력거에 승차한 조선 수신사 일행이 모두 먹물 안경을 쓰고 있었던 것. 수신사 일행은 수군대는 일본인들을 먹물 안경 낀 눈으로 내려다보면서 도쿄 시내를 유유히 활보했다고 한다.

조선왕조에 들어와서 3년간(1889~1901) 머물렀던 미국인 선교사 제임스 게일도 저서 「코리언 스케치」에서 안경과 관련된 풍경을 전하고 있다. 이 책에서 그는 '…만일 중요한 관리라면 혼자서 걷지 않는다. 양쪽에 군사를 거느리기 마련이다. 한 손에는 3 피트(약 90cm) 길이의 담뱃대를, 다른 한 손에는 으레 부채를 들고 다닌다. 양쪽 눈에는 굉장히 큰 원형의 흑색 수정구 2개를 걸고 다니는데, 시력이 나쁘기 때문이 아니라 겉치레하느라 그렇게 끼고 다닌다'라는 얘기가 있다[3].

아픈 대목이 아닐 수 없다. 격변하는 개화기에 지도층에 있던 자들이 새로운 학문과 기술에 열중하지 아니하고 겉치레나 한다고 꼬집고 있다.

거센 개화 바람을 타면서 조선 사회는 안경을 끼지 않고서 대접받기 어려웠다. 콧등이 근질거려 못 견디는 개화 족속들이 늘어가면서 너도나도 먹물 안경을 찾았다. 사진은 길거리에 좌판을 연 개화경 장수.

어쨌든 1백여 년 전 개화기에 불어 닥친 안경 바람이 퍽이나 거세긴 했던 모양이다. 당시 「황성신문」이 그냥 지나쳤을 리 만무하다.

요새 소위 개화했다는 사람으로 자인하는 사람을 자세히 살피건대 구흡권연口吸卷煙에 안착양경 하고 길거리로 소요하면서 제 몸 알기를 고명지인사高明之人士하며 치료두발·了頭髮에 천료양장穿了洋裝하고 참 여호교회지중칙參與乎敎會之中則 오연자처이상등지인물傲然自處以上等之 人物하고 백인황종지화복白人黃種之禍福을 불이호삼촌지설不離乎三寸之 舌 두이뇌중頭而腦中에 무자국지사상無自國之思想하며…

요컨대 이런 얘기다. 개화를 했다고 자처하는 이를 가만 살펴보았더니. 입술에는 종이 담배를 물고, 눈에는 개화경을 쓰고서, 종로 거리를 왔다 갔다 하며, 스스로 이름깨나 날리는 저명인사인 척한다는 거다. 그런가 하면 일본식 '와개머리(기름을 발라 뒤로 넘긴 머리)'로 뒤 꼭지를 쳐올리고 몸에 착 달라붙는 양복을 입고서 교회나 오가며, 자기가 무슨 특별한 인물이라도 되는 것처럼 오만하게 세 치 혓바닥 위에 서양 사람의 꼬부랑 문자를 올려대고 있다는 것. 기실 이런 자의 머리통 속에는 자기 나라의 사상이라곤 눈곱만큼도 찾아볼 수 없음을 탄식한다.

세상은 안경을 결코 곱지 않은 시선으로 꼬나보았다. 그럼에도 제임스 게일의 「코리언 스케치」에서 볼 수 있는 것처럼, 안경은 개화 바람을 거세게 탔다. 지배계층부터 먼저 두루 애용되었다. 얼마 지나지 않아서 시력에 아무 이상이 없어 멀쩡한데도 콧등이 근질거려 못 견디는 이들마저 가세했다. 사회적 우월감을 과시하고자 하는 겉치레 개화 족속들까지 속속 등장하기에 이르렀다. 정말 이제는 안경을 끼지 않고는 사람 대접받기조차 어려운 세상이 되고 만 것이다.

이 같은 개화바람을 타고서 안경이 널리 퍼져나가자, 필시 그 시장에 뛰어든 상인이 없지 않았을 터. 그렇지 않고서야 발 없는 안경이 그렇듯 저절로 걸어 다녔을 리가 만무하다.

그랬다. 눈 큰 새가 가장 먼저 지저귄다고, 다 같은 상인이라 할지라도 그러한 눈썰미를 가진 이는 많지 않았다. 개화 바람을 타고서 선보이기 시작한 안경에 일찍부터 주목하고 손을 대면서 거부가 된 상인이 있었다. 절호의 기회를 송골매처럼 재빨리 포착한 김재덕이었다.

김재덕은 1900년대 들어 지금의 종로 2가 보신각 맞은편(지금의 삼성생명 종로타워)에 유창상회를 열었다. 대모테 안경을 끼고 젬병 모자를 눌러쓴 모던보이들을 위해 가장 먼저 금은세공과 함께 안경 전문점을 냈다[4].

그러나 김재덕에 관한 사료는 더 이상 찾아볼 수 없다. 안타깝게도 여기까지가 전부이다. 그가 과연 상계의 길로 어떻게 들어설 수 있었는지, 한국 자본주의의 자궁(육의전→유창상회→화신상회→화신백화점→한보주택→삼성생명 종로타워)이랄 수 있는 종로 한복판에

거센 개화 바람을 타고서 대모테 안경을 끼고 젬병 모자를 눌러쓴 모던보이들을 위해 가장 먼저 금은세공과 함께 안경 전문점을 낸 김재덕의 유창상회. 훗날 크게 성공하여(1910년대 후반) 종로 한복판에 3층 건물을 지어 올렸다.

전문상점을 가질 만큼 적지 않은 자본을 축적할 수 있었는지, 또 하고많은 업종 가운데서 하필 금은세공과 개화 안경과 같은 당시로선 첨단(?) 업종을 취급하는 유창상회를 열 수 있었는지, 하는 자세한 기록을 더는 추적이 불가능하다. 다만 20여 년 뒤(1910년대 후반) 김재덕의 유창상회가 크게 성공해서 같은 자리에 3층 건물을 증축하여 올렸다는 후일담이 전하고 있을 따름이다.

어떻든 김재덕의 이런 성공은 눈여겨볼 대목이 아닐 수 없다. 명성황

후를 잔인하게 시해(1895)하면서 본격적인 식민찬탈의 야욕을 만천하에 드러낸 일본이, 그 사이 '고문 정치'라는 허울 좋은 구실을 내세워 우리 조정으로 하여금 막대한 차관을 빌려 쓰게 하여 손과 발을 꽁꽁 묶은 뒤였다. 그리고 조선 왕조의 경제마저 기어이 요절내고야 말 속셈으로, 마른하늘에 날벼락과도 같은 듣도 보도 못한 화폐개혁(1905)을 무리하게 단행함으로써, 조선의 상계는 마침내 쑥대밭으로 변하고 말았다. 5백여 년 동안이나 영속되어 오던 종로 육의전이라는 구심점을 잃고서 모두가 뿔뿔이 흩어지고, 되찾은 첫 고토라는데 의미를 부여할 수 있다. 그것도 조선 상계의 자존심이랄 수 있는 옛 육의전 거리 한복판에, 때마침 불어 닥친 개화 바람을 타고서 젊고 새로운 경성의 상인들이 이처럼 하나둘 다시 돌아오기 시작한 것이다.

경성의 자동차왕, 민규식에서 방의석까지

꺼멓고 집채같이 큰 수레에 네 바퀴에는 기둥 같은 테가 있고 뿡뿡
하면 가고 뿡뿡하면 서되 이것이 칠팔 명의 사람을 싣고 높은 언덕을
총알 같이 길로 달리니 대체 이것이 무엇이냐? 그것이 요술차냐, 신통
차냐, 제갈공명의 목우유마 같은 것이냐?[5]

제물포 개항장을 통해서 밀려 들어온 새로운 문명의 이기 가운데는
번갯불 먹는 괴물이나 축지법 부리는 쇠바퀴라고 일컬었던 기차나 전차
못잖게 경이로웠던 건 뭐니 해도 자동차였다. 생전 듣도 보도 못한 자동
차가 얼마나 신기했으면 요술차냐, 신통차냐, 제갈공명의 목우유마냐,
하고 물었을까?
임종국이 쓴 「한국인의 생활과 풍속」을 보면, 자동차에 대한 당시 사
람들의 느낌이 어땠는지 보다 실감나게 그려진다.

…당시 자동차는 네모반듯한 차체에 휘장을 둘러친 것인데 사람들

조선에 자동차가 처음 등장하였을 때 사람들은 쇠당나귀라고 수군거렸다. 또 무슨 짐승이냐며 자동차를 막대기로 꾹꾹 찔러보는 사람조차 없지 않았다. 쇠당나귀가 산모퉁이라도 돌아올라치면 구경꾼들의 돌 세례를 맞는 것쯤은 예사였다.

은 그 포장 속에 번갯불이 들어있는가 보다고 수군거렸다. 올라타기만 하면 타 죽는다는 소문이도는 판이었다. 타보고 싶기는 하고 죽기는 싫고…. 그런가 하면 이게 무슨 짐승이냐고 하면서 막대기로 꾹꾹 찔러보는 사람조차 없지 않았다. …쇠당나귀가 산모퉁이에 번갯불이 들어 있는가 보다고 수군거렸다. 올라타기만 하면 타 죽는다는 소문이 도는 판이었다. 타보고 싶기는 하고 죽기는 싫고…. 그런가하면 이게 무슨 짐승이냐고 하면서 막대기로 꾹꾹 찔러보는 사람조차 없지 않았다. …쇠당나귀가 산모퉁이라도 돌라치면 구경꾼들의 돌 세례를 맞는 것쯤은 예사였다….

쇠당나귀라고 불렸다는 자동차가 조선에 처음 등장한 것은 1910년 전후였다. 지금도 경복궁의 고궁박물관에 가보면 전시되어 있는 것을 볼 수 있는데, 그 무렵 왕실용으로 영국제와 프랑스제 자동차 한 대씩을 들여왔다. 하지만 '궁궐에 이상한 소리를 내며 혼자 스스로 달려가는 괴물이 있다'라는 소문이 퍼진 걸 보면, 맴돌 듯 궁궐 안에서만 자동차를 타지 않았나 싶다[6].

궁궐 밖에서는 조선 총독부 고관들을 비롯하여 조선군사령부와 고위 장성, 외교관, 선교사, 이완용·박영효 등의 친일 귀족들이 다투어 자동차를 구입했다. 그런가 하면 광산 부자 박기효·최창학, 친일 재벌 한상용, 대지주 배석환·김종성·백명권 등의 부호들이 재빨리 뒤를 이었다. 그러면서 1919년쯤이 되면 경성의 시가지를 누비는 자동차 대수가 50대 안팎까지 늘어났다[7].

1903년 고종 즉위 40주년을 맞아 최초의 도입한 미국 포드 승용차. 하지만 고종의 이 어차는 이듬해 벌어진 러일전쟁 중에 사라져 지금은 그 실물을 찾아볼 수 없다.

가장 먼저 버스를 운행했던 부산→마산→진주 구간. 지금 기준으로 본다면 거의 비행기 요금과 맞먹는 수준일 만큼 시외버스 요금이 상당히 비쌌다.

이런 가운데 부산, 마산, 진주로 연결되는 경남 해안선 도로에 버스가 운행(1912)하기 시작했다. 부산, 김해, 마산 일대를 중심으로 자리 잡은 일본인들과 그들이 실어 나르는 경제 물동량으로 조선에서 가장 먼저 합승자동차, 곧 버스가 다니는 신작로가 등장케 된 것이다.

요금은 마산-진주 3원 80전(약 38만 원)이었다. 진주-삼천포 1원 30전, 진주-사천 60전, 사천-삼천포 80전을 받았다. 미장이 목수 하루 품삯이 60전(약 6만 원)하던 시절이었으니. 지금 기준으로 본다면 거의 비행기 요금에 맞먹는 합승자동차 곧 시외버스 요금이었다[8].

처음으로 경성 시내를 누볐던 택시. 당시에는 지금처럼 승객을 찾아다니는 게 아니라, 일정한 주차장에서 기다리고 있다가 승객이 오면 출발했다. 나중에는 요금이 점차 인하되어 경성 시내라면 거리에 상관없이 1원을 받았다.

조선에서 최초로 택시 영업(1917)을 한 사람은 민규식이었다. 민규식은 뒤이어 자세히 살펴보게 될 조선의 '3대 재벌' 가운데 한 사람이었던 민영휘의 아들이다. 그의 택시들은 경성 일대를 누비고 다녔음은 물론 저 멀리 충청도 충주까지 노선을 유지하고 있었다[9].

하지만 다른 교통수단에 비해 당시 택시는 요금이 너무 비쌌다. 서민들은 엄두를 내지 못했다. 처음에는 시간당 5원(약 50만 원)을 받다가, 점차 인하해서 1928년경에는 택시 요금이 4인 기준에 1원(약 10만 원)이었다. 승객 한 사람이 추가될 때마다 20전(약 2만 원)을 더 내야 했다.

교외로 나가면 별도의 요금이 붙었다. 경성 시내를 한 바퀴 도는데 3원(약 30만 원), 1시간 대절하려면 5~6원(약 50만 원~60만 원)을 받았다.[10]

한데도 택시 드라이브는 '시내 요정 가튼 데서 권태감을 늣기는' 일부 부유층에겐 신바람 나는 또 다른 취미였다. 또 그런 유행에 편승해서 포드자동차회사가 '추기청상秋氣淸爽'이란 제목의 신문 광고를 실어 분위기를 한껏 부추겼다.

> 추공일벽秋空一碧 청기淸氣하고 마음이 시원합니다. 즐거운 것은 가을의 행락, 상쾌한 것은 신 포드의 드라이브 홍취는 또한 무진합니다[11].

그러나 뛰는 놈이 있으면 나는 놈이 있는 법. 위풍당당하던 조선의 자동차왕 민규식은 어느 날 갑자기 나타난 강력한 라이벌 앞에 자신의 권좌가 흔들리게 되었다. 아니 자신의 왕관을 그만 함경도 어느 시골뜨기인 방의석에게 넘겨주지 않으면 안 되었다. 예나 지금이나 기업의 흥망성쇠는 흔히 있는 일이라지만, 조선의 자동차왕 민규식을 거꾸러뜨릴 새로운 정복자가 그토록 빨리 등장하리라곤 누구도 예상치 못했다.

> 함경도 북청의 유수한 실업가 방의석씨는 일즉부터 함흥택시주식회사를 경영하고 잇거니와, 금번에 서울에다가 대규모의 택시업을 개시하고저, 경성택시회사를 조직하는 한편, 시내 장곡장천정長谷長川町에 2층 양식의 사옥을 건축 중이더니 얼마 전에 벌서 낙성되야 영업을 개시하는 중인데 택시 5, 60대를 두어 장차로는 서울 택시계의 패권을 잡을 기세라 하는 바 지배인으로는 *병*씨가 취임하엿다고[12].

그렇다면 방의석은 어떤 인물이길래 조선의 3대 재벌, 아니 그중에서도 단연 으뜸인 민영휘의 아들 민규식을 하루아침에 거꾸러뜨리고 영화

조선의 자동차왕 민규식을 물리치고 새로운 자동차왕으로 등극한 방의석의 경성택시주식회사. 건물 1층 정면에 '경성택시주식회사'란 상호가 뚜렷이 양각되어 있다.

속의 주인공처럼 새로운 자동차왕으로 화려하게 등장한 걸까?

방의석은 어린 나이에 함경도 북청의 어느 객주(지금의 도매상)집의 사환 노릇을 하면서 상계에 처음 뛰어들었다. 그러다 스물한 살 때 절호의 기회가 찾아왔다. 따로 임자 없이 공동으로 운영되고 있던 함경도 지방의 자동차 독점 운수업체 공흥사의 전무취체역(전무이사)으로 전격 발탁(1926)되었다.

그는 이 절호의 기회가 자신의 운명을 어떻게 바꾸어 놓을지 이미 알고 있었다. 따라서 공흥사의 경영권을 장악케 되자, 경영혁신과 더불어 사세 확장에 힘을 기울였다.

2년 후, 젊은 방의석은 북청 지방의 상인들을 중역 자리에서 모조리 몰아냈다. 그리고 함경도 지방의 부호들을 영입해서 새로운 중역진을 구성했다. 고여 있는 물을 물갈이시켜 새로운 경영진을 구성하면서, 자본까지 유치시켰다. 또 자신이 대표취체역(대표이사)의 자리에 앉았다.

새로운 성장 동력을 얻은 그는 사업을 계속 확장해나가면서 아울러 대담한 개혁을 끊임없이 추진해나갔다. 그런 결과 공흥사는 승승장구했고, 방의석은 얼마 지나지 않아 대주주의 지위에 올랐다.

회사가 어느 정도 안정되자 공흥사를 자본금 100만 원(약 1,000억 원)

경주 관아 입구의 택시 정류소. 일본인이 경영했던 이 택시회사는 주로 경주 고적을 찾는 유람용으로 인기가 높았다.

규모의 함흥택시주식회사(1929)로 재출범시킨데 이어, 운송 관련 사업도 꾸준히 키워나갔다. 당시 함흥택시가 보유한 자동차는 소형 택시 29대, 합승택시 42대, 화물자동차 43대 등 모두 114대에 달했다.

거기서 멈추지 않았다. 일본인이 경영하던 자동차회사를 인수하여 다시 북선자동차운수회사(1932)를 설립했다. 4년 뒤에는 또 조일택시회사를 설립해 자동차사업을 늘려나갔다.

이윽고 방의석은 함경도 지역을 넘어 평안자동차회사까지 인수하기에 이른다. 자동차운송 사업에 대한 지배권을 함경도에 이어 평안도 지방까지 확장시켰다.

그 뿐 아니라 자동차 사업 이외에도 영토 정벌에 나섰다. 함남창고주식회사, 북청양조주식회사, 함경목재주식회사 등 7개의 계열회사를 거

일제 식민시대 우리 근대 사회사를 고스란히 담아내었던 월간 잡지 「삼천리」의 창간호 표지. 1929년 6월에 창간하여 1941년 11월 통권 150호를 끝으로 폐간되었다.

느린 젊은 기업가로 등장했다. 마침내 민규식이 군림하고 있던 경성으로까지 당당히 진출케 된 것이다.

맨주먹의 방의석이 이토록 짧은 기간 안에 급성장할 수 있었던 건 대략 두 가지로 설명할 수 있을 것 같다. 무엇보다 자동차 운송이라는, 아직 누구도 손대본 일이 없는 새로운 영역 개척에 나섰다는 점이다. 따라서 전통적인 기득권 세력과의 아무런 경쟁 관계가 형성되지 않았다[13]는 사실이다.

같은 시기, 자동차에 관련해서 방의석 못지않게 장안에 화제를 뿌렸던 이가 있었다. 당시 「삼천리」잡지에 '자동차 운전수가 삼백만 원 부호, 금광야화金鑛夜話'라는 기사로 실린 택시 운전수 정 아무개가 바로 그 주인공이었다. 당시 300만 원이라면 지금 돈으로 3,000억 원에 달하는 어마어마한 거액이었다. 지금의 로또복권 당첨은 새 발의 피였다.

일개 자동차 운전수가 우연히 금광을 발견하여 선 자리에서 67만 원에 팔아가지고 다시 그 돈을 가지고 만주로 드러가서 신경 부근 토지를 가득 거두어 사서 지금은 시까 300만원의 토지왕이 되엿다는 꿈 가튼 이약이를 드러보시려나?

<자동차 빵크가 동기>

그 날은 정말 춥기도 하더니 뒷날 300만 원의 큰 부자가 된 운전수 정 씨는 재작년 겨울 어느 날 공주에서 짐을 싯고 대전으로 향하여 운전대에 올나 손을 훅훅 불면서 한 돌을 돌앗다.

…자동차는 고개를 너머 전속력을 내어 다러간다. 그러다가 일이 안될나고 그만 탁-하는 소리와 갖이 빵크가 나서 자동차는 날 잡아잡수! 하는 듯이 웃둑섯다.

"제-길 이 추운데 하필 또 빵크냐"하며 게 두덜두덜거리며 긔계를 끄내 가지고 터진 다이야 젓혜 가보앗스나 원체 터진 구멍이 크고 게다가 보로자동차가 되어 여간 수선하여 가지고는 될상 십지 안엇다….

운전수은 오륙 년 이 노릇하여 먹다가 이런 란관은 처음 당햇다. 사십 각가운 노운전수의 눈에는 저도 몰게 눈물이 핑 돌앗다. 더구나 이 물건을 운반하여다 주어야 삭전을 밧도 삭전 바더야 그 돈으로 떨고 잇는 처자를 저녁밥 짓게 하지 안나하며 가슴이 앞엇다. 그는 화가 나고 춥기도 하여 바름을 피하느라고 길가에 자동차를 세운 채 양지짝을 조차 두어 마장 산별애에 올낫다. 그래서 하도 갑갑도 하야 무심이 손에 쥐엇든 자동차 귀계를 가지고 땅을 뚜지엇다. 그러자 이상한 소리나는 돌맹이가 무처잇는 것을 발견하엿다. 하도 이상하여 한 개를 파서 자세 보앗스나 무엔지 모르지만 심상한 돌갗이 안키에 그냥 호주머니에 감추고 마츰 저리 뒤로 오는 동무자동차를 마저 파손된 긔계을 수리하여 예정의 길을 떠낫다.

<67만 원에 매매>

그날 저녁 운전수는 잠이 올리가 업섯다. 날이 박기 무섭게 공주에

잇는 엇든 일본사람 잇는 대로 갓다. 비록 자동차 운전수로는 단일망정 먹은 나이가 잇는지라 좁은 소견에도 윤택잇는 품이 심상한 돌갓지 안어서 세상일을 조곰 안다는 사람 잇는 데로 차저간 것이다.

…그 태전이란 일본사람도 처음엔 상상히 보다가 마치로 쪼기어 보니 확실히 만분대萬分臺에 미치는 금석인지라 놀라서 대단히 조흔 돌이라고 말하엿다.

…그 집을 빠져 나와선 자동차고 짐짝이고 다 집어 뿌리고 그 길로 날 보아라 하드시 서울로 뛰어 올나와서 일각이 급하게 출원하여 버리엇다.

출원한지 한달도 못되어 (일본)구주九州에 본사을 둔 모 광업회사에서 사기로 되어 선 자리에서 67만 원에 매매가 된 것이다.

어젯날 일 자동차 운전수가 실로 일조에 67만 원의 큰 부호가 된 것이니 대체 이 노릇을 하늘에 운이란 잇다고 할가 업다고 할가. 빵크가 낫다 하더래도 하필 왈 수백리 길에서 돌잇는 그 앞헤서라. 아모리 생각하여도 이것은 운이다….

<신경新京 가서 토지 매입>

조석을 굶든 사람이 이와 갖이 일조에 륙십만 원의 거부가 되엿다면 열에 열 사람 모다 고대광실을 지고 땅잡고 녀학생첩 세넷은 하고 거드러거리고 훙청거릴 것이로되 하늘은 아직도 이 사람에게 좋은 운수를 맥기려 햇슴인가…[14].

그는 거금 67만 원(약 670억 원)을 손에 감아쥐자 두문불출했다. 며칠 동안이나 고민한 끝에 결국 만주행을 선택했다.

만주 신경으로 떠난 그는 우선 시가지 계획도부터 구입했다. 낯선 지역을 거시적으로 바라보기 위함이었다. 그런 다음 시가지 계획도를 토대로 향후 건설 개발이 유력한 지역의 토지를 매일 같이 소리소문없이 사들였다.

미국인 하워드가 광화문 근처 정동에 세운 최초의 자동차 정비 공장(1916). 미국인 제임스 모리스가 조선에 자동차 판매점을 차렸는데, 판매한 자동차가 고장 났다. 그러자 샌프란시스코에서 정비사로 일하던 친구 하워드를 불러들여, 자신의 자동차 판매점 옆에 정비공장을 만들었다.

1제곱미터에 우리 돈 1전(약 1,000원)도 좋았다. 10전(약 1만 원)도 좋았으며, 1원(10만 원)도, 2원도 가리지 않았다. 닥치는 대로 토지를 매입해 나갔다. 그런 뒤 다시금 옴짝달싹 않고 두문불출했다.

2, 3년이 어느 사이 훌쩍 지나갔다. 그가 예측한 대로 그 사이 적잖은 변화가 일어났다.

비록 일제의 꼭두각시 황제일망정 만주국에 새 황제 푸이가 등극하면서, 새 국가 건설을 위한 대대적인 국토건설사업이 본격적으로 전개되기 시작했다. 그러면서 신경 일대의 토지가 갑자기 천정부지로 치솟았다.

덩달아 그의 재산도 천정부지로 치솟았다. 제아무리 낮게 잡아도 처음 손에 감아쥐고서 만주 신경으로 떠났을 때의 5배, 자그마치 그의 재산이 300만 원(약 3,000억 원)에 이르렀다. 「삼천리」잡지는 그에 관한 장문의 기사를 다음과 같은 대미로 장식하고 있다.

…들니는 풍설에 정 운전수는 그야말로 금의환향할 생각을 요지간
하엿잇다든가.

그런가 하면 「삼천리」잡지는 그즈음 자동차에 관련된 흥미로운 기사
한 토막을 덧붙여 싣고 있다. 이른바 장안의 유명 명사들이 타고 다닌다
는 자동차의 가격표를 공개한 것이다.

서울 장안에서 하루에도 수업시 '아스팔트' 우으로 구으러 단이는
신형 '씨보레' 유선형 자동차가 이 거리에 쏘단이는 시정인市井人들의
말쑥말쑥한 옷자락에 몬지를 피우며 달아나고 잇다.
그런 중에는 서울 안 '명사'들의 자가용 자동차가 한 둘이 아니다.
맷 해전만 하드래도 그런 줄 몰으겟든데, 요즈음에 와서는 장안에서
누구누구 하는 '명사'들이란 거지반 자가용 자동차를 한 대쯤은 가지
고 잇다.
이제 이분들의 사유하고 잇는 자동차란 도대체 얼마나한 가격의 것
들인가? 알어보면 아래와 갓다.
최창학崔昌學 - 1만3,000원(약 13억 원)
민대식閔大植 - 8,000원(약 8억 원)
김기덕金基德 - 8,000원
방응모方應謨 - 8,000원
신석우申錫雨 - 7,000원(약 7억 원)
박영철朴榮喆 - 6,000원(약 6억 원)
한학수韓學洙 - 7,000원

임병기林炳基 - 8,000원

김연수金秊洙 - 4,000원(약 4억 원)

김옥교金玉橋 - 6,000원

원인수 - 6,000원

이박에도 멧 사람 더 잇스련만도 위선 이만츰 해두기로 하겟다[15].

자료에 따르면 당시 경성에서 가장 고가의 자가용을 굴리는 이는 앞서 얘기한 민영휘의 장남 민대식과 함께 조선 3대 재벌 가운데 한 사람으로 꼽히는 금광왕 최창학이 등장한다. 차종이 무엇인지는 알 수 없으나, 지금 돈으로 14억 원이 넘는 자가용이라면 당대 지구촌에서도 손꼽히는 최고급 승용차가 아니었나 싶다.

민간인 최초의 자가용차는 천도교 교주 손병희가 탄 캐딜락이었다. 손병희는 고종에게 캐딜락 승용차를 선물하고, 자신 역시 같은 차종의 캐딜락을 탔다.

또 한 사람 눈에 띄는 이는 유일한 홍일점 김옥교이다. 김옥교는 음식 장사로 큰돈을 벌어 당시 60만 원(약 600억 원)대의 대형 호텔을 건설한 사장으로 당당히 명사의 반열에까지 오른 여성이었다.

맨손으로 이룬 첫 근대기업가 '박승직상점'

2006년의 일이다. 당시 두산그룹 박용만 회장이 매주 주말이면 임원들과 함께 해남의 땅끝마을을 향하여 20~30킬로미터씩 걷는다는 기사가 신문에 난 일이 있다. 종로4가 배오개부터 해남 땅끝마을까지 걷는 '배땅프로젝트'로 불린 이 행사는 자신의 조부이자 오늘날 두산그룹의 창업주인 박승직의 얼을 찾아 떠나는 남도 답사길이었다. 그때 필자 또한 두산그룹으로부터 주말 남도 답사길에 초대받은 적이 있다. 도무지 시간을 내기 어려워 정중히 사양하기는 했지만, 그 무렵 전북 익산 가까이 다가가는 중이라는 얘길 전해 들었던 기억이 있다.

19세기 말 조선 상계는 육의전의 허무한 종말과 함께 새로이 출현하게 된 상인들 가운데는, 박승직과 같은 소작농의 후예 또한 적지 않았다. 앞서 살펴본 것처럼 크고 작은 지주 경영자가 아닌, 그렇다고 남들보다 눈이 빨라 개항장을 무대로 삼거나 대대로 내려오는 궁중의 비기를 들고 나온 것도 아닌, 가진 거라고는 쥐뿔도 없어 오직 맨주먹으로 상계에 뛰어든 이들이었다. 그들 가운데 가장 대표적인 인물이 다름 아닌 박승직이었다.

박승직은 경기도 광주(1864)에서 태어났다. 그가 말하고 있듯 자신의 집은 '전답이라고는 조금도 없고 남의 위토를 소작하여 겨우 밥을 굶지 않았으나, 재산이라고는 한 푼도 없었던' 찢어지게 가난한 소작농이었다.

소작농의 후예로 태어났으나 지금의 두산을 창업한 박승직과 그의 손자인 두산그룹 박용만 회장. 두산그룹의 신사옥 '분당두산타워' 전경

때문에 소년 시절의 대부분은 가업인 농사를 돕는 데 바쳤다. 그가 상인으로서 자신의 새로운 입지를 열어나가는 과정에서, 어떤 재산을 장사 밑천으로 삼았다거나 하는 일이란 불가능했다.

그럼에도 국운이 다해 왕조의 기왓장이 허물어져 내리는 건 어쩔 수 없었다. 서구의 열강들이 승냥이 떼처럼 몰려드는 가운데, 하루가 다르게 들려오는 변화의 소리는 젊은 그의 혈기를 자극하기에 충분했다. 더구나 힘든 농사일에 등골이 휘도록 고생만 하는 부모를 보았을 때, 자신의 미래 또한 암담하기만 했다. 한 해 한 해 세월은 흘러도 여전히 입에 풀칠이나 할 뿐인 소작농의 침울한 현실을 생각했을 때, 언제까지 남의 위토나 소작하고 있을 순 없다는 생각이 들었다.

결국 어린 나이에 가출을 감행했다. 고향 집에서 30여 리 떨어진 송파 장터(지금의 가락동 농수산시장)를 오가며 상거래 현장을 눈여겨보았던 그는, 스스로 상인의 길을 열어가기 시작했다. 한성의 종로 육의전으로 가출해서 처음으로 취급했던 물품은 당시 개항장을 통하여 들어온 등잔용 석유였다. 비록 등짐을 지고서 이 마을 저 마을을 떠도는 힘든 행상이었지만, 희망에 부풀었다. 땀 흘린 만큼 얻을 수 있었던 이익이 그에게 용기를 주었다.

박승직이 좀 더 넓은 세상을 무대로 본격적인 상인의 길을 개척하기 시작한 것은 17살이 되던 해(1881)였다. 평소 몸가짐이 반듯하고 남달리 의지가 굳은 걸 가까이서 지켜본 위토의 지주 민영완이 그를 점찍었다. 때마침 전라도 해남의 신관 사또로 부임하는 길에, 박승직을 책실(방자라고 일컫는 사또의 개인 비서)로 데려가고 싶어 했다. 그 또한 설레는 가슴을 안고 새로운 세상으로의 첫발을 내딛는 데 주저하지 않았다.

하지만 해남에 내려가서 박승직이 무엇을 했는지는 구체적으로 알려진 것이 없다. 그가 민영완 사또 밑에서 얼마나 관직 생활을 했는지도 알려져 있지 않다. 다만 몇 해 지나지 않아 관직 생활을 그만 두고, 다시 상인의 길을 찾아 나선 것으로 보인다.

그가 남긴 「심야중자필」이라는 일기에 따르면(1920), 그는 해남에서 '엽전 3백 냥을 모아 맏형(박승완)에게 보냈다. 맏형은 그 돈으로 포목장사를 시작했는데, 3년 후 해남에서 돌아와 본즉 그 돈이 물건에 잡혔다'라고 기록되어 있다. 확실하지는 않지만 고향집에서 가까운 송파 장터 아니면, 한성의 종로 변두리 어딘가에서 작은 상점을 시작한 것으로 짐작된다. 상점은 맏형이 맡고, 그는 틈이 날 때마다 상점을 오가며 상품 거래를 했던 것으로 여겨진다.

그뿐 아니라 해남으로 내려가기 전에 이미 장사 경험이 있었던 박승직은, 해남에서 관직 생활을 하는 틈틈이 그 지역의 특산물을 타 지역에 팔아 이윤을 남기는 또 다른 상거래를 개척했을 것으로 보

자신의 장사 경험을 살려, 해남 관아에서 관직 생활을 하는 틈틈이 그 지역의 특산물인 제주도산 갓을 다른 지역에 팔아 이윤을 남기는 상거래를 개척했다. 여기서 모은 엽전 3백 냥이 박승직의 종잣돈이었던 셈이다.

인다. 당시 전라도 해남과 강진은 제주도산 갓의 내륙 집산지였고, 중간 상인들의 발길이 끊이지 않던 곳이었기 때문이다.

바로 그곳에서 그는 어떤 형태로든지 상거래에 직접 관여했을 것으로 믿어진다. '해남에서 엽전 3백 냥을 모아 맏형에게 보냈고'라는 기록에서도 알 수 있는 것처럼, 사또의 책실과 같은 하급 관직 생활만으론 짧은 기간 안에 그 같은 돈을 모으기 어렵다는 점에서 그렇다. 더구나 훗날 한성으로 상경해서 자신의 이름을 내건 '박승직상점'을 개점하기 이전까지, 그는 나주·무안·영암·강진 등지를 떠돌며 포목을 매입하고 개화 상품을 팔러 다녔다. 전라도 남부 지역 일대를 자주 왕래하며 행상을 했다는 사실도 그런 가능성을 뒷받침해주고 있다.

물론 그가 활동한 지역이 매번 전라도 남부 지역에만 한정된 건 아니었다. 3년여 만에 해남에서 고향 집으로 돌아와(1883년) 다시 2년여가량 농사일을 돕다가, 본격적인 환포 행상으로 나선 이후로는 보다 넓은 지역을 넘나들었다. 경상도·강원도·평안도는 물론이고, 멀리 북관(함경도

박승직상점이 자리했던 종로5가의 두산그룹 발상지.
두산그룹 100주년을 기념해 소공원을 만들었다.

의 다른 이름) 지역까지 포함한 전국으로 넓혀 나갔다.

이 시기 박승직은 지방의 부녀자가 가내 노동으로 소량 생산한 직물을 모아 시장을 대상으로 상품화하는 환포 행상으로 나아가게 된다. 예컨대 포목 한 필을 양두돈(10전)에 매입해서 한성으로 가져와 양너돈(20전)에 팔았다. 노자를 제외하면 곱절의 이윤이 남는 장사였다. 장차 거상을 꿈꾸며 한성의 종로 거리에 자신의 번듯한 상점을 열어보겠다는 열망으로 불탔던 청년 박승직으로선 더할 나위 없는 상거래였다.

그렇더라도 마땅한 교통수단이 따로 있을 리 만무했던 당시에, 먼 산지에서 한성까지 포목을 운반해올 수 있는 수단이란 조랑말이 전부였다. 조랑말에 길마를 지워 한 번에 취급할 수 있는 물량 또한 고작 서른 필 정도가 한계였다. 더욱이 무거운 포목을 실은 채 끝없이 이어지는 산야를 조랑말과 이동해야 하는 일이란 생각처럼 간단치 않았다.

또 어쩌다 좋은 포목이라도 만나게 되는 날에는 영락없이 고생을 사서 했다. 좋은 포목을 한 필이라도 더 매입하느라 쌈짓돈마저 탈탈 털어 노자까지 죄다 떨어지는 날엔, 한참 먹어야 할 젊은 나이에 어쩔 수 없이 끼니를 건너뛰어야 했다. 그렇지 않더라도 한 푼을 더 아끼기 위해 주막집 주모의 눈치를 살펴가며 쌀밥과 고기 대신 조밥 한 그릇으로 젊

은 허기를 달래
야만 했다.

더군다나 포
목을 구하러 다
닐 때면 일부러
먼 거리나 외딴
오지만을 택했
다. 전라도 해남
이나 강진, 경상
도 의성이나 의

일부러 외딴 오지만을 택한 고달픈 먼 길을 오가면서 박승직이 머물
렀을 주막. 쌀밥과 고기 대신 조밥 한 그릇으로 허기를 채운 치열하고
부단한 외길이었다. 사진은 경북 예천의 삼강주막.

흥, 강원도 정선이나 원통 등지가 대표적인 곳이었다. 그처럼 먼 오지를
택했던 건 교통 사정 때문에 힘이 들기는 하여도 다른 상인들이 덜 찾는
데다, 대처보다 헐한 값에 포목을 매입할 수 있어 이윤 또한 그만큼 컸
기 때문이다.

박승직의 환포 행상은 이후 10년 넘게 지속되었다. 그 사이 그의 발길
이 닿지 않은 곳이란 전국 방방곡곡 어디에도 없다 할 만큼 치열하고 의
지 넘치는 부단한 외길이었다. 훗날 그가 거상으로 발돋움하는데 거점
이 될, 종로 거리에 자신의 상점을 가질 때까지 자본의 축적 과정이기도
했다.

또한 같은 시기 급변하는 시대의 변화상을 온몸으로 체험하며 그가
선택했던 게 있다. 이제 막 전파되기 시작한 초기 기독교였다. 새로운
문물에 대한 강한 호기심에서 비롯된 그의 기독교 귀의는, 이미 뼛속까
지 육화된 유교 사상의 바탕 위에 서양의 진취성을 더함으로써 보다 성

숙한 인생관을 갖게 하였다.

그런 박승직이 마침내 한성의 종로 거리(지금의 종로 4가)에 자신의 좌처를 처음으로 마련한 것은 33살 되던 해(1896)였다. 마침내 자신의 이름을 딴 '박승직상점'을 개점케 된 것이다.

그것은 실로 10년 넘게 전국의 오지를 누비고 다니며 오로지 근면과 절약으로 이룩한 꿈의 실현이었다. 오늘날 두산그룹의 역사가 시작되는 첫걸음이었다. 머지않아 이 땅에 만개하게 될 한국 자본주의의 출발점이 되는, 최초의 근대기업가로 기록되는 역사적 순간이기도 했다.

박승직상점의 첫 출발은 비교적 순조로웠다. 자신이 환포 행상을 하면서 입지를 다졌던 것처럼 초기 박승직상점에서도 취급했던 상품 역시 마땅히 포목이었다.

판매는 주로 전국 각지의 포목상을 대상으로 물품을 도매했다. 경기도 연천과 강원도 철원, 평강 등지에 지점을 설치하면서 판매망을 넓혀나갔다.

점차 취급 품목도 다양화했다. 이미 구축된 판매망을 통해서 기존의 포목 이외에도 곡류, 염류, 도량형기에서부터 고급 모직 및 개화 상품을 비롯하여 면화, 저포 등에 이르기까지 상업 활동의 범위를 확대해 나갔다. 종로 거리의 거상으로 발돋움하려는 박승직의 의지가 그대로 반영된 것이었다.

이색적인 상품도 내놓았다. '박가분朴家粉'이라는 화장품(1915)이었다.

박가분은 박승직의 부인 정정숙이 집안에서 수공으로 소량 제조해 주요 고객들에게 사은품으로 주던 거였다. 한데 박가분을 써본 여성들의 반응이 좋았다. 본격적인 제조 판매에 들어가면서 단숨에 국내 화장품

박승직상점의 인기 상품이 된 화장품 '박가분'. 주력 상품인 포목이 호황을 누렸으나 '박가분'의 선전은 박승직상점이 발돋움하는 데 결정적 역할을 했다.

업계의 선도적 위치에 올라섰다.

인기를 끌었던 박가분의 수익금은 1920년대에서 30년대에 이르기까지 오랜 불경기 속에 빠져있던 박승직상점의 경영에 크게 기여했다. 박가분의 인기는 박승직상점의 주력 상품인 포목의 선전에도 커다란 보탬이 되었다.

그러나 1920년대 말부터 국내에 들어오기 시작한 일본의 고급 화장품에 밀려 박가분의 인기도 점차 수그러들었다. 인기를 만회해보고자 박승직은 일본 화장품업체에 종사하고 있던 한국인 기술자를 초빙해보기도 했으나, 소비자들은 이미 등을 돌린 뒤였다. 박가분은 1930년대 말쯤에 제조를 중단하지 않으면 안 되었다[16].

일본 상계의 압박은 비단 화장품에만 한정되지 않았다. 박승직상점만이 아닌, 조선의 상계 전체를 겨냥한 채 날로 노골화해갔다.

더구나 1차 세계대전(1914)에 이어 세계 대공항(1919)까지 겹치면서, 장기간에 걸친 불황의 늪으로 빠져들었다. 조선의 상계는 누구랄 것도 없이 심각한 경영난에 처하고 말았다.

박승직은 포목 상계의 권익 옹호를 목적으로 결성된 경성포목상조합의 조합장 자격으로 동분서주했다. 각 은행에 진정서를 내고 긴축 재정의 완화를 호소해 보기도 하였으나 불황의 늪만 깊어갈 따름이었다.

결국 경영의 위기를 타개하기 위한 자구책으로, 자산을 정리하고 기업 공개를 단행했다. 박승직상점은 전액 일시 불입한 자본금 6만 원(약 60억 원)의 주식회사로 개편(1925)했다. 1주당 50원(약 500만 원)으로 총 1,200주의 주식을 발행했다.

경영난에 빠지게 된 박승직상점은 자구책으로 기업 공개를 단행했다. 주식회사 체제로의 개편은 곧 신의 한 수가 되면서, 훗날 OB맥주의 출발점이 되는 소화기린맥주의 주주로도 참여케 된다.

새롭게 출범하게 된 '주식회사 박승직상점'은 국내외 경기 변동에 따른 부침을 겪으면서도 성장을 계속해 나갔다. 1931년에는 전년도의 적자를 만회하고도 남을 만한 이익을 남긴 데 이어, 이듬해에는 포목류의 수요 증가에 따라 전년도의 2배가 넘는 순이익을 올리기도 했다.

이 시기 그는 또 훗날 'OB맥주'의 출발점이 되는, 일본 소화기린맥주의 주주로 참여케 된다. 조선인 회유책의 일환으로 당시 상계의 유력자였던 그를 가담케 함으로써, 소화기린맥주 회사의 설립 과정을 비롯해 향후 판로 확보에 도움을 얻고자 하는 일제의 책략에 의해서였다.

하지만 중일전쟁(1937)의
반발과 함께 전쟁을 수행하
기 위해 일본이 통화를 남발
했다. 또 한 차례 금융공황이
조선의 상계를 휩쓸었다. 박
승직상점 또한 심한 자금 압
박을 받으면서 다시금 현상
유지에 만족해야 했다.

고희를 넘긴 박승직은 자신의 후계자로 장남 박두병
을 상무로 취임시켰다. 그로부터 2년이 지난 1938
년 6월 5일 박승직상점의 직원 전체가 금강산으로
야유회를 떠났다.

더구나 박승직은 어느덧
고희를 넘긴 고령이었다. 그
리하여 73세 되던 해(1936) 자신이 후계자로 낙점한 자신의 장남 박두병
을 박승직상점의 상무로 취임시켰다.

그러다 8·15해방(1945)을 맞이했다. 박두병은 영등포공장에서 종업원
들에 의해 소화기린맥주의 관리지배인으로 추대되었다. 실질적인 사주
가 된 것이다. 또한 박승직상점을 무역회사로 부활시켰다. 무역업과 직
접 관련이 있는 운수업 진출도 꾀하고 나섰다.

박승직은 그런 박두병에게 '두산斗山'이라는 새로운 상호를 지어주었
다. 어쩌면 평생 그가 일관해오면서 터득한 경영의 요체인지도 모를, '한
말 한 말 차근차근 쉬지 않고 쌓아 올려 태산같이 커져라'는 뜻이었다.

이후 박승직은 경기도 광주의 향리에서 86세를 일기로 영면(1950)했
다. 돌아보면 찢어지게 가난한 소작농의 아들로 태어나 얼어붙은 맨손
으로 상계에 투신하여 자신의 꿈을 이룬, 그의 어기찬 도전은 한국 최초
의 근대기업가라는 영원한 유산으로 전해지게 되었다.

제5장

조선의 3대 재벌
김성수·
민영휘·
최창학

" 조선의 3대 재벌, 김성수·민영휘·최창학 "

1930년대 경성은 한마디로 요지경 속이었다. '저녁에 솟헤 너흘 쌀이 업서' 어쩔 수 없이 고리사채업자에게 돈을 빌려 썼다가 미처 갚지 못해 '쥐 잡는 약을 먹고 죽어나는 이들이 있는가' 하면, 일개 자동차 운전수가 우연히 금광을 발견해서 하루아침에 300만 원, 지금 돈으로 무려 3,000억 원의 벼락부자가 되고, 또한 어린 나이에 함경도 북청의 어느 객주집에서 그저 사환 노릇을 하다 임자 없이 공동으로 운영되던 자동차 운수 업체에 발탁되어 오래지 않아 7개 계열사를 거느리며 영화 속의 주인공처럼 장안에 등장하는가 하면, 지금 돈 10억 원이 넘는 유선형 자가용 승용차가 '아스팔트 우으로 쏘단이면서 시정인들의 말쑥한 옷자락에 몬지'를 피우며 내달려 갔다.

그렇다면 이럴 무렵 경성의 최고 부자는 어떤 이들이었을까? 지금 돈 10억 원이 넘는 유선형 자가용 승용차를 끄는 명사들이 수두룩한 걸 보아선 아무래도 앞서 얘기한 정 아무개 운전수나, 영화 속의 주인공처럼 등장한 경성택시의 방의석이 아닌 것만은 분명해 보인다.

사진의 왼쪽부터 1930년대 '조선의 3대 재벌'로 불렸던 인촌 김성수, 민영휘, 최창학. (지팡이를 든)
최창학은 독립운동가 양기탁의 외아들인 사위 양효손과 함께 하고 있다.

당시 「삼천리」잡지는 이런 의문에 또다시 단서를 찾아 나섰다. 단서
를 찾아 1, 2, 3부에 거쳐 조선의 3대 재벌인 김성수, 민영휘, 최창학 등
3인을 마치 청문회장으로 불러내온 듯 생생한 육성으로 들려주고 있다.

한데 이때의 재계 순위를 보면 그 결정하는 방식이 지금과는 사뭇 다
르다. 이른바 '조선의 토지 대왕'이라 불리는 민영휘의 자산 1,000만 원
(약 1조 원)이 인촌仁村 김성수의 자산 500만 원(약 5,000억 원)보다 곱절이
나 더 많은데도 불구하고, 굳이 김성수를 맨 앞자리에 배치하는 것을 보
면 그러하다.

아니 「삼천리」잡지의 필자는 순위에만 개입하는 것이 아니다. 결코
곱지 않은 개인적 발언도 서슴지 않고 있다.

예컨대 민영휘는 지나간 시대의 유물인 양반 계급에 태어난 덕택으
로, 세도바람에 치부를 한 권세가라고 단서를 단다. 그의 순결하지 못한
욕망을 따끔하게 꼬집고 있다. 그런 뒤 '한말 당시의 정계가 혼돈하얏슬

때에 높은 관직을 가젓든 것으로 생각하야, 축재의 맘이 잇섯다 할지라도 안연히 축재를 할 여유가 업섯슬 것이다. 하지만 민씨는 재리에 선각자이엇든지 관직을 띄고서도, 일면 축재에 조끔도 겨을으지 안코'라며 비교적 긴 설명을 늘어놓는다. 그런 만큼 민영휘의 재산 형성과정에 문제가 없지 않았다고, 직격탄을 날려버리기까지 한다.

세 번째 자리에 오른 금광왕 최창학 역시 다르지 않았다. 자산 규모가 김성수나 민영휘에 비해 2배, 3배 이상 뒤지는 300만 원(약 3,000억 원) 수준이었다.

따라서 그만한 자산가라면 앞서 살펴본 경성택시의 방의석이랄지, '일개 자동차 운전수가 우연히 금광을 발견해서 하루아침에 300만 원의 벼락부자가 된' 정 아무개와 같은 이도 얼마든지 불러올 수 있었다.

그럼에도 금광왕 최창학을 애써 랭크 시키는 이유는, 그가 장안에서 가장 비싸다는 13억 원짜리 최고급 유선형 자가용 자동차를 굴리고 다녀서가 아니었던 듯싶다. '노동을 하야 땀을 흘닌 갑으로 치부를 한' 그의 재산 형성과정을 보다 높이 평가한 때문인 것으로 짐작된다.

하기는 그 무렵 조선의 재벌이라는 재벌은 대부분 토지나 산림, 주식과도 같은 유가증권을 재산으로 지니고 있었던데 반해 최창학만은 달랐다. 아직 어떤 기업에도 투자를 하지 않고 조선은행 등에 거금을 고스란히 예금해두고 있어, 당장 현금을 동원할 수 있는 능력이 대단히 크다는 또 다른 조건을 십분 고려한 것으로 보인다. 「삼천리」잡지의 필자는 그같은 이유를 들어, 최창학이 김성수나 민영휘보다 오히려 장래가 더 기대된다고 자신 있게 추켜세우기도 한다.

그러나 「삼천리」잡지의 필자는, 최창학의 장래에 대해 맨 끄트머리에

조선인이 입는 포목으로 한 해 5조 원이 일본으로 유출된 데 착안하여 김성수가 세운 민족 기업 경성방직. 최초의 산업자본으로 평가받고 있다.

의문 부호 하나를 덧붙인다. '최창학 재벌의 장래-그러나 아즉 (1941). 알 수 업는 바이다'라는 신중한 태도를 보이고도 있다.

　　조선 대재벌 총해부 - 1부
　　<김성수 계系의 500만원. 사업체계-경성방적, 경성상공, 해동은행, 동아일보, 중앙학교>
　　…김성수 씨는 지주의 아들로 오래 가정에서 구학舊學에 힘　고 느께야… 동경에 도도하야渡 조도전학창早稻田學窓에 형설의 공을 싸흐니…. 학업을 마치고 그의 평생 막연인 송진우 씨와 귀국하니 일묘소一妙小한 25, 6세의 청년이며 귀국하자 곳 착수한 것이 교육계이니 그것이 현재 중앙학교이다.
　　<중앙고등보통학교>
　　…이리하야 승낙을 어든 씨는 송림이 울창한 현계산現桂山에 교사

1920년 4월 1일, 인촌 김성수에 의해 창간된 동아일보. 민족자본으로 출발하여 일제강점기의 대표적인 민족 신문으로 자리를 굳혔다. 사진은 창간 해부터 7년 간 사용했던 사옥(지금의 정독도서관 입구). 초기 동아일보 기자들은 이곳에서 여름 더위와 겨울 추위를 이겨가며 동아일보를 만들었다.

건축을 계획하고 또 부친 압헤 가서 수일을 통간痛諫하야 8만원(약 80억 원)의 거액을 어더 신축하엿다.

…이 청년 교육가 김씨가 경영하는 중앙학교에는 해외에서 돌아온 교육가들이 만이 모히여 일시는 신사상 고취의 총림叢林이 되엿섯다. 년전에 30만 원(약 300억 원)의 재단법인을 만들어 만년불패의 기초가 완성하엿다.

<동아일보사>

동아일보사는 주식회사이라 씨의 단독사업이라 할 수는 업스나 현재 70만 원(약 700억 원)의 주식회사에 주수株數 과반이 김 씨의 일문…. 이리하야 기다幾多의 겁운劫運을 지나며 분투한 결과 이제는 광화문통

에 웅장한 4층 사옥을 건축하고 조선 언론계의 권위가 되엇다….

<경성방적회사>

조선인의 의복차衣服次로 연 5천만 원(약 5조 원)이 (일본에)유출된다. 이에 착안한 김 씨는 대정大正 8년에 방적회사를 발기하야…. 현재는 연산액 220만 원(약 2,200억 원)으로 영등포 넓은 벌판에 몽몽濛濛히 그 공장 연기를 토하고 남녀 450명이 일을 한다. …명년부터 연액 500만 원(약 5,000억 원)의 산품을 내어 조선 총 공급량이 10분의 1을 점령하리라 한다. 동시에 전 조선에 조선인 경영의 방적회사는 이 회사 하나 뿐임을 부기한다….

<해동은행>

…김씨의 영제令弟 김연수씨가 마튼 것이니 자본금 100만 원(약 1,000억 원) 주식회사이다. …견실하게 경영하야 작년도에는 6분分의 배당을 하엿다 한다.

<경성상공회사>

이것은 병본정並本町에 잇서 섬뉴 등을 경영하던 것을 김연수 씨가 마다 경영케 되어 고무신 제조와 무역을 경영하게 되엇다 한다.

<결론>

학교, 은행, 신문사, 방적, 무역 등에 손을 내민 김성수 씨 일문에 대하야 빈약한 조선에서는 그를 가르쳐 재벌이라 한다. 그러면 그의 재산은 얼만 되는가? 김성수 씨는 장자로서 출계出系하야 양가로는 약 100만 원(약 1,000억 원)의 재산이 잇다 하며, 생가인 현 김연수 압흐로 약 400만 원(약 4,000억 원)의 재산이 잇서 약 500만 원(약 5,000억 원) 재산이 형제에게 잇스니…. 이 재벌을 중심으로 인물을 보면 역시 그

대두大頭는 김성수 씨, 영제 김연수 씨일 것이나 시종일관으로 고문역을 하는 것이 송진우 씨이다. 그리고 신문에 장덕수, 이광수, 양원모…, 학교에 최두선 씨 등은 모다 쟁쟁한 인물들이다….

조선 대재벌 총해부 - 2부

<민영휘 계의 1,000만 원(약 1조 원). 사업체계-조선한일은행, 조선제사회사, 휘문고등보통학교 기타>

조선에서 첫재로 치는 부자가 누구이냐 하면 어른이나 아해이나 이구동성으로 민혜당閔惠堂이라고 똑-가티 대답을 한다. 그러면 이 민혜당이란 누구를 가리켜서 하는 말인가 하면 이는 민영휘 씨를 지칭하는 것이니…. 어떤 귀족록貴族錄이란 책에 실린 것 중의 그의 관직 몃을 들면 알에와 갓다.

…영변 부사, 한성 좌우 부윤, …평안 감사, …시종원경겸임내대신(子爵).

…그러나 민 씨는 재리에 선각자이엇든지 관직을 띄고서도 일면 축재에 조끔도 겨을으지 안코 각 방면으로 부력의 증대에 열중하엿섯다 한다. 그래서 오늘의 부명富名을 듯고 잇는 재물이란 것도 당시에 모은 것이다. 하여간 씨는 치부에 잇서 남 유달이 물질이 잇섯든 것만은 사실이다. 어떠한 방법으로 모앗든지.

<얼마나 한 재산이 잇나?>

조선에서 제일 가는 부자라 하니 그 재산이 얼마나 한 액에 달하는지 알고 십흔 생각이 날 것이다. 그러나 남의 재산을 너무 똑똑히 공개하는 것도 신용 관계가 될 뿐 아니라 정확한 수자를 아러내기도 가장 난사難事이다. …그런대 씨의 재산에 대하여 모처의 조사를 근거로 한

민영휘가 설립한 종로구 계동 시절의 휘문고등보통학교. 지금은 강남구의 대치동으로 이전하고, 그 자리에는 현대그룹 본사 건물이 들어서 있다.

수자가 알에와 갓다.

1. 농토 - 600～700만 원(약 6,000억 원～7,000억 원)

1. 소유 가옥 건물 기타 - 100만 원(약 1,000억 원) 가량

1. 소유 주권株券 - 100만 원 가량

이상의 수자로 보아서 민씨의 재산이 1,000만 원(약 1조 원)이라고 세상에서 말하는 것이 그다지 오산이 업는 말이다. …그러나 쌍감아 속에도 걱정이 잇다는 말과 가티 씨의 가중家中에도 재산을 중심으로 한 걱정이 잇다는 소식이 근자에 떠돈다. 그 소식이란 다른 것이 아니다. 첫재로 그의 일가에서 쓰는 생활비가 늘면 늘엇지 줄어갈 이치가 업고, 둘재로 씨가 신임하여 오든 씨의 차인差人인 모 씨에게 일년 추수액 이상을 XXX(사기당했다)다는 풍설이다. 그래서 여유가 작작한 씨의 살림도 좀 빈궁을 안 늣길 수 업게된 상태라 한다. 그러나 이런 것쯤으로는 씨의 재산에 잇서 창해滄海의 일율一栗과 가튼 손損에 불과

할 것이다….

<세평과 일언>

민 씨의 부력을 말할 때에는 세상 사람들이 민 씨의 재산 출처를 가지고 시비를 말한다. 아닌 게 아니라 씨의 재산에 대하야 출처를 차저서 말한다면 얼마든지 시비 문제가 나올 것이다.

그러나 나는 이런 말을 새삼스럽게 하고 십지 안타. …조선에는 조선 사람을 위하야 할 일이 너무도 만허 갈피를 차리기 어렵다. 이런 때인 까닭에 사업가가 무엇보다도 필요한 터이다. X(똥)

민영휘는 과연 재리의 선각자였던 것일까? 구한말 고관대작으로 있으면서 축재에 조금도 게을리 하지 않고 재력 증대에 힘썼다고 꼬집은 당시 신문의 만평.

무든 돈이라고 내여 바리고 깨끗한 돈만 찻고 잇슬 때인 조선 사회가 아니라고 생각한다. …학교, 은행, 제사회사 등의 사업을 한 것은 조선 사회를 위하야 만흔 공적(말하게 달엿지만)이 잇슴을 인정한다.

그러나 씨는 이것으로 만족히 생각하야서는 안 된다. 세간의 비난 유무를 불구하고 조선 제일의 부자인 만큼 적어도 부자다운 체면을 보전하랴면 압흐로 조선 사회를 위하야 할 사업이 아즉도 만코 만흠을 긋흐로 말해둔다.

<휘문고등보통학교>

국운이 진盡하고 몽우난정風雨難定인 시국에 몸을 두고도 이틈을 타서 축재의 맘이 불타듯 하는 씨의 흉중에도 무엇을 늣겻든지 자기 집 안에다가 광성의숙光成義塾이란 패를 붓치고 학생을 모집하야 신식 학

종로구 계동에서 강남구의 대치동으로 이전한 휘문고등학교 교정에 세워진 민영휘 동상. 민영휘가 살아 있던 1927년(75세) 자신이 직접 세운 것으로, 우리나라 최초의 동상으로 알려지고 있다.

문을 가리켰다. 이러다가 광무光武 10년 4월에 비로소 휘문의숙徽文義塾이라는 학교를…. 그 재단법인의 재산은 주로 토지이며 가액은 약 70만 원(약 700억 원) 가량이라 한다.

<조선한일은행>

…이때에 민 씨가 동同 은행을 인수하야 가지고 은행의 업무를 쇄신하며 대정大正 8년에 자본금을 150만 원(약 1,500억 원)으로 하고 다시 씨의 영식인 대식大植 씨가 사장인 광업주식회사와 합병하야 자본금을 200만 원(약 2,000억 원)으로 증액하는…. 그러다가 이번에 호서은행과 합병을 하야 한일은행이라는 명칭을 조선한일은행으로 곳치고 자본금은 400만 원(약 4,000억 원)으로 된 것이다. 여하간 조선 사람의 경영으로는 경성에서 해동은행과 한가지로 단 두 곳 뿐이다.

<조선제사회사>

…그러나 경영난이 심대케 되야 이때에는 민 씨가 동 사주를 매수하야 동사의 권리를 점케 되는 동시에 사장으로 민병석 씨를 안치고 자기는 뒤줄만 잡고 안저 잇서온다.

동 회사의 최근 연산액을 보건대, 생사生絲 58,373근(斤 ; 360g) - 74만6,134원(약 740억 원)

생피저生皮苧 1,993관(貫 ; 3.75kg) - 2만2,171원(약 22억 원)

…즉 매년 77만5,000원(약 775억 원)의 생산을 하고 잇는 터이다.

〈기타의 제방면〉

씨가 재리에 눈이 밝은 만큼 지금에도 남모르게 뒤에 안저서 식리殖
利를 한다는 말이 잇다. 어떠한 방면이든지 리만 남을 것 가트면 뒤돈
을 대여 준다 한다. 경성 상계라든지 대금업자라든지 어떠한 방면을
물론하고 씨와 관계를 매진 곳이 상당히 잇는 모양이다.

조선 대재벌 총해부 - 3부

〈최창학 계의 300만 원(약 3,000억 원). 사업체계-사업 실적은 아즉
업스나 전부 현금을 가진 것이 그의 특색〉

…최창학씨는 자타가 다가치 불행하다고 생각하는 적빈여세赤貧如
洗한 가정에 태여나서 가진 고초와 신산辛酸을 고루고루 맛보다가 뜻
박게 호박이 궁글러서 하로 아츰에 졸부가 된, 말하자면 제3계급에 속
하는 극히 미천한 불운아이엿던 것이다,

그럼으로 이들 3자는 다각기 조선의 세 계급을 대변하는 부호이다.
따라서 민영휘, 김성수의 대재벌이 각기 오랜 전통과 역사와 배경을
자랑하고 잇는 노성老成한 부호인데 반하야 하등의 권력과 배경이 업
시 오즉 적수공권으로 일확천금을 한 신진 최창학 재벌이 엄연히 대립
의 형세를 보히고 잇슴은 또한 한 재미잇는 대조라고 하니할 수 업다.

…그러면 최창학이라는 사람은 대체 엇더한 위인인가? 전하는 바에
의하면 그는 본시 평안북도 구성龜城 출생으로 삼순구식도 마음대로
못하는 어려운 집의 간구한 살님사리는 벌서 그로 하야금 어렷슬 때부

터 '나의 일평생의 소원은 그저 부자가 되엿지이다.' 라는 비상한 결심을 갓게하야 마치 영화 '황금광시대'에 나타나는 '촤-리-촤푸린' 모양으로 약관이 되자마자 '괴나리보찜'과 '곡갱이'를 질어지고 출가를 하얏다.

이리하야 어데 금덩이는 업나 하고 평북 일대를 헤매이다가 표랑생활 10여 년에 우연히 발견한 것이 문제의 삼성금광三成金鑛이니

아무런 권력이나 배경 없이 그저 맨손으로 금광을 찾아내어 벼락부자가 된 최창학. 자신이 사냥한 호랑이 등에 타고 앉아있는 금광왕 최창학.

'황금광시대'의 '촤푸린'과 엇지 그다지 유사함이 만흐냐? 그의 눈에도 역시 황금광으로 분장한 '촤푸린'과 가치 사람이 닭으로 잘못 보인 때도 잇섯지는 모르나 엇제든 전전하든 10여 성상 사히에 바든 바 그의 고초는 이루 형언할 수가 업다 한다.

그러나 삼성금광에서 화수분가치 쏘다지는 금덩이는 필경 그로 하야금 00만원의 거산을 작만케 하엿고 년전에 그 금광을 (일본의)삼정재벌에 인계하고 그 대신 삼정으로부터 바든 바 130만 원의 대가까지 합한 다면 불과 수년에 무려 300여만 원(약 3,000억 원)의 황금을 작만하야 일약 조선 3대 재벌의 한 사람이 되게 되엿스니 그도 또한 행운아이라고 아니할 수 업다.

따라서 그의 치부 내용도 근본적으로 전기한 양자와 판이하게 다른 바가 잇스니 민영휘, 김성수 양 씨의 재벌이라는 것이 다가치 권력과 금력 중의 그 어느 것을 배경으로 하야 불로이소득(?)으로 치부를 한데 반하야 그는 실지로 노동을 하야 땀을 흘닌 갑으로 치부를 한 것이 그 것이며 민 김 양 씨의 재산이 각기 그 방법으로 다를 망정엇제든 사람을 상대로 하야 어든 것임에 반하야 그는 자연을 상대로 하야 땅속에서 황금을 파내인 것이 즉 그것이다….

　최창학- 그는 아즉 자선사업이고 육영사업이고 영리사업이고 아즉 아무 데도 손을 대인 곳이 업다한다. …그의 연령이 이제 40이 조금 넘어 지금 이 한참인 장년인거와 가치 재벌로서의 그의 전도도 또한 전도가 양양하다 할 것이니,

　　1. 고생을 해본 것

　　2. 비교적 정재淨財인 것

　　3. 현금이 만흔 것

　등의 이유로서 나는 민영휘, 김성수 양 씨의 재벌보다도 오히려 그의 장래를 기대함이 더 크리라고 본다.

　최창학 재벌의 장래-그러나 이는 아즉 알 수 업는 바이다[1].

은행장 박영철, 민대식, 김연수의 하루

굳게 닫혀만 있던 왕조의 뜰에 어느 날 쇄국의 문이 활짝 열리자마자, 마치 기다렸다는 듯 청나라와 일본의 상인들이 새롭고 진기하다는 상품들을 제물포 개항장으로 다투어 들여왔다. 쇄국의 견고한 울타리 안에만 갇혀있던 조선의 시장 역시 새롭고 진기하다는 개화 상품에 열광했다.

하지만 조선의 상계는 울상이었다. 그처럼 열광하는 새로운 수요에 마땅히 대응할 만한 어떤 자본도, 기술도 변변치 못했다. 조선왕조의 산업을 지배해 오던 종로의 육의전은 붕괴한 상태였으며, 근근이 계승해오고 있던 수공업자들 또한 근대산업을 감당할 처지가 되지 못했다.

이즈음에 내세울 수 있는 민족자본이라야 영세하기 짝이 없는 것인데다, 극히 제한적일 수밖에 없었다. 몇몇 토지 자본가들을 비롯해서 원면이나 원모에서 실을 뽑아내어 옷감으로 만드는 방직업, 아니면 일본계 은행과 고리사채업자들이 판을 치는데 분발해서 뒤늦게 뛰어든 금융업, 요컨대 은행 몇 개가 전부였다.

1920년대 인천의 자랑이었던 빨간 벽돌 건물의 조선상업은행 인천지점과 조선상업은행 은행장 박영철.

　이중에서도 은행은 장안의 부호들이 가장 선망하는 산업이었다. 돈 놓고 돈 먹는 금융업이야말로 사업 경험이 일천한 당대의 자본가들에게 가장 안전한 사업이었기 때문이다. 따라서 내로라하는 경성의 부호들이 너도나도 은행업에 뛰어들거나 뛰어들길 원했을뿐더러, 다른 산업에 비해 금융업은 상대적으로 자산의 규모 또한 꽤 큰 편이었다.

　하지만 조선 전체를 다 둘러보아도 이 같은 금융업에 뛰어들 정도의 부호는 겨우 열 손가락에 꼽을 정도였다. 그나마 경성에서 제법 규모를 갖춘 민족자본 은행이라야 고작 셋뿐이었다. 박영철 소유의 조선상업은행, 민대식 소유의 동일은행, 그리고 인촌 김성수의 동생 김연수 소유의 해동은행이었다.

　때문에 이들 세 은행장의 일거수일투족은 곧 장안의 화제였다. 이들 세 은행장의 사생활을 깊숙이 들여다볼 수 있다는 건 놓칠 수 없는 관심사 중 하나였다.

소격동 막바지 제일고보第一高普 올나 나가는 길엽에 화양식절충和
洋式折衷의 광대한 저택이 잇스니 이것이 박 두취(은행장의 다른 명칭)의
집이다. 씨는 아츰에 일곱시쯤 이러나서 곱게 손질한 정원을 산책하고
난 뒤 각지의 신문과 아츰 독서를 한다. 재계에서 가장 독서를 만히 하
는 분이 씨라고 정평잇다. 독서뿐 아니라 다산多山이란 호로서 한시도
잘하며 산수화 가튼 그림도 애상愛賞한다. 일즉 함북 지사로 잇슬 때 노
유老儒들을 모아노코 갓금 음풍영월吟風咏月의 시회詩會를 열었다 한다[2].

조선상업은행 은행장 박영철이 하루를 여는 아침의 풍경이다. 또 이
기록만을 놓고 본다면 일찍이 함경북도 관찰사(종2품)까지 지낸, 꽤 명망
높은 선비의 냄새마저 한껏 느껴진다.

그러나 전주 출신의 박영철 역시 당대 자본가들과 크게 다르지 않았
다. '아빠 찬스'의 전형이었다. 그의 부친 박기순은 전라도 53개 고을에
서 모르는 이가 없는 만석지기 대지주로, 전주 삼남은행 은행장까지 지
낸 거부였던 것이다.

금수저로 태어난 박영철은 일찍이 도쿄로 건너갔다. 일본사관학교에
서 장래 무관의 꿈을 키워, 구한말에는 무관학교 교관 등 군 요직을 두
루 거쳤다. 한일병합(1910) 뒤에도 군수·참여관·도지사 등을 지내다, 아
버지의 뒤를 이어 전주 삼남은행을 맡으면서 상계에 투신했다. 종래에
는 지금의 조선상업은행을 소유하면서 은행장에 오른 인물이었다.

은행에 출근하기는 대개 아홉시….
그때부턴 밀려드는 방문객을 맞이하느라 눈코 뜰 새 없이 바쁜 시간

사진의 왼쪽 일부 건물부터 지금의 한국은행 본점인 조선은행 본점. 중심에 자리한 건물이 박영철의 조선상업은행 본점, 길 건너 맨 오른쪽 건물이 지금의 중앙우체국인 경성우편국이다.

을 보낸다. 교제의 범위가 넓을 뿐 아니라 오랫동안 관계와 군부에 몸을 담았던 터라 그를 찾는 이가 하루에도 적지 않다. 여기에다 그가 각별히 애정을 쏟고 있는 동민회同民會 일과 신문기자와의 인터뷰 등이 줄을 잇는다. 그런데다 며칠에 한 번은 총독부를 방문해야 한다. 재무국장을 찾아가서 은행 관련 최고 협의를 해야 하는 것이다.

낮 열두시부터는 점심시간이다. 그러나 아직 만나야 할 사람이 많고, 은행 관련 정보를 위해 점심식사는 으레 은행집회소에서 하게 된다. 그곳에서 그는 경성의 상계의 유수한 인사들과 함께 금융 관련 정보를 교환 공유하거나, 또한 타협하게 된다.

저녁 시간은 대개 주연으로 이어진다. 그는 자신의 저택 정원에서 주연을 베푸는 일이 다반사였다고 한다. 특히 신년 초에는 총독부 대

종로구 인사동의 경인미술관 바로 뒤쪽에 자리한 옛 한옥. 동일은행장 민대식은 두 아들인 민병옥, 민병완에게 똑같은 한옥을 지어주었다. 이 한옥은 당시 화신백화점, 간송미술관 등 현대 건축물을 설계한 대표적인 건축가 박길룡이 설계했다.

관을 비롯하여 경성의 상계 유력 인사를 한 자리에 초청하여 대연을 베풀곤 했다는데, 하루 저녁 연회 비용이 자그마치 3,000원(약 3억원)을 쓸 정도였다고 한다.

그러나 저녁 시간에 주연이 잡혀있지 않을 날에 가까운 친구를 불러 자신의 집에서 바둑으로 한가한 시간을 보낸다. 일요일에는 청량리 이왕직李王職 골프장으로 나가 골프로 건강을 힘쓴다고….

한편, 영길리英吉利 검교대학劍橋大學 경제과를 마치고 나온 민 씨는, 상상건대 밥도 양식, 옷도 양복, 주택도 양옥일드시 짐작되지만, 사실

지금의 종로2가 종각 뒷자리에 우뚝 선 동일은행 본점. 민영휘의 장남 민대식이 동일은행의 은행장이었다.

은 판이하여 로켈 칼나가 그 일상생활에 농후하다. 위선 집이 인사동의 줄행랑 잇는 조선집에, 퇴침 반침잇는 조선방에서 침대도 아니오, 온돌방 우에서 조선이불을 덥고 잔다. 아츰은 7시가 보통 기상.

아츰에 잠간 '만체스타'요, '론돈 뉴-욕'하는, 세계 경제 시장에 흐르는 금융 시세를 라듸오 전보電報 또는 근간 영자신문을 통하야 읽고 난 뒤 은행으로 출근한다[3].

조선에서 가장 돈 많은 재벌인 민영휘의 장남으로, 일찍이 영국 케임브리지대학교 경제학과를 유학하고 돌아온 동일은행 은행장 민대식 역시 출근시간은 오전 9시경이었다. 은행에 출근해선 새로이 취임한 전무와 함께 어떻게 하면 불량 대출 건을 회수하고 정리할 수 있는지 하는, 경영 전략을 수립한다. 그런 한편 아우 민규식, 그러니까 조선 최초로 택시회사를 경영하면서 자동차왕에 올랐으나 함경도 어느 시골에서 혜성처럼 등장한 경성택시 방의석에게 왕관을 내어준 뒤, 최근 종로 거리에다 다수의 빌딩을 건축하려고 하는 아우의 경영 자문도 해주고 건축 자금의 상담에도 응해주고 있다.

오후에는 친목 사교단체인 계명구락부에도 가끔 나간다. 그곳에서 장안의 바둑 고수로 소문난 매일신보 최린 사장과 마주하고 앉아 반상의 일전을 벌이거나, 당구를 치기도 한다. 또한 그곳에 모인 지인들과 어울려 세상 돌아가는 흐름에 대해 한담을 나누기도 하는데, 대개 그 연장선상으로 저녁 주연이 이어지기 마련이다.

하지만 동일은행의 민대식 은행장은 명월관이니, 식도원과 같은 조선의 요릿집을 찾는 경우는 극히 드문 편이다. 은행장으로서 교제하는 범위가 특수하기 때문인지 아니면 자신의 취향 탓인지는 확인할 길이 없으나, 그는 조선의 기생보다는 일본의 기생을 더 선호했다. 남촌의 혼마치에 자리한 일본의 요릿집 '화월花月'이나 '그 별장' 등을 찾는 경우가 많았다. 또 그런 일본의 요릿집에서 으레 고주망태가 되어 자가용 자동차로 귀가하여 취침하는 시간이 대개 밤 11시 아니면 자정이었다고 한다.

시외 성북동 산山별애에, 조케 말하면 서서산악지대瑞西山岳地帶의 별장 갓고 납부게 말하면 꼭 병원 가튼 외관의 양옥 2층이 씨의 집이다. 공기 조코 천석泉石의 미관으로 유명한 성북동 일대에 잇스매 별로

영국 유학파인 동일은행장 민대식은 조선의 요릿집보다는 혼마치의 '화월'이나 '그 별장'과 같은 일본의 요릿집과 일본 기생을 더 선호해 찾고는 했다.

아츰에 조기早起하야 산책과 운동할 필요조차 업슬 듯. …녜전 도라가신 춘부장이 각금 외유할 때는 효성잇는 씨는 그 먼 곳이 언만참아 인력거나 자동차를 타지 못하고 단장短杖을 휘둘느고 도보로 출근한다. 아버지가 유명하게 돈을 만지는 이로 5전(약 5,000원)의 전차 싹이 앗갑다고 성북동에서 20리나 되는 계동桂洞 맛아드님 집까지 거러다닛스니까 자식된 도리에 엇지 인력거나 자동차 타랴 함이엇다. 지금은 밤에도 그 동구어구까지 자동차로 도라오는 일이 잇디하냐…[4].

일본 교토대학교 경제학과를 유학하고 돌아온 해동은행 은행장 김연수 역시 아침 출근 시간은 9시 무렵이다. 은행에 출근하게 되면 예외 없이 해동은행의 업무는 물론, 자신의 맏형 김성수와 함께 이끌고 있는 계열사의 업무로 분주한 시간을 보내게 된다. 이강혁 씨로부터 경성방직의

해동은행 김연수 은행장. 자택이 종로에서 20리 바깥의 교외에 자리한 성북동이라서, 저녁이면 곧잘 일찍 자리에서 일어나 인력거를 불러 타고서 귀가하곤 했다.

업무를 보고 받고 협의하는가 하면, 경성상공회사 역시 예외가 아니다.

그뿐 아니라 며칠에 한 번은 총독부를 방문해야 한다. 재무국장을 찾아가 은행 관련 최고 협의를 해야 하는 것은 박영철 은행장이나 민대식 은행장과 크게 다르지 않았다.

낮 동안에는 은행집회소에도 나가봐야 한다. 경성 상계의 인사들이 한자리에 모여 금융 관련 정보를 교환하는 까닭에서다. 그런가 하면 교토대학 동창회 일도 빼놓을 수 없는 관심사 중 하나다.

그처럼 하루의 해가 짧기만 한 그에게 저녁이면 또다시 주연의 자리가 기다리고 있다. 하지만 그가 누구를 요릿집으로 초대하는 경우는 극히 드물다. 대신 매일 저녁이다시피 초대를 받아서 조선의 요릿집 명월관으로, 식도원으로 돌아다니면서 어울려주어야 한다. 대개 해동은행의 고객 상인들이거나 적금주들이 대부분이기 때문이다.

그러나 자택이 종로에서 20리 바깥의 교외에 자리한 성북동이었던 탓에, 밤이 더 깊어지기 전에 일찍 술잔을 내려놓는다. 인력거를 불러 타고서 집으로 돌아가는데, 아무리 늦어도 밤 11시 전에는 반드시 귀가한다.

"
조선은행 지하 금고와 총독부 월급 3백만 원
"

　…지하실을 향하야 몇 층이나 되는 어두컴컴한 층계를 4, 5계단이나 휘둘러 내려가서 몇 10개 금고를 나열한 곳을 지내노코 또 직선으로 몇 층계를 우회 좌회하여 내려가면 희미한 전등에 빗치는 수상 누각水上樓閣이 잇스니 잣칫하면 용궁에 들어가 어떤 전각을 보는 것가튼 거대한 강철 괴물을 보게 된다. 주위에는 담청색의 그 강철 장방형의 금고를 에싸고 호시탐탐하게 외래의 위험을 방어하고저 노리고 처다본다. 그리고 그 금고는 크기가 보통학교 생도가 5, 60명 책상과 의자를 들여노코 안저서 공부할 만한 용량 가진 것이다. 이러면 그것이 얼마나한 부피와 중량과 면적을 가지고 잇는 것을 알 것이다.

　이것이 즉 말하랴는 지금저장실地金貯藏室이니 그것이 얼마나 엄청난 체통을 가지고 사람을 무시하는 것인가도 짐작할 수 잇는 것이다. 이것의 개폐는 전기 장치로 된 기계를 사용하는 바이니 사람의 힘으로는 도저히 개폐할 수 업는 것도 암직하다. 이 문을 떡 열어 젓치면 우리가 늘 욕심을 내고 그것을 엇고저 태산준령을 넘고 맛치와 끌을 가지고 돌도 때려 부시고, 바위를 깨트리고, 앗차 실수하면 목숨까지 위태한 지하 몇 백 척의 갱내를 잠역질하야 어든 황금색이 찬란한 금덩어리가 맛치 '모전(과일 상점)'에 약과藥菓쎄이듯 수백 덩이가 싸 잇는 것이 보히리라고 생각하얏다가는 큰 실수이다.

첫문을 열면 거기는 좀 얇은 강철문이 꽉 맥혀 잇다. 또 그것을 어떤 암호를 사용하야 좌로 우로 수 3차 빙빙 돌여 글자를 맛추어 논 후 전기 장치로 단초를 눌느면 문이 덜컥 열인다. 자- 금덩이다. 금덩이 보아라하고 성미 급한 사람은 눈을 홉뜨고 놀라 잡바질 것이나 웬걸! 또 다시 문 한아가 가로 막어섯지 안엇는가?

이 문올 커다란 열쇠로 저그럭 저그럭 열면 황색자루 또는 백색자루에 든 것이 맛치 밀가루 부대가티 싸혀 잇는데 이것이 지금地金이 들어 잇는 '견대'이다 할 뿐으로 문을 척척 다더버리고 만다. 이때껏 보지 못 하야 생전 처음으로 만흔 금덩이를 좀 상면하고 잇때껏 '돈허기'의 '소중'이나 면할까 하든 금 갈증환자는 실망….

그러면 지금저장실을 왜 수상 누각으로 하얏느냐고? …그것을 아모리 몇 백 척

실망….

그러면 지금저장실을 왜 수상 누각으로 하얏느냐고? …그것을 아모리 몇 백 척 지하실에 더구나 외랑外廊은 석벽과 철창으로 단단히 막어 노앗지만 만약 좀 영리한 맘조코 손버릇 낫분 양반이 수십간 밧게서부터 지하로 '턴넬'을 파들어 간다면 어떠케 하게…. 강철 금고인데 무엇이 걱정이냐고? …그 무엇인가 하는 약과 기계를 가지면 왜 금고를 뚤는 건 호박에 못박기보다 더 쉬운 까닭! 그래서 이가튼 위험을 막기 위

해서 전후좌우로 수군水軍을 복병하야 두는 것이지.

…지금 조선은행 지금저장고에는 지금이 만히 잇는 것 가티 세상 사람들은 아나 그것은 아조 모르는 수작이다. 조선은행이 지폐를 발행하고 보조화補助貨를 주조하니까 늘 그것에 해당한 정화 준비正貨準備 즉 지금잇서야 하는 것 가치 생각하기 쉬우나 그럿치 안타.

일례를 들면 조선은행이 정화준비 1,435,830원이 잇다고 하자. 그러면 이것에 해당하는 지금을 장치하여야 반드시 그만한 지폐를 발행하느냐하면 그럿치 안타. 지금도 물론 잇서야 하지만 일본은행권 공채, 유력한 상업수형商業手形, 사채권 등을 준비하고라도 발행할 수 잇는 것이니, 즉 일반의 신용이 두터운 유가증권을 가지고도 될 수 잇는 것이다.

그럼으로 반드시 조선은행에는 지금이 만히 싸여잇는 것이 아니오. 거긔서 매입하는 지금은 거의 다 일본의 중앙은행으로 현송現送하여 가고 그 대신으로 일본은행권 혹은 달은 유가증권으로 박구어다가 이것을 담보로 지폐 급及 통화를 주조하는 것이다…[5].

1930년대 조선은행(지금의 한국은행)을 출입하던 어떤 신문기자가 있었다. 그가 당시 '보통 사람으로서는 잘 보히지 안는' 그래서 소문으로만 무성하던 조선은행의 지하 금고를 직접 둘러보았다. 지금이야 이런저런 영상을 통해 은행 금고의 풍경을 어느 정도 그려볼 수 있다지만, 당시만 해도 그저 신비의 영역이었을 게 분명하다.

우선 눈에 띄는 대목은 당시에 이미 담청색의 강철이며 암호문 다이얼, 전기 시설로 되어 있는 개폐 장치가 놀랍다. 뭐니 해도 외부에서 '턴

넬'을 파고들어가 금괴를 훔쳐갈 지도 모를 것에 대비해서, 깊디깊은 지하 공간에다 다시금 연못을 파고 물 위에 누각을 지어 지하 금고를 저장하고 있다는 사실은 뜻밖이다.

더구나 어렵사리 접근해간 수중 누각의 지하금고에는, 생각만큼 금괴가 그리 많지 않아 그만 실망했다는 대목에서 눈길이 간다. 신문기자는 '정화正貨 준비'의 예를 들어가며 그 이유까지 설명해보려 애쓰기 바쁘다. 그렇더라도 통화 발행액만큼 조선은행에서 매입해야 하는 금괴가 거의 다 일본의 중앙은행으로 현송되고 있다는 사실은, 나라 잃은 식민 경제의 현실을 그대로 보여주고 있는 것 같아 뒷맛이 씁쓸하다.

또 불현듯 이런 의문마저 드는 건 어쩔 수 없다. 그런 지하금고 시설까지 갖추고 있다는 조선은행을 과연 문턱이 닳도록 뻔질나게 드나들었던 건 경성 상계의 민족자본이었을까? 아니면 조선에 빨대를 꽂은 막대한 상업자본의 원활한 유통을 제공키 위해 현해탄을 건너온 일본의 정략 자본이었던 걸까?

같은 시기 「삼천리」잡지는 꽤 흥미로운 기사 한 토막을 다시 내보내고 있다. 조선에서 월급을 가장 많이 지불하는 곳은 다름 아닌 조선총독부이며, 조선총독부에서 매월 지급하고 있는 순수 월급 총액은 모두 333만 원(약 3,330억 원)이었다. 한 해에 약 4,000만 원(약 4조 원)에 달한다는 어마어마한 액수였다.

이 어마어마한 액수를 조선총독부 산하 직원 약 4만6,000여 명이 타먹었다. 한 사람 당 매월 평균 72원(약 720만 원), 일 년이면 915원(약 9천만 원)이 넘는 고액 급료였다[6].

그러면서 「삼천리」잡지는 기사의 끄트머리쯤에 '원고료 천원千圓 돌파'라는 제목의 짤막한 기사를 제법 홍분된 어조의 해설과 함께 싣고 있어 대조를 이룬다.

1931년 11월에 창간된 월간 「신동아」 창간호 표지. 암흑기의 일제 식민시대를 거쳐 격동의 현대사의 아픈 기억에 이르기까지 언론의 90년 역사를 고스란히 간직하고 있다.

조선 사회의 문운文運도 이제는 대통하야 각 잡지사와 출판서적 등이 모다 활기를 띄고 잇는데, 이제 서울서 발행되는 멧멧 잡지사에서 한 달에 문인논객들에게 지출하는 원고료 액을 조사하여 보건대,

조선일보의 <조광朝光> - 350원 (약 3,500만 원)

동아일보의 <신동아新東亞> - 180원(약 1,800만 원)

<신가정新家庭> - 120원(약 1,200만 원)

중앙일보의 <중앙中央> - 160원(약 1,600만 원)

사해공론四海公論 - 150원(약 1,500만 원)

삼천리三千里 - 약간액若干額

이밖에 다른 잡지까지 헤면 1,000원(지금 돈 1억 원)을 훨씬 돌파하는 터이라 한다[7].

반가운 일이지 않은가. 조선의 문인 논객들이 사회에 미치는 영향이 지금보다 훨씬 더 큰 당시의 사회상으로 미뤄볼 때 그야말로 문운이 대

통했다. 각 잡지사와 출판서적 등이 활기를 띠고 있다는 건, 사회가 그만큼 성숙해져 가고 있다는 반증이었기 때문이다.

그렇더라도 아쉬움이 남는 건 어쩔 수 없는 것 같다. 당시 경성에서 발간되는 6개 잡지사의 원고료 모두를 합친 것이 겨우 그 정도 수준이었다니. 당대 경성 지식인들의 한 달 원고료가 조선총독부 산하 직원의 4만6,000여 명 가운데 고작 단 한 명의 일 년 치 연봉 수준에도 미치지 못했다니 말이다.

하기는 오죽했으면 일본 게이오대학 문학부를 졸업하고 동아일보 기자까지 지냈다는, 당대 지식인 가운데 한 사람이었던 소설가 염상섭이 그토록 전당포를 애용할 수밖에 없었는지. 비로소 그 전말을 읽을 수 있을 것도 같다.

'종로 뻴딩'과 '한청 뻴딩'의 빌딩 쟁탈전

…서울의 한복판이오 우리들의 심장지인 종로 네거리를 중심하고 일어나는 건축진은 아마도 …'대경성'건설의 중심부대라고 안할 수 업다. 이 중심부대야 말노 여긔에서 말할야는 조선 2대 재벌계의 뻴딩 쟁패전이 안이고 무엇이랴!

그러면 이 양대 재벌계란 어떤 것인가. 그것부터 먼저 알어보기로 하자.

하나는 조선의 일류 부호 민규식(민영휘의 아들) 씨와 이정재, 이중재 양 씨 등 13명의 부호들을 망라하여서 조직된 '영보합명회사永保合名會社'이다. …총 자본금이 250만원(약 2,500억원)이나 되는 큰 회사이다. 사장에는 민규식 씨이고… 얼마 전에 장안의 북촌 사람들을 소연하게 떠들게 하든 산구山口악기점이 자리를 잡고 잇는 '영보뻴딩'과 또한 지난 봄에 일어난 대 화재로 말미암아 그 거대한 신구身軀을 반쯤 소실한 화신백화점 잇는 '화신뻴딩'이다.

또 다른 하나로는 대지주인 한학수 계의 '한청사韓靑社'이다. 이 한

청사의 경영은 지금 신축된 '한청삘딍'과 그 건너편 대 화재 후에 다시 신축하는 화신삘딍의 서편에 잇는 '화신서관'이라는 삘딍이다.

…요사히 서울 장안 사람들이나 혹은 지방에서 올나오는 사람들은 종로 네거리로 가노라면 반듯이 길 양편으로 하늘을 찌를 듯이 놉히 솟아 제 키를 하늘에 자랑하듯 하는 두 삘딍을 볼 수 잇스니 이것이 우리가 지금 말하려는 하나는 영보 계의 '종로삘딍'이요. 다른 하나는 한학수 계의 '한청삘딍' 그것이다…[8].

1930년대 경성은 때 아닌 건축 붐으로 시끌벅적했다. 경성 북촌의 한복판이랄 수 있는 종로 네거리와 광화문통에 난데없는 빌딩 쟁탈전이 벌어졌다. 그 빌딩 세력은 공교롭게도 종로 네거리에 빤히 서로 마주보고 있는 영보합명회사의 '종로삘딍'과 한청사의 '한청삘딍'이었다.

두 빌딩 세력 가운데 '한청삘딍'은 장안의 부호 한학수와 이철이란 두 사람이 공동으로 경영하는 부동산 재벌이었다. 그 명성이 널리 알려지기 시작한 것도 벌써 어제오늘 일이 아니었다.

…건평 140평 연평 520평에다가 총 경비 14만원(약 140억 원)을 던져 작년 추秋에 기초 공사를 일으켜 근 1개년이나 되는 오랜 동안을 소비하여 근근 완성을 보게 되는 4층 고누高樓로써 최하층은 점포용으로 하여서 상인들에게 제공하기로 되어 포목, 양품, 잡화, 구잡화 수예품, 화장품, 악기, 식과품 등 7개 부문으로 정하고 이것을 재래와는 다른 새로운 경영 방식인 '위탁 경영식'으로 하게 되엇다고 한다.

그러면 그 위탁경영식이란 어던 것인고 하면 점포는 즉 한청사에서

1930년대 일제강점기 경성은 때아닌 '삘딩'붐을 타고서 거리마다 근대 건축물들이 세워졌다. 조선 상계의 메카랄 수 있는 종로통에도 3층 이상의 '삘딩'들이 즐비하게 들어섰다.

제공하고 그 점포로 들어오는 상인이 상품과 장식품만을 가지고 들어와서 삘딩주와 상인의 공동 경영으로 하여서 그 이윤을 등분으로 비례한다는 새로운 경영 방법이다.

그러면 2층 이상은 어찌나 될 것인가. 세상 사람들은 모다 사무소 기타의 대실貸室로 할 것이라고 미더왓섯고 또한 삘딩 측에서도 얼마 전까지도… 새롭고 놀나운 소식이 들어나게 되엇스니 그것은 2층 이상을 전부 직접 한청사에서 홋텔을 경영하기로 모든 계획을 착착 진행 중이라 한다.

이와 가치 조선에서 처음인 종로 네거리 한복판에 홋텔을 경영하게 된 한청사에서는 5월 24일 전후하야 한청삘딩의 총 책임자인 이철 씨와 동사의 지배인인 정성채 양 씨는 멀니 현해탄을 건너 동경 대판大阪 등지에 잇는 유수한 홋텔을 직접 시찰할 목적으로 떠낫다고 한다….

영보합명회사의 민규식이 종로 네거리에 지어 올린 지상 5층 높이의 '종로삘딍'. 당시 조선 전역에서 가장 높은 최고층을 자랑했다. 1층은 금은방이, 2층부터는 백화점이 들어서 종로 거리의 명소가 된다.

이러한 새로운 의도 밋헤서 새로이 생겨나는 조선인 유일의 4층 누樓 '한청홋텔'을 건너다 마주 쳐다보며 재기와 복흥復興으로 대전이나 할나는 듯이 더욱 높히 웃뚝 솟아잇서 길 가든 사람들은 누구나 한번 발을 멈추고 목을 제치고 입을 벌니 게 하는 일대 위관을 보이는 건물이 잇스니 이것이 대화재 후에 복흥하는 종로삘딍이다…[9].

영보합명회사의 종로삘딍 주인 민규식 또한 앞서 이야기한 것처럼'조선 최고 재벌' 민영휘의 아들이자, 동일은행 은행장 민대식의 아우로, 경성 상계에선 모르는 이가 없는 기린아였다. 그런 민규식의 종로삘딍이 원래 4층 높이였던 것이 화재로 불에 탄 이후, 다시 한 층을 더 높여 5층까지 올림으로써 종로 거리에서는 최고층 '삘딍'을 소유케 되었다. 장차 맞은편에 들어서게 될 라이벌 한청사의 현대식 일류 호텔에 조금도 뒤질 생각이 없음을 분명히 하고 있다.

평수 114평 총평수 603평에다가 건축비 10여만 원(약 100억 원)을 들여 5층으로 신축하는 '종로삘딍'은 사옥 전부가 낙성되는 날에는 어떤 상인들에게 그 집을 빌여줄 것인가. 세인의 추측에는 으레히 전에 잇든 화신, 삼성三省, 유창(앞서 개화경 장사로 큰 돈을 벌어 종로 상권으로 다시 돌아온 김재덕의 바로 그 유창상회)의 3상회에다가 대실貸室로 제공할 것으로 미더진다. 그러나 세상일이란 알 수 업는 일이다. 그동안 비밀히 화신주和信主 박홍식씨는 이 뻴딍 전부를 대실로 자기 상회에다 빌여준다면 매월 월세 2,500원(약 2억5,000만원)을 주겟다고 한다니 참으로 놀라운 일이다…[10].

종로 네거리의 '뻴딍' 건축 열풍은 비단 거기에 그치지 않았다. 한청사는 종로에 호텔 건축 말고도 화신상회 자리에다 새로운 '뻴딍'을 신축 중이었고, 종로뻴딍의 영보합명회사 또한 영보뻴딍 아래쪽에 새로운 '뻴딍'을 신축할 예정이었다. 두 세력 사이의 양보 없는 '뻴딍' 쟁탈전은 끝을 알 수 없게 했다.

이밖에도 1930년대 중반에 이르게 되면, 고층 '뻴딍'을 짓겠다고 나선 이가 부지기수였다. 화신상회의 박홍식도 그중 한 명이었다. 그는 덕원상점 자리와 그 부근 일대를 매입하여, 당시 경성에선 최고층인 8층 높이의 '뻴딍'을 짓겠노라 기염을 토했다.

동대문 쪽에서도 어떤 부호가 나서 대형 '뻴딍'을 짓겠다고 큰소리쳤다. 광화문통에서 가까운 효자동 근처에는 조선에서 최초로 '데파트'가 생길 거라는 소문도 끊이지 않았다.

그런가 하면 신문사들도 나섰다. 동아일보와 조선일보 등 언론사마저 대열에 끼어들었다. 두 신문사가 고층 사옥을 새로 짓겠다고 공언하고 나선 데 이어, 광화문통 네거리에 '우일뻴딍'의 출현설마저 언론에 보도되고 있을 정도였다.

조선식 요릿집 명월관이 화재로 전소되어 이전하자, 그 자리에 세워진 동아일보사 '삘딩'. 1927년 4월 30일 낙성된 이래 8.15해방이 될 때까지 동아일보 '삘딩'은 광화문통을 지키는 랜드마크였다.

화신, 한청, 영보 등 새로 4, 5층의 삘딩이 첩출輩出하는 이때 또 놀납게 우일 삘딩이 OOO씨 손으로 광화문통 네거리에 드러서기로 내정되엇다 하야 건축계에 이상한 쎈세-슌을 이르키고 잇다. 신 삘딩은 5층 누樓로 건축비 3, 40만원(약 300억~400억원)을 수數하고 용도는 대사무실용이라 하는데 금추 9월에 기공설이 잇다…[11].

조선일보사에서 18만 원(약 180억 원)인가를 투投하야 건축하는 신사옥의 소재지는 광화문통 이왕직 미술진열관李王職美術陳列舘의 엽히 되리라는데 이것도 명춘에 낙성될 것이라 한다.

동아일보 사옥의 증축도 현재의 꼭 배倍되게 그 남편 엽헤 지으리라
는데 벌서 청수조淸水組와 계약이 되엇다는 말이 잇다. 미구에 착공할
모양이리라 한다…[12].

이처럼 종로 네거리와 광화문통에 '하늘을 찌를 듯이 높히 솟아 제 키
를 하늘에 자랑하는 듯한' 건축 열풍이 일고 있는 것에 대해 「삼천리」잡
지는'고층 건물 임립시대林立時代'라고 일컫는다. 앞으로 종로 네거리에
서 서로 이마를 마주한 4, 5층 높이의 '삘딍숲'이 장안 사람들의 눈을 황
홀케 할 날도 그리 멀지 않은 것 같다고 덧붙인다.

그러나 1930년대의 '삘딍' 열풍이라는 것도 결코 우연에서 비롯된 것
이 아니었다. 미국에서 불기 시작한 대공황의 깊은 주름이 일본을 거쳐
어느덧 조선의 심장인 경성 상계에까지 깊숙이 상륙해 있던 것이다.

따라서 이 시기에 접어들면 전통적으로 대규모 토지를 소유하고 있
던 장안의 부호들 역시 선택을 달리하지 않으면 안 되었다. 세상이 바뀌
어 토지 경영에서 얻을 수 있는 수익이 현격히 줄어들면서, 토지를 붙잡
고 있는 대신에 당장 무언가 2차 산업을 찾아 나서지 않으면 안 되었다.
경성의 심장부에다 고층 '삘딍'을 지어 올리려는 부동산 투자 열풍 또한
그런 선택 가운데 하나였다.

제6장

경성의
젊은 여성들,
시대를 거역하다

" 조선극장과 단성사, 명월관과 식도원 "

조선극장이냐, 단성사냐? 서울 장안의 수십만 관객을 쟁탈하는 극
장의 쟁패전은? 조선극장과 단성사는 서울에 잇서서 조선사람의 손
으로 경영되어 나가는 오직 한낮의 민중 오락기관이다. 둘이 다 날마
다 수백수천의 관중을 일일야야日日夜夜로 포용하야 혹은 연극으로 혹
은 음악으로 혹은 영화로 기름끼 업는 30만 (경성)시민의 생활을 윤색
케 하여 주고 잇다. 이제 우리는 이 두 개의 오락 진영을 부감하여 보
리라…[1].

1930년대 경성의 영화산업을 이끄는 양대 극장은 단성사와 조선극장
이었다. 단성사는 지금의 종로 3가에, 조선극장은 지금의 인사동 탑골공
원 인근에 자리했다.

먼저 조선극장은 3층 근대식 건물로 극장 안에는 상설부와 영화 배급
부 2개 부서가 있었다. 눈길을 끄는 건 종래에 영화 배급을 전문으로 해
오던 기신양행을 인수해서, 미국의 파라마운트사와 특약을 맺었다는 점

변사의 입담이 곧 흥행을
좌우하던 무성영화의 시대
를 끝내고, 발성영화의 시
대를 연 조선극장. 미국의
파라마운트사와 특약을 맺
고 조선의 전체 상영관에
파라마운트사 영화를 배급
하기 시작했다.

이다. 파라마운트사가 제작한 영화를 조선극장에서 단독 상영케 되었
다. 그뿐 아니라 파라마운트사 영화를 조선의 전체 상설관에 배급하기
시작하면서, 배급을 통하여 거둬들이는 수익금만도 월 3,000원(약 3억
원)에 달했다.

또한 발성영화發聲를 가장 먼저 수입해서 여기에 사활을 걸었다. 종래
의 무성영화無聲가 세계적으로 빠르게 자취를 감추고 있는데 착안하여
8,000여 원(약 8억 원)을 투자했다. 미국제 R.C.A 영사기를 구입하면서,
'유쾌한 중위' '카라마소푸의 형제' 등의 발성영화를 절찬리에 상영했다.

때문에 발성영화라고 하면 일본인이 경영하는 극장이건, 또 다른 외
국인이 경영하는 극장이건 간에, 경성에선 조선극장이 단연 우위에 섰
다. 경성의 각국 영사관 직원들이 영화 구경을 할 때면, 으레 조선극장
으로 모여들곤 했다. 당시 들리는 소문에 따르면 발성영화를 상영하기
시작한 뒤부터 매일 밤 관객이 평균 700명 이하로 떨어진 적이 없었다
한다. 발 빠르게 발성영화를 들여오기 시작한 조선극장의 전술은 일단
성공적이었다고 해도 좋을 성 싶다.

무성영화 시절 '찰리 채플린'의 상대 여배우로 등장한 에드나 퍼비언스. 깜찍한 외모에 발랄한 몸짓으로 극장을 찾은 뭇 남성과 여성의 마음을 사로잡았다.

건물 정면에 현판 글씨가 뚜렷한 단성사 극장. 단성사는 전 직원 공동 경영이라는 극약 처방으로 경제 불황에 맞서나갔다.

조선극장의 최대 라이벌이라는 단성사는 어땠을까?

단성사는 조선극장보다 4년 앞서(1918) 종로 3가에서 창덕궁 쪽으로 들어가는 수은동 길모퉁이에 자리했다. 조선극장이 초창기 10년 사이에 경영자가 무려 10여 차례나 바뀌고 여러 차례 휴관 위기에까지 놓인데 반해, 단성사는 별다른 기복이 없었다. 창립자 박승필 사장 체제로 비교적 순항을 계속해왔다.

하지만 심각한 경제 불황으로 박 사장 개인의 재력만으로는 한계점에 달했다. 때문에 지금까지 보지 못한 전혀 새로운 경영체제를 도입하게 되는데, 그건 곧 공동경영이었다. 20여 명에 달하는 단성사 직원 일동이 극장을 공동으로 경영한다는 극약 처방이었다.

그뿐 아니라 단성사 역시 전면 쇄신에 나섰다. 지금까지 미국의 유니버설사와 특약을 맺고 무성영화만을 들여오던 관행을 버리기로 했다. 드디어 조선극장과 마찬가지로 '킹오푸, 짜즈'와 같은 발성영화를 들여

조선식 요릿집의 시조라 할 수 있는 명월관. 대궐만한 기와집을 지어 정통 궁중 요리는 물론 기생집으로도 명성이 높았다. 왕조가 망하자 궁중요리를 도맡았던 안순환이, 광화문통 지금의 동아일보 자리에서 첫 개업했다.

와 상영하기 시작했다.

이때부터 상황이 돌변했다. 두 극장 사이에 벌어졌던 간극이 일거에 따라잡히면서, 단성사와 조선극장의 경쟁 관계가 앞으로 더욱 치열하게 전개될 것이라는 전망이 우세하던 차였다.

요컨대 경성의 영화산업을 이끌고 있는 양대 산맥인 조선극장과 단성사가 마침내 자신의 속살까지 속속들이 들춰 내보인 셈이었다. 이제는 그 마지막 판정만을 남겨두고 있는 순간이었다.

그러나 당시 「삼천리」잡지는 판정을 유보한다. 한동안 숨을 고르고 나서도, 조선극장이나 단성사 모두 경성의 영화계에선 누가 앞서고 있다고 말하기 어려운 쌍벽이라는 어휘를 든다. 어느 한 쪽의 손도 선뜻 들어주지 못한다.

…명월관明月館은 삼십만 원(약 300억 원)이나 드려서 경영하고 잇는 개인의 영업 긔관인데 음식점 영업에 삼십여만 원을 던젓다면 놀랄 일이라 아니 할 수 업다.

…식도원食道園도 투하자본이 수십만 원을 넘으며 일년 매상고가 명월관보다 못하지 안타고 전한다…[2].

같은 시기 조선극장과 단성사의 치열한 경쟁 못지않게 세간의 입방아에 오르내린 건 대형 요릿집이었다. 당시 경성에는 국일관·송죽원·태서관·명월관·식도원 등 내놓을 만한 대형 요릿집이 적지 않았다. 그중에서도 조선상업은행 은행장 박영철과 해동은행 은행장 김연수 등이 하루가 멀다 하고 저녁이면 찾는다는 명월관과 식도원은 이미 경성의 바닥에서도 소문이 자자한 최고급 요릿집이었다. 음식의 뿌리 깊은 역사로 보더라도, 또 자본의 투자 규모로 보더라도, 아니 요리 잘하는 솜씨로 보아도 명월관과 식도원은 단연 조선 최고의 요릿집이라 할 수 있었다.

그렇다면 당시 경성 요릿집의 쌍벽이었다는 명월관과 식도원의 유명세가 어느 정도였을까? 과연 얼마만 했길래 일개 요릿집에 30만 원(약 300억 원)이라는 천문학적 거액의 투자를 서슴지 않았던 것일까?

조선식 요릿집의 시조라 할 수 있는 명월관은, 최고급 요리는 물론 기생집으로도 명성이 높았다. 궁궐의 전선사장典膳司長으로 있으면서 궁궐 주연의 궁중요리를 도맡아 하던 안순환이 개업(1909)했다. 광화문통 지금의 동아일보 자리에 대궐만한 2층 기와집을 짓고 문을 열었다.

음식은 정통 궁중 요리로 대접했다. 한일병합(1910) 이후 관기 제도가 폐지됨에 따라, 궁궐의 연예에 참여했던 기생들이 안순환을 따라 명월

사진의 오른쪽 정문 입구에 명월관이란 간판이 선명하다. 훗날 명월관이 매각되었을 때 간판값이 30억 원을 호가했을 정도이다.

관으로 대거 자리를 옮기게 되면서 명성을 얻었다. 초기에는 의친왕 이강·박영효 등 왕가 일족을 비롯해서, 이완용·송병준·이지용 등 친일파 고관대작들이 단골이었다. 최남선·이광수·방인근·김억 등 문인과 언론인 그리고 애국지사들마저 드나들 정도였다.

　시설의 규모 또한 대단했다. 명월관의 대지는 1,200평(1평은 3.3m₃)이나 되었다. 당시 광화문통 땅 한 평 시가가 100원(약 1,000만 원) 정도를 호가하였다니, 땅값만 환산해도 12만 원(약 120억 원)이었다. 만일 급전이 필요해서 헐값에 내놓는 바람에 그 절반인 50원을 받는다 하더라도 6만 원(약 600억 원)에 달할 뿐더러, 조선식과 서양식을 가미하여 지은 건물의 연건평만도 600여 평이었다니. 어지간히 큰집이었던 모양이다.

이밖에도 음식을 만드는 각종 조리 기구에서부터 손님의 방마다 주단으로 깔아놓은 방석이며, 매란국죽梅蘭菊竹의 병풍, 기생들의 장구·가야금·거문고·피리 등속조차 모두 합하면, 명월관에 들어간 자본 투자가 30만 원(약 300억 원)이란 얘기가 허튼 소문만은 아니었다.

이 정도의 시설 규모를 자랑하고 있었으니. 매상고 또한 엄청날 수밖에 없었다. 요릿집 영업이라는 게 계절에 따라 기복이 있기 마련이라서, 일 년 365일이 일정하다고 말하기는 어렵다. 그렇긴 해도 하루 저녁 명월관의 매상고가 500원(약 5,000만 원) 수준이라고 알려진 것으로 보아, 어림잡아 월 1만5,000원(약 15억 원). 연간 20만 원(약 200억 원) 안팎의 매출을 올리는, 당대 최고의 요릿집이었음이 분명해 보인다.

종사하는 식구 또한 적지 않았다. 기생을 포함한 명월관의 종업원 수가 120여 명을 헤아렸다. 이 숫자는 손님을 안내하는 '뽀-이'와 주방에서 요리하는 조리사, 단골손님을 실어 나르는 인력거꾼들까지 합친 것이긴 하다.

그 밖에도 명월관이란 브랜드brand 또한 다른 요릿집에선 결코 넘볼 수 없는 아성이었다. 첫 개업 때부터 안순환이 경영해오다 홍산주식회사가 잠시 매수(1920)하기도 하였는데, 그 뒤 다시 이종구가 명월관이란 브랜드(조리 기구 포함)만을 3만 원(약 30억 원)에 주고 사들여 변함없이 간판을 이어 나갔다.

당시 소문에 따르면 명월관을 인수하는데 이럭저럭 40만 원(약 400억 원)을 쏟아부었다는 이종구는, 원래 주식취인소(지금의 증권회사)를 경영하던 인물이었다. 부친 또한 구한말 육군 정위正尉로 군관학교(지금의 육군사관학교) 교장을 지낸 이규진이었음을 미뤄볼 때, 꽤나 뼈대 있는 명문

1천 명의 고객을 접대할 수 있는 200평 규모의 연회장이 낙성되었다는, '조선명물 요리 원조 식도원'의 당시 신문광고. 식도원 역시 기생 연회가 명월관에 비해 조금도 손색이 없을 만큼 화려했다.

왕조가 망하자 궁중 요리사였던 안순환이 궁중 요릿집 명월관을 개업하여 장안의 명소가 되었다. 하지만 뜻하지 않은 화재로 잿더미가 되자, 명월관의 간판을 팔고 장소를 옮겨 새로이 문을 연 식도원. 건물만 100여 칸에 달한 식도원과 명월관의 경쟁 관계는 장안의 화제이기도 했다.

가였음을 알 수 있다.

　이런 명월관에 필적할만한 최고급 요릿집은 오직 식도원 뿐이었다. 식도원은 남대문통 전찻길에서 곧바로 빠끔히 들여다보이는 곳에 금색 찬연한 간판을 높다랗게 내건 커다란 반양옥 건물로도 유명했다.

　하지만 식도원의 경영주가 다름 아닌 전 명월관 주인 안순환이란 인물이기에 가능한 일이었다. 그는 일찍이 조선식 요릿집의 시조라 일컬을 수 있는 명월관을 개업하여, 한때 태평연월을 구가했다.

　한데 뜻하지 않은 화재로 잿더미가 되고 말았다. 앞서 얘기한 대로 명월관의 간판을 흥산주식회사에 넘겨준 뒤(1920), 남대문통에 새로이 금칠 간판을 내건 게 식도원이었다.

식도원의 기생 연회 역시 명월관에 비해 조금도 손색이 없었다. 정통 궁중요리 또한 전혀 다르지 않았음은 물론이다.

하기는 그가 몸담았던 궁궐 안에서 음식 잘한다는 재인들이 얼마나 많이 모여 있었겠는가. 그중에서도 안순환의 솜씨는 단연 신기에 가까웠다. 그만이 국왕의 음식을 지은 국수國手였다. 그런 그가 진두지휘하는 식도원의 요리상이 얼마나 화려했을지는 두 말할 나위가 없었다.

규모면에서도 식도원은 명월관에 못지않았다. 자본 투자만 해도 수십만 원을 넘어 건물이 무려 100여 칸이나 헤아렸는가 하면, 한 해 매상고 역시 명월관에 버금가는 수준이었다고 한다.

그렇대도 식도원의 자랑거리는 정작 딴 데 있었다. 여느 요릿집과 달리 외국인 손님들이 자주 찾는다는 점이었다. 외국에서 온 손님들이 조선의 정서를 만끽하는데 식도원만큼 운치 있는 요릿집도 또 없었다는 얘기다.

하지만 「삼천리」잡지는 조선극장이냐, 단성사냐 하는 흥행전과 마찬가지로 명월관이냐, 식도원이냐 하는 경성 최고의 요리전 역시 어느 한쪽의 손도 선뜻 들어주지 못한다. 명월관이나 식도원이 경성의 화류계에선 결코 빼놓을 수 없는 쌍두마차여서, 서로 내세울 만한 이야기만을 전하고 있을 따름이다.

“ 신문사 사장 월급 5백 원, 4만 원 저축하는 기생 ”

신문사 사장 중에 제일 월급을 후하게 밧는 분은 누구일가고 하는
토론이 어느 좌석에서 낫겟다. 그래서 이분일가 저분일가 하고 한참
토의끗헤 결국은 총독부에서 보조밧어 하는 매일신보가 아마도 제일
만히 밧으리라 하엿다. 그래서 매일신보사장 월급을 조사하여본 결과
일금 500원(약 5,000만 원)이었다. 그 사장은 예전 경기도지사를 지내
는 일본인 시실時實이란 분인데 이 분은 경성일보 사장으로 500원, 매
신每申 사장으로 500원, 이리하야 합계 월 1,000원(약 1억 원)씩 밧는다
든가. 매신 부사장은 하몽何夢 이상협씨인데 수당, 사택료까지 처서 월
수 350원(약 3,500만 원)이 된다 한다…[3].

일제 식민시대 신문사 사장이라고 한다면 단연 오피니언 리더였다.
적어도 경성 바닥에선 조선총독 한 사람을 제외하곤 어떤 누구도 필적
할 만한 자리가 없다 할 만큼 명실공이 최고 급료를 받는 자리였다.

신문기자 월급이 70원(약 700만 원)일 때 「매일신보」 사장의 월급이

500원,부사장의 월급이 수당과 사택료까지 합쳐 350원 정도였다. 지금 돈으로 5,500만 원에서 3,500만 원 수준의 월급이라면 당시로선 화제였을 법도 하다.

한데 이런 신문사 사장의 월급보다 무려 수십 배나 되는 거액을 저축하는 이가 있다 해서 경성 바닥이 발칵 뒤집혔다. 그렇다고 큰돈을 만지는 상계의 전주이거나, 최창학과 정 아무개 운전수와 같이 하루의 아침에 번쩍거리는 금광을 찾아낸 '행운아'도 아니었다. 그 주인공이란 누구도 미처 생각지 못한 화류계 기

1919년 1월 21일, 고종황제가 갑작스레 숨을 거둔 흉거 당일 덕수궁의 대한문 앞과 고종의 흉거 소식을 담은 매일신보 아침 호외.

생들이라는 사실에 경성 바닥을 다시 한번 들었다 놨다.

사연이란 이랬다. 어느 요릿집인지까지는 확인할 순 없어도, 기생 8명이 매달 125원(약 1,250만 원)씩 꼬박꼬박 정기적금을 들고 있다는 것. 다시 말해 5,000원(약 5억 원)짜리 은행 정기예금을 들고 있다는 건데, 이들 가운데는 벌써 5,000원에 거의 육박한 이도 있고, 아직은 시작 단계에 있는 이도 있다 한다.

더욱이 이들 기생은 단지 5,000원을 목표로 한 은행 정기예금에만 저축하고 있는 게 아니었다. 그밖에도 어디에 큰돈을 따로 예금으로 묻어두었는지 모를 뿐더러, 또한 땅이며 논마지기를 사두었는지조차 알 수

서도소리로 1930년대를 풍미했던 화류계 기생 김영월. 소리에도 능통했으나 일찍부터 연기 쪽에 재능을 보여, 1927년 개봉한 영화 '낙양의 길'의 여주인공으로 출연하기도 했다.

없다는 것이다.

이들 8명의 기생 이름은 강연O, 최O희, 이현O, 벽O희, 선우OO, 전O심, 김OO, 강O홍 등이다. 머지않아 그녀들은 거금 4만 원(약 40억 원)의 적금을 손에 쥐게 된단다.

더군다나 그녀들만이 아니라고 한다. 이들 8명 말고도 경성의 화류계에서 돈 많이 모은 기생들이 꽤 된다는 소문이다. 우산옥, 방월선 등은 벌써 7, 8만 원에서 10만 원(약 100억 원)까지 벌었다는 소문이 자자한데, 그렇게는 많이 벌지 못했다 하더라도 어림잡아 3만 원(약 30억 원), 적게 잡아도 수천 원 정도는 모은 채 들어앉은 기생들이 수두룩하다는 것이다[4].

하지만 악착같이 돈을 모았다는 그녀들의 화려한 풍문 너머에 또 얼마나 많은 '슬픈 기생'들이 꽃잎처럼 스러져갔는지. 사랑에 울고, 몸도 망가지고, 돈마저 모으지 못한 채 나이 들어 찾는 이 없는 퇴기退妓는 과연 어느 누가 돌아보기나 할 것인지….

최초의 토키-영화 '춘향전' 첫날 흥행 1,580원

연극이나 영화를 선전하는 비결은 만목萬目이 다 뜨이게 하여 오는 노릇이니까 여러분께서도 대강 짐작하시겠지요. 첫재는 실물 선전인데 가령 극단이 하나 서울바닥에 나타나면 거기 엉설마진 녀석과 미남 미희로 꾸민 일행을 일력거에 실어 악대를 선두로 하여 붕바라붕바라 소리치며 도라다니는데 이것이 제일 효과가 잇더군요.

드른즉 요즈음 동경이나 대판大阪서 하는 선전방식은 그야말로 초超스피-드식으로서 무슨 극단이 왔소하는 크다란 광목필로 만든 광고망을 만들어 비행기 꽁무니에 이어 메고 비행기로 은좌銀座 상공이고 상야上野 상공이고 날닌다합데다. 이리하면 동경 7백만 인구가 다 보게 되니 선전 방법으로는 조흐나 조선서는 경비 관계로 아직 상조지요.

그 다음은 삐라와 포스타-외다. 비단 거리로 다니며 뿌릴 뿐더러 극장에 오시는 이들에게 그 다음 주의 푸로그람박인 삐라를 들니는 것도 원객顧客을 항상 잇그는 방법이 되야 효과가 잇슴니다.

그런데 2일, 3일의 단기간 사이에 효과를 보자면 그것은 신문이고 좀더 인상 깊게 선전하자면 적어도 1개월의 생명을 가진 잡지가 훨씬 낫지요. 동경에 잇는 송죽松竹에서는 이러한 방법을 쓴다고 합네다. 즉 선전부 사원에게 현상懸賞으로 제각금 고묘한 선전 방법을 생각하여 내게 하는데, 그 방법으로 이를 보면 상금을 그 사원에게 주고 해를 보면 도로 벌금을 밧는다드군요.

그러나 선전을 아모리 잘하엿때도 정작 은막에 올느는 영화가 시언 치 못하고, 또 무대에 올니는 연극이 환영을 밧을 것이 못된다면 아모 리 목소리를 쉬여가며 선전한들 무슨 효과잇스리까. 도로혀 처음 본 관객들이 악선전하기 시작하면 선전 아니하기 보담 실패를 보지요. 그 러기에 작품 제일주의는 언제든지 최대의 무기요, 최호最好의 선전 기 능을 발휘하지요…[5].

경성 상계 최고의 흥행사로 명성을 떨쳤던 동양극장 홍순언 사장이 잡지사와의 인터뷰에서 쏟아낸 발언이다. 전성기를 구가하고 있는 레코 드업계와 마찬가지로 조선 영화계 역시 이즈음 흥행작을 잇따라 내놓으 면서 외화와 어깨를 나란히 할 수 있게 되었다. 「삼천리」잡지가 흥행의 비결을 묻는 자리에서 영화 연극의 흥행에 관련하여 그는 해박한 지식 과 경험을 한껏 뽐내고 있다.

특히 홍순언의 마지막 주장, 곧 작품 제일주의는 당대 영화계의 수준 이 어느 정도였는지 가늠해 볼 수 있게 한다. 다른 무엇보다 작품의 완 성도가 흥행과 직결되는 가장 중요한 요인이라는 설명이 그것이다.

이런 가운데 1935년에 제작되어 극장에 간판을 올린 '춘향전'은, 앞서 동양극장 홍 사장이 주장한 작품 제일주의에 가장 근접한 작품이었다.

더욱이 이 영화는 조선에서 최초로 만들어진 토키(발성)-영화라는 점에서 세간의 이목을 끌기에 충분했다.

경성촬영소가 제작한 춘향전은 단성사에서 개봉되었는데, 입장료가 1등석은 1원(약 10만 원), 2등석은 70전(약 7만 원)으로 비교적 비쌌다. 그럼에도 불구하고 개봉

경성 상계 최고의 흥행사로 불렸던 동양극장 홍순언 사장. 남다른 홍보 방법론으로 그때 이미 작품 제일 주의를 꼽고 있다.

첫날 흥행 수입이 1,580원(약 1억5,800만 원)에 달했다. 인구 700만 명을 헤아린다는 일본 도쿄의 대규모 극장에서도, 잘해야 한 작품에 3,000~4,000원(약 3억 원~4억 원) 정도 올리는 것에 비하면 놀라운 흥행 성적이 아닐 수 없다.

어쨌든 이즈음에 이르면 레코드 업계와 마찬가지로 경성의 영화산업 또한 작품의 높은 완성도를 기반으로 점차 흥행을 이뤄내기 시작한다. 경성촬영소가 제작한 춘향전의 경우 전체 제작비가 8,000원(약 8억 원)가량 들어갔는데, 경성에서 2주간 상영으로 벌써 전체 제작비 대부분을 건졌다는 소문이다.

뒤이어 '은하에 흐르는 정열'이란 영화도 조선극장에서 상영되었다. 첫날 흥행 수입을 1,300원(약 1억3,000만 원)이나 기록하면서, 조선 영화의 전도가 어느 때보다 밝아지고 있었다[6].

이처럼 조선 영화가 연이어 흥행에 성공하자, 침체의 늪에서 좀처럼

1935년작 영화 '은하에 흐르는 정열'의 주제곡 음반 표지. 영화 '은하에 흐르는 정열'은 조선극장에서 상영되어 첫날 흥행 수입만 1억3,000만 원을 기록했다.

벗어나지 못하고 있던 경성의 영화계도 활기를 띠게 되었다. 그런 활기 가운데 하나로 잇따른 영화 흥행의 성공에 힘입어 등장한 초대형 영화사의 출현설이다.

요지간 들리는 소문에 의하면 오래 침체하였던 조선 영화계에 초대형 영화사가 등장하리라는데 이것은 '동아XX활동사진주식회사'로 자금이 나오고 거기다가 조선총독부에서 영화 통제, 국산 영화 장려의 의미로 상당액의 보조금이 나와서 조선에서 누구누가하고 꼽든 유수한 남녀 배우 등을 망라하여 조직하는 것으로 아마도 다가오는 가을에는 실현될 듯하다는 설이 있다…[7].

" 60만 원 던져 호텔 짓는 김옥교 여사장 "

60만 원을 던져 순 조선식 호텔을 서울에 설設한다는 신문 3면 기사를 여러분은 보셧스리라. 사실 서울에는 이러타 하고 내여노을만한 순 조선풍 호텔이 업다. 이것은 근대적 감각을 가진 사람치고 누구나 통절히 늣기는 유감이 아니랄 수 업다.

지금까지 서울에서 그래도 조선 정취가 올르는 호텔이나 고급 여관을 찾자면 겨우 잇다는 것이 견지동의 전동여관典東旅館 - 이 여관은 역사가 오래어서 유명한 기독교의 스타-박사 등 몃몃 분도 유숙한 적이 잇기는 하나 그 가옥구조라든지 정원의 천석泉石이라든지 손님에게 대접하는 음식범절이라든지 침구 모든 것이 조선을 유람하는 영미국 신사 숙녀를 만족히 영접하도록 되지 못하고, 수 삼년 전에 식도원하든 안순환 씨의 별장을 개조하여서 하는 광교 다릿까의 '중앙호텔'로 말할지라도 집은 비교적 드놉고 깨긋하나 모든 구조가 일류 호텔이라 할 수 업섯다. 나는 안 도산(안창호) 선생께서 출옥 즉후 여기 체제하섯든 관계로 누차 이 호텔을 삿삿치 구경할 기회를 가젓섯스나 외지에 비하야 엄청나게 손색遜色잇섯다. 그밧게 명동호텔 무슨 여관 모도 다 40만이 사는 반도 대표도시에 자랑할 숙사는 못되엇다.

우리는 각금 지방을 여행하느라면 평양이 대구 경주 등지에 실로 여관 시설이 훌륭함을 볼 수 잇는데 엇재서 서울만이 이러케 뒤떠러져 잇는가 하고 생각할 때 안타갑기 그지업다.

그런 까닭에 조선 정취를 맛보자고 일부러 만리타국에서 온 제외국 諸外國 손님들은 조선 여관을 찾다가 그만 조선호텔에 드러 겨우 순종께서 즉위하시든 팔각당이나 어루만저 보고 만족하는 형편이고 가튼 조선 사람들도 지방에서 올너오는 실업가 등은 남촌(혼마치를 일컬음)의 여관에 여장을 푸는 현상이 대부분이다.

이때에 잇서 60만 원이란 거금을 던져 순 조선 정취가 흐르는 호텔을 경영한다 하니 일반은 유쾌한 생각으로 이 소식을 듯게 되엇다. 그러면 이 호텔을 누가 설設하여 장차 엇더케 경영하여 가려하는고…[8].

1935년 무렵 60만 원(약 600억 원)이라면 결코 만만한 자금 투자가 아니었다. 그때나 지금이나 상당한 재력가가 아니고선 좀처럼 구상하기 어려운 프로젝트가 아닐 수 없었다.

한데 이 같은 호텔 건설을 선언하고 나선 이는 장안의 어떤 유력 기업가도, 재벌도 아니었다. 이제 갓 서른둘 아니면 서른세 살에 불과한 젊은 여성 기업가 김옥교金玉嬌라는 이름을 확인하는 순간 잠시 눈길이 꽂혔다.

김옥교란 이름은 앞서 이미 한 차례 만난 적이 있다. 장안 명사들의 자가용 자동차 가격대를 비교해보았을 때 경성 시내에서 8번째, 조선상

가난한 집안에서 태어났으나 얼굴이 빼어난 처녀들이 가는 길이란 으레 정해져 있었다. 김옥교 또한 일찍이 기생의 길로 들어서 뭇 남성들 앞에 선보이게 되었다.

업은행 은행장 박영철의 자동차보다도 고가인 6,000원(약 6억 원)짜리 '유선형' 자가용 자동차를 타고 다닌다는 여류명사였다. 더구나 여성으로선 유일하게 리스트에 오른 홍일점이었다.

물론 거기서도 여성기업가 김옥교에 대한 짧은 설명을 곁들인 바 있다. 요릿집으로 큰돈을 벌어 60만 원대 대형 호텔을 지어 올리면서 일약 장안의 명사로 떠올랐다고 하는.

하지만 그 정도로는 아무래도 설명이 충분치 못하다. 그녀 또한 결코 녹록지 않은 인생 역정을 살아온 까닭에서다.

서울 출신의 그녀는 꽤 가난한 집안에서 태어나 학교조차 변변히 다니질 못했다. 하지만 미모가 워낙 뛰어나, 아직 머리를 길게 땋고 다니던 어린 시절부터 곧잘 사람들의 입에 오르내리곤 했다. 또 그처럼 가난한 집안이지만 얼굴이 빼어난 처녀들이 가는 길이란 으레 정해져 있었

조선극장 인근에다 개업한 요릿집 '천향원'은 김옥교의 올드팬들로 문전성시를 이뤘다. 천향원 서울 본점과 인천지점을 홍보하는 신문광고에 김옥교의 얼굴이 곱다.

다. 다름 아닌 기생이었다. 그녀 또한 XX권번券番에 기적妓籍을 둔 채 나비 같은 어여쁜 자태로 뭇 남성들 앞에 선보이게 되었다.

그러나 그녀의 아리따운 미모와 자태를 인정받는 데는 시간이 오래 걸리지 않았다. 기방에 모습을 드러낸 지 얼마 되지 않아 이미 소리 잘하고, 춤 잘 추고, 거문고 잘 타는, 거기에다 미모까지 빼어난 '장안 1등 명기'란 명성이 자자했다.

그쯤 되자 돈 잘 쓰고 얼굴 잘생긴 남정네들이 그녀 주위에 무시로 오락가락했다. 어떻게든 그녀를 품어보려고 저마다 사족을 못 썼다.

하지만 붉은 꽃이 열흘을 넘기지 못한다고 했던가. 화무십일홍의 덧 없음을 깨닫기나 한 듯, 그녀는 나이 30줄에 잘 나가던 기방에서 발을 스스로 뺐다. 그런 뒤 남편과 함께 인사동의 조선극장 인근에다 '천향 원'이란 조선 요릿집을 개업하여 안주인으로 들어앉았다.

조선 요릿집 천향원은 이내 뜨거운 소문을 탔다. 김옥교의 올드 팬들 이 몰려들면서 문전성시를 이루었다.

더구나 때마침 불어대기 시작한 상계의 호경기를 타고서 요릿집 경영 은 순풍에 돛단 듯 순탄했다. 돈을 자루에 쓸어 담았다.

그렇게 불과 3, 4년 만에 요릿집을 증축한다는 소문이 들리는가 싶더 니. 다시금 풍광 좋은 성북동에 별장을 지은 데 이어, 마침내 거금 60만 원을 투자하여 서울 시내 한복판에다 대형 호텔을 짓겠다며 폭탄선언을 하고 나선 것이다[9].

그러나 김옥교에 대한 사료는 여기까지였다. 이런저런 연관 사료를 종횡으로 더 뒤져나갔으나 격동의 역사 속에 묻혀 더는 찾기 어려웠다.

한데도 그녀가 근대 최초의 여성 기업가일 수 있다는 확신은 쉬 떨쳐 버리기 아까운 아쉬움이었다. 김옥교의 행방이 궁금했지만 더 이상의 추적은 불가능했다. 한국 근대 여성사를 총망라한다는 이옥수의 「한국 근세여성사화(전2권)」에도, 한국여성경제인연합회 등에도 수소문을 해 보았으나, 알 수 없다는 답변만이 돌아왔다. 들리는 소문에 의하면 서울 외곽 정릉 골짜기에 오랫동안 우람한 자태를 뽐내고 서 있던 '청수장' 을 지었다는 풍문도 없지 않았다. 하지만 지금은 헐리고 낯선 아파트 단 지가 들어서 있을 뿐, 확인할 길이 없었다. 안타깝지만 당분간 미완으로 남겨둘 수밖에 없다.

❝
현대 '쌀라리맨'의 수입과 경성의 자동차 대수
❞

서울 장안에 잇는 자동차 대수는 과연 얼마나 되나? 모든 것이 변변
치 못한 이 사회이다. 많으면 몇 1,000대, 몇 10,000가 되가야 하련만.

그러나 미국만 하드래도 평균 두 사람 앞에 한 대씩의 비례는 된다
고 하며 로동자들이 공장에서 자긔집으로 돌아갈 때도 제 자동차를 운
전해서 돌아가는 형편이라고 하니. 그러한 서양의 나라들에는 비할바
아니지만 우리 조선만 하드래도 이제 불과 십 수년래에 자동차가 퍽으
나 많이 늘어난 셈이다.

기미년(1919년) 이래만 하드래도 조선사람 더구나 일반 민중들까지
자동차를 탈야고는 생각지도 못하든 것이 요사히에 와서는 해마다 늘
어서 이제 서울 장안만 하드래도 '80전균錢均'이니 해서 웬만한 사람
이면 누구든지 이 자동차의 신세를 지게 되게끔 되엿는데 근자에 어떠
한 방면에서 들은 바로는 경성의 자동차수는 인제 근근 500대 가까히
되여간다고 하니 2, 30년 전과 비하면 천양지차이다. 이것을 가지고
서울도 차츰 문명의 혜택을 입는다고나 할는지?[10]

1933년쯤엔 경성 시내에 굴러다니는 자동차가 대략 1,000대쯤이었다. 경성역 앞과 종로 4가에 주유소가 생겼다. 주유소 주유원은 이른바 '깨솔린 걸'로 불리는 꽃 같은 젊은 여성으로 선망의 대상이었다(조선일보 1933년 11월 25일자). 월간 「신동아」엔 사립학교에서 교편을 잡던 인텔리 여성이 '깨솔린 걸'로 나섰다는 기사까지 실렸다.

일제강점기 경성의 풍경(1936)이다. 경성 시내를 무람없이 '쏘단이는' 자동차 대수가 어느덧 1,000대 가까이 근접해 가고 있다고 한다. 다시 말해 '10전(약 1만 원)짜리 인간들이 타고 다니는 뻐-스가 떠난 뒤에도, 80전(약 8만 원)이나 하는 택시를 불러 타고 다니는' 팔자 좋은 이들이 그만큼 늘었다는 얘기로도 들린다.

그러나 경성의 거리에는 아직도 구부러진 어깨를 한 채 무거운 발걸음을 내딛는 이들이 즐비하다. '이 세상에서 제일 못 견딜 일은 XX(고문)과 빚쟁이에게 졸리는 때'라는 걸 빤히 알면서도, 당장 오늘 '저녁에 솟혜 너흘 쌀이 업서서' 어쩔 수 없이 '흡혈마 전식동물 고리사채업자'를 찾아갈 수밖에 없는 고단한 인생들이 수많은 것도 또한 사실이었다.

　　조선의 3대 재벌 최창학이 과연 어떻게 거금 300만 원(약 3,300억 원)을 손에 움켜쥐게 되었는지 저마다 영화 속의 장면처럼 생생히 떠올리면서도, 하지만 목구멍이 곧 포도청이었다. 당장 오늘 하루 동안의 일상조차 자유롭지 못한 샐러리맨들은, 그처럼 금광을 찾아 10여 년 동안이나 방랑자처럼 떠돌아다닐 수도 없는 처지였다.

　　그 같은 인생이 일제강점기 경성의 거리를 오가는 보통 사람들의 삶이었다. 1936년 상업 중심의 근대도시 경성의 거리 풍경이었다.

　　다음은 그렇듯 보통의 삶을 살아가고 있는 경성 '쌀라리맨'들의 생생한 육성을 그대로 옮겨본 것이다.

　　<현대 쌀라리맨 수입조>
　　-가수
　　전속 가수나 되면 월급 60원(약 600만 원) 이외에 인세와 특별 출연에서 수입되는 것을 합하면 100원(약 1,000만 원) 정도는 됩니다만 의복가지나 해입고 사교도 하자니 늘 회사에 빗지고 단임니다.

　　-뻐스껄
　　1일 수입은 75전(약 7만5,000원)이고 노동시간은 10시간인데 어머니

1930년대 상업 중심의 근대 도시 경성의 종로통 거리 풍경. 보통의 삶을 살아가는 '쌀라리맨'들은 목구멍이 곧 포도청이었음을 알 수 있다.

와 동생과 나 세 식구가 사라감으로 보통 부족합니다.

-신문기자

월급 70원(약 700만 원). 1일 노동시간 오전 9시부터 오후 4시까지. 생활비는 하숙대 20원(약 200만 원) 답배갑 6원(약 60만 원) 양말갑 1원(약 10만 원) 술갑 10원(약 100만 원) 양복 등 월부 15원(약 150만 원) 그 외 잡비 15원…. 잘하면 10여 원이 남고.

-여직공

일수입 45전(약 45만 원) 노동시간 오전 7시부터 오후 5시까지 1개월 기숙사비 9원(약 90만 원) 주고 그 남어지 옷을 해입습니다.

1930년대 경성 시내에 2,000대가 넘는 인력거가 내달렸다. 어떤 인력거부는 20전이 아닌 50전의 바가지요금을 받아 종로경찰서에서 1원50전의 벌금을 받았다는 매일신보 기사가 있다.

-잡지기자

월수입 50원(약 500만 원). 1일 노동시간 오전 9시부터 오후 5시까지. 카페도 좀 가자면 늘 마이나스지오.

-목사

지금은 교회 예산이 줄어서 월급이래야 한 5, 60원 (약 500만 원~600만 원) 되겠지오. 정해노코 하는 일은 업지만 예배날 강도講道할나 신자들 방향할나 늘 도라다니는 생활임니다. 수입은 적으나 람용이 업스니 그럭저럭 지내요.

-의사

월급 의사면 100원(약 1,000만 원)은 보통이고 개업하면 현금 수입 300원(약 3,000만 원) 이상은 됩니다. 노동시간은 오전9시부터 오후 4시까지… 밤중에도 손님이 부르면 가바야지오! 생활비가 상당히 나감니다.

-카페 여급

어듸 수입이 일정한가요. 이 집은 퍽 쓸쓸해요. 그래도 하로에 3, 4원(약30만 원~40만 원) 되는 때도 잇고 1원(약 10만 원)도 못되는 때도 잇습니다. 노동이라고 할 것은 업지만 오후 1시부터 밤 2시까지 일봄니다. 생활비로는 옷갑시 만히 나가 빗진담니다.

-인력거부人力車夫

잘해야 하로 50전(약 5만 원) 벌지오. 비나오면 돈이나 생김니까? 만히 벌면 만히 쓰고 벌지 못하면 굶는 것 밧게 업슴니다.

-여점원

월급 25원(약 250만 원). 노동시간 10시간 이상됩니다. 옷갓흔 것 기타 남의 눈에 보기 추하잔케 하자니 25원 다 드러감니다. 다행이 밥은 집에서 어더 먹으니까요. 빗지지는 안케됩니다.

-두부장사

하로 잘해야 3, 40전(약 3만 원~4만 원) 생기지오. 소리지르고 도라다니자니 막걸리 잔이나 먹어야지오.

-전차차장

1시간에 나는 13전(약 1만3,000원)을 밧습니다. 하로 10시간 일함니다. 차장에 따라 수입과 노동시간이 다릅니다. 회사에서 (하루)1원(약 10만 원)씩 저금하는 것 외에는 다씁니다[11].

❝ 이뤄질 수 없는 사랑 '사의 찬미' ❞

광막한 광야를 달리는 인생아

너의 가는 곳 그 어디메이뇨

쓸쓸한 세상 험악한 고해에

너는 무엇을 찾으려 하느뇨

눈물로 된 이 세상이

나 죽으면 그만인가

행복 찾는 인생들아

너 찾는 건 설음이다…

일제강점기 경성의 거리를 폭풍처럼 휩쓸고 지나간 근대 가요(1925)였다. 루마니아 작곡가 이바노비치의 '도나우강의 잔물결Donauwellen Walzer'이라는 곡에, 윤심덕이 가사를 붙여 부른 '사死의 찬미讚美'이다. 경기여고보와 이화여전, 일본 동경음악학교 성악과 출신의 '모던껄'이었던 그녀가, 일본 오사카에서 이 노래를 취입하고 귀국하는 길에 그만

일본 시모노세키에서 부산항을 오가는 여객선 도쿠주마루. 여객선 위에서 젊은 남녀가 함께 바닷속으로 뛰어들자, 즉시 배를 멈추고 인근을 수색했으나 끝내 시체를 찾지 못했다는 신문 기사가 났다.

짧은 생을 마쳤다. 일본 와세다대 영문과를 졸업한 호남 부호의 아들 김우진과의 이룰 수 없는 사랑을 비관하며, 현해탄의 검푸른 바닷속으로 함께 몸을 던지고 말았다. 이 같은 비극적인 사랑의 종말 소식은 큰 충격을 안겨주었다. 또 입소문이 더해지면서 그녀의 노래 '사의 찬미'는 그야말로 경성의 모던보이와 모던걸, 아편쟁이, 기생, 운전수, 문인, 심지어 집안의 부엌데기에 이르기까지 선풍적인 인기를 끌었다.

더욱이 이런 근대 가요는 거의 같은 시기에 유성기留聲機가 보급되기 시작하면서 조선 전체로 빠르게 퍼져나갔다. 비록 '배가 고파서 쓰러질' 망정 너도나도 유성기를 사들여놓고, 저녁이면 일본 젊은 연인의 노래 '기미고히시'를 온 가족이 따라 부르는 게 당시 경성의 또 다른 풍경이었다.

현해탄에 잠든 윤심덕과 김우진의 이뤄질 수 없는 사랑. 자유 연애관을 피력했던 서른 살의 윤심덕과 김우진의 동반 투신자살은 당시 봉건적 사회 분위기에 커다란 충격을 안겨주었다.

요사히 웬만한 집이면 유성긔를 노치 안흔 집이 업스니 저녁때만 지나면 집집에서 유성긔 소리에 맞추어 남녀 노유의 '기미고히시'라는 노래의 합창이 이러난다. 누구를 사랑하고 누구를 그리워한다는 말인지? 부모처자 모다 '기미고히시-'

라니 여긔에는 삼강오륜을 찾지 안해도 조흘까…?[12].

조선 영화 '낙화유수'의 주제가 역시 레코드로 발매(1927)되어 나오자마자 공전의 히트를 쳤다. 이 근대 가요는 무성영화 '낙화유수'의 변사를 맡았던 김서정(본명 김영환)이 작사 작곡하고 이정숙이 노래를 불렀는데, 영화가 대성공을 거두면서 여세를 몰아 레코드 발매까지, 시쳇말로 대박을 터뜨렸다. '밤이 되면 골목골목에서 아직도 머리칼이 노란 아직

말도 똑바로 못하는 어린아이들까지 손에 손을 익끌고 눈물 고힌 눈을 사르르- 감고서 읊조렸던[13)] 노래가 다름 아닌 '낙화유수'였다.

무성영화의 변사로 명성을 날리던 김서정(사진 오른쪽)의 어머니가, 진주에서 기생으로 살아왔던 애달픈 사연이 영화 '낙화유수'로 제작되었다. 이정숙(사진 왼쪽)이 '낙화유수'의 주제곡을 불렀는데, 공전의 히트를 쳤다.

> 강남달이 밝어서
> 님의 노든 곳
> 구름 속에 그 얼굴
> 가리워젓네
> 물망초 피인 언덕
> 외로히 서서
> 물에 뜬 아 한 몸을
> 홀로 새올가!
> 멀고면 님의 나라
> 참아 그리워
> 적막한 강남가에
> 물새가 우네
> 오늘 밤도 쓸쓸히
> 달을 지우니
> 사랑의 그늘 속에
> 재워나 줄까?
> 강남달이 지면은

밤이 되면 골목골목마다 어린아이들까지 눈물 고인 눈을 사르르 감은 채 유성기에서 흘러나오는 노래를 따라 불렀던 1930년대 경성의 레코드 상점 풍경.

외로운 신세
부평의 저 입사귀
버레가 우네
차라리 이 몸이
잠들리로다
님이 절노 오시면
깨울 때까지

　1930년대에 들어서자, 이번에는 본격적인 서양음악까지 들어와 대중화되었다. 서양음악의 멜로디를 타고서 경성의 거리엔 공공연하게 '딴스'까지 크게 유행했다. 생활이 좀 넉넉한 사람은 물론이고, 찢어지게 가난한 서민들까지 나서 저마다 재즈며 블루스 아니면 왈츠의 춤바람에 흠씬 빠져들었다.

　…이봐요. 뽀이상! 유성긔 가지와요! 쁘릇스만하고 월쓰만 하고-.
　기생의 입안에서 '껌'이 죽겟다고 짹짹 소리를 내면 골어드러가는 척주脊柱에서 우러나오는 듯한 양키-의 '째쯔쏭'이 지레 신은 긔생의 버선발을 방바닥에 이르켜 세우면 기생의 껌 씹든 입에서는 혓바닥 장단이 시작되자 제각금 다투어 얼싸안고 춤을 추면 광란아狂亂兒들의 소천국이 버러진다…[14].

이쯤 되자 음반 산업도 덩달아 성장했다. 1930년 대 중반 조선총독부의 집계에 따르면, 당시 조선에서 한 해 동안에 팔리는 레코드가 무려 120만 장에 이른다는 통계를 내놓았다.

그렇더라도 모두가 다 서양의 재즈나 블루스, 왈츠 음악에만 온통 빠져있

'아- 태양을 껴안고 싶다! 아- 아모 것도 취取할 곳 업는 조선을 벗어나야만 한다'고 흥얼대던 모던보이와 모던 걸이 당시 유행하던 서양춤에 흠씬 빠져들었다고 풍자 한 신문의 만평이다.

었던 건 아니다. 조선총독부가 집계한 레코드 한 해 판매 120만 장 가운데 3분의 1인 약 40만 장 가량은, 다름 아닌 조선 국악의 소리판이었다.

이것을 시장 판매가로 환산해 보면, 음반 한 장에 평균 1원(약 10만 원)씩만 쳐도 어림잡아 40만 원(약 400억 원)대의 음반 판매시장이 건재했다는 얘기다[15]. 식민지 경성에 날이 저물면 이 골목 저 골목에서 어린아이들까지 손에 손을 이끌고 눈물 고인 눈을 사르르- 감고서 '사의 찬미'며 '낙화유수'를 노래 불러, 음반업계가 전성기를 구가하고 있었음을 유추해볼 수 있다.

제7장

꿈의 노다지,
황금 열풍에
휩싸이다

꿈의 노다지, 10조 원의 운산광산

　종로에는 '싸구려' 소리가 늘어나고, 신당리에는 빈민굴이 늘어가고, 농촌에는 유랑객이 늘어가고, 소작쟁의가 늘어나고, 노동쟁의가 늘어나고, 세계적으로는 적기가赤旗歌 소리가 높고, 만주에는 총소리가 들리고….

　자본주의 세계도 이제는 최후의 고비를 넘고 있는 모양이다. 1929년 말 환희의 절정에 있던 미국을 엄습한 취인소(증권거래소) 대공황을 비롯하여, 자본주의 세계 경제가 공황이란 수렁에 빠진지가 벌써 3년을 지났건만, 아직도 아무러한 서광이 보이지 않는다. 서광이 보이기는커녕 날이 가고 달이 갈수록 공황의 위협은 더욱더욱 심해져간다…[1].

　1930년대 일제강점기 경성의 상계는 대공황The Great Depression의 시대였다. 1929년 10월 24일 뉴욕의 월스트리트에서 주가가 폭락하며 휴지조각이 되고 만 이래, 대공황의 깊은 주름은 이후 10여 년 동안이나 걷힐 줄 몰랐다. 또한 뉴욕의 월스트리트에서 시작된 대공황의 깊은 주름은, 불과 두달 여 뒤인 1930년 정월쯤엔 일본을 거쳐 마침내 조선의 상계에도 들어왔다. 태평양전쟁(1941) 발발 직전까지 조선의 상계에도 깊은 생채기를 남겼다. 급기야 '종로 거리에도 싸구려 소리가 늘어나기' 시작한 것이다.

때문에 이즘 경성의 상계는 크게 위축될 수밖에 없었다. 세간의 관심사는 마치 무언가에 홀딱 홀리고 만 것처럼 너도나도 상계가 아닌 딴 데만을 바라보고 있었다. 토지도, 은행도, 극장도, 요릿집도, 자동차도, 신문사도, 레코드도, 영화도, 호텔도, 빌딩도 아닌, 너도나도 '노다지 no+touch 금광金鑛'으로 온통 휩쓸려가고 있었던 것이다.

> 수삼 년 내로 금광열이 부쩍 늘기도 하였거니와 금광 때문에 졸부가 된 사람도 훨씬 많아졌다. 그래서 웬간한 양복쟁이로 금광꾼 아닌 사람이 별로 없고 또 예전에는 금전꾼이라 하면 미친놈으로 알았으나 지금은 금광 아니 하는 사람을 미친놈으로 브르리 만치 되엇다…[2].

> 모든 광狂시대를 지나서 이제는 황금광시대가 왔다. 금광! 금광! 일본의 본위화本位貨 부족으로 위체爲替(외국환 어음)가 폭락한 바람인지 그런 까닭에 금광 허가를 선듯 선듯 내어주는지 너도나도 금광, 금광 하며 이욕利慾에 귀 밝은 양민들이 대소몽大小夢이다. 강화도는 사십 간만 남겨노코는 모두가 소유자 잇는 금 땅이라 하고 조선에는 어느 곳이나 금이 안 나는 곳이 업다 하니 금 땅 우헤서 사는 우리는 왜 이다지 구차한지? 금이다, 황금이다, 하며 악쓰고 덤비면 광을 팔 자금이

'지금은 금광 아니 하는 사람을 미친놈으로 부를 만큼 되었다'는 황금광시대에, 세간의 이목은 단연 코 지금 돈 10조 원이라는 천문학적 가치를 지녔다고 알려진 평안북도 운산광산에 쏠렸다.

나 잇는지 또 누구에게 넘기려나? 금을 어드면 어듸다 쓰겠다는 생각

이나 잇는지. 모두가 '촤푸린'이 보여준 황금광들이다…[3].

그랬다. 1930년대에 접어들어 갑자기 불어 닥친 금광 열풍은 조선 전 역을 번쩍이는 황금빛으로 물들여 놓기에 충분했다. 평생 허리가 휘도 록 전답이나 일구던 촌무지렁이에서부터 도시의 양복쟁이에 이르기까 지, 그야말로 남녀노소를 가리지 않았다. 모두 한 마음 한 뜻이 되어 무 작정 엘도라도El Dorado의 황금을 찾아 나서는 데 혈안이었다.

그뿐 아니라 번쩍이는 황금빛의 유혹에도 못내 침묵만을 지켜오던 지 식인들마저 이내 함께 뛰어들었다. 그야말로 모든 광狂의 시대를 지나 바야흐로 황금광의 시대에 접어든 것이다.

근대 리얼리즘문학의 지평을 열었다고 평가받는 소설가 채만식. 일본 와세다대 영문과를 유학한 뒤 돌아와 소설가로 원고만을 써오던 그가, 한때 자신이 황금을 찾아 나섰던 체험을 바탕으로 1939년 매일신보에 장편소설 '금의 정열'을 연재하기도 했다.

처음에는 그저 일시적 유행쯤으로 가볍게 인식하고 말던 지식인들조차 돌이킬 수 없는 금광 열풍의 대세에 슬그머니 편승하고 나섰다. 이성을 찾자고 타일러도 시원찮을 기자, 법학자, 경제학자, 공학자들이 앞장서 가뜩이나 뜨거운 열기에 기름을 부었다[4].

딴은 그럴 만했다. 앞서 살펴본대로 맨주먹으로 벼락부자가 된 금광왕 최창학을 비롯하여 정 아무개 운전수의 경우처럼 금광을 찾아냈다는 이가 한둘이 아니었다. 당시 신문과 잡지에도 '금광계金鑛界 난'이란 코너가 따로 마련되어졌을 만큼 실제로 금광을 찾아내어 떼돈을 벌었다는 사람들이 곳곳에서 속출한 터였다.

이런 세태를 보여주듯 「삼천리」잡지는 다시금 귀가 솔깃해지는 기사한 토막을 싣고 있다. 자그마치 지금 돈 10조 원이라는 천문학적 액수인 '1억 원의 운산금광-팔니나, 팔니지 안나' 하는 풍문 추적이 그것이었다.

조선서 제일 금이 잘 나는 금광은 평북 운산금광雲山金鑛인줄 알니라. 그 금광은 일년 치고 몃 백만원 어치의 금이 나오고 설비도 엇더

케 굉장한지 땅속에
레-루롤깐 것이 수 십
리요. 발전소가 잇서
전등을 갱내 수천(1척
30.3cm)의 처에 모다
켜고 그리고 갱내에는
에레배-다를 놋고 밀
차(도록꼬) 설비가 잇고
다이나마잇트를 넛는
화약고가 잇고 광산사
무소도 철근 콩그리-
도로 잘 지엇고 유명
한 기사-한 달에 몃 천

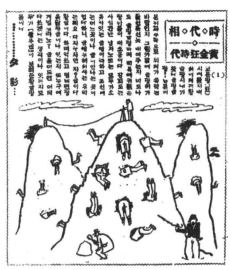

모두가 영화 속의 '촤푸린'이 보여준 황금광들이다고 시대
상을 말하고 있는, 1932년 11월 29일자 조선일보의 '황금
광시대' 만문만평.

원씩 주는 고급기사도 미국서 여러 명을 초빙하여 왓고, 엇잿든 한낫
부터 열까지 완전하다 한다….

　그런데 이 금광은 미국 사람 경영이다. 채굴 허가는 녜전 구한국 정
부 때 무지막지한 당시 정부의 고관이 국고에 돈이 업서 쩔쩔매면서도
이런 조흔 금광을 국영으로 할 생각은 아니하고 미국인에게 기만원 의
돈을 밧고 백년 간인가 몃 10년간인가의 채굴권을 덜녕 허가하여 주
엇다….

　그런데 최근에 광업 열이 잔뜩 팽창하자 (일본)삼정三井 삼능三稜재벌
이 주主되야 일본광업주식회사에서 조선 천지의 모 거두를 중간에 내
세우고 이 운산금광의 매수 운동을 하엿다. 미국인 광주는 매수에는

응할 터인데 그 가격은 놀나지말아.

금 일억만 원야一億萬圓也라 하엿다. 이 엄청난 호가에 몃 달 두고 교섭한 결과 최근에는 3천만 원(지금 돈 약 3조 원)이면 팔겟노라고까지 한다고 한다. 그래도 아직 매수측에서는 빗사다고 교섭이 성립이 되지 안코 잇는데 어느 강호의 친구 한번 발벗고 나서서 미국인 광주와 일본광업회사 측 매주를 잘 달내어 교섭만 성립식혀 노흐면 그 중간 구문이 참말 거액이렷다.

서울서 복덕방에서도 집 사주고 방 한간 어더 주는데도 의례히 10분지 2, 3의 구문을 밧거든 그 비례로 처도 가령 2천만 원(약 2조 원)에 갑이 떠러진다 할지라도 돈 백만 원 생기고…. 들니는 풍설에 그 매매를 성립식히면 3백만 원(약 3,000억 원)을 떼어주마 한다 하니 그도 참말일상 십다…[5].

금광왕 방응모, 조선일보 사장되다

맨주먹으로 벼락부자가 된 금광왕 최창학과 정 아무개 운전수 말고도 당대에 금광을 찾아낸 이는 부지기수였다. 신문과 잡지에 금광계의 소식을 알리는 코너가 따로 만들어졌을 만큼 실제로 금광을 찾아내어 떼돈을 벌었다는 이가 곳곳에서 속출하는 가운데, 금광왕 최창학에 필적할 만한 새로운 금광왕 방응모의 등장은 세상을 다시 한번 번쩍이는 황금빛 유혹으로 물들여 놓았다.

…방응모 씨는 금년이 꼭 50이다. 고향은 평북 정주인데 대대로 문벌 잇는 선배의 집안에서 태어낫다. 선배의 집안인지라 유시부터 가빈으로 소년 고상이 막대하엿다. 장하야도 별로 경사京師로 급부笈負할 처지도 못되고 상로商路에 투족하엿다. 그래서 1919년 이 땅에 새로운 물결이 치든 때만 해도 정주읍에서 잡화 포목상 등을 하고 잇섯고 그 뒤 동아일보의 정주 지국을 마터 경영하기도 하엿다. 이리하는 동안에 세태는 변하야 뜻도 커지고 더구나 한 달에 1원(약 10만원)씩 밧어드리

잡화 포목상, 동아일보 지국장, 변호사 사무실 사원, 대서업에 전전하다가, 황금광시대에 금광을 찾아내어 하루아침에 벼락부자가 된 1930년대 금광왕 방응모의 고향 집.

는 신문대금도 잘 드러오지 안음으로 부득이 거액의 부채를 신문사 본
사에 질머진 채 신문 지국은 팽개치고 말엇다…[6].

그 뒤 방응모는 고향을 떠나 평양으로 이주했다. 평양에서 생계를 위
해 동분서주했다. 변호사 사무실에 사원으로 취직해보기도 하고, 대서
업代書業도 직접 해보았다.

하지만 이도 저도 뜻대로 되지 않았다. 이도 저도 되지 않아 궁지에
몰리는 신세로 전락했다.

그러던 어느 날 아니 방응모 역시 조선 전역에 불어 닥친 금광 열풍에
서 자유로울 수 없었다. 어차피 친구 집에 얹혀사는 막다른 처지에서 이
판사판의 심정으로 망치를 쥐어 들었다. 그리고 이 산맥 저 산맥으로 광

맥을 찾아 정처 없이 길을 나섰다.

그러다 발길이 머문 곳이 평북 삭주의 교동이었다. 사람의 발길이라곤 아직 닿은 적이 없는 천애의 계곡이었다. 뒷날의 교동광산이다.

천운이 이끌어준 그 계곡에서 마침내 방응

일제강점기 동아일보와 함께 창간된 조선일보의 초창기 사옥 앞에 모인 기자들. 지금의 종로2가 종각 남쪽의 청계천변에 창간 표지석을 찾아볼 수 있다.

모는 황금빛 광맥을 찾아내고야 만다. 그의 나이 마흔한살(1924) 때였다.

하지만 수중에 당장 땡전 한 푼이 없던 터라 속이 시커멓게 타들어 갔다. 천신만고 끝에 눈물겨운 투자금 2,000원(약 2억 원)을 만들어 쥔 채 발굴에 들어간 결과 매장량이 어마어마했다. 산품의 질 또한 가히 절품이라는 평가를 얻었다.

당시 일본 정부의 상공성 광산국에서 발간한 조사 발표에 따르면, 방응모의 교동광산은 조선에서 가장 유수한 금광 중의 하나라고 기록되어 있을 정도였다. 또 매년 648와瓦의 금을 캐내어, 그 가격이 66만 원(약 660억 원)에 달한다고 했다. 광산의 인부만 해도 하루 평균 1,067명을 고용하고 있다는 것이다.

방응모는 몇 년 지나지 않아 교동광산을 매각했다. 만철 총재를 지낸 야마모토 조타로에게 매각하여(1932) 145만 원(약 1,450억 원)을 수중에 넣은 뒤, 자신의 무대를 경성으로 옮겨 앉았다[7].

경성으로 상경하자마자 다시 한 번 세간에 화제를 뿌렸다. 이듬해에 조만식, 이광수 등의 간청을 받아들여 휴간과 복간을 계속하면서 사실상 부도 상태에 놓여있던 조선일보를 인수했다. 식민시대 신문사 경영은 소모 사업消耗事業이라 하여 경성 상계의 부호 어떤 누구도 거들떠보지 않던 때였다. 방응모의 조선일보 인수는 여느 '금광 나리낀(졸부)'들과는 차별이 되는 쾌척이 아닐 수 없었다.

더욱이 금광을 찾아내어 팔자를 고쳤다고 하는 노다지 벼락부자들은 도처에 많았으나, 그들 가운데 누구 한 사람 교육기관이나 청년회와 같은 공익기관에 후원했다는 얘기는 들은 적이 없었다. 하다못해 어디 탁아소에 쌀가마니를 기부했다는 얘기조차 들어보지 못한 터였다. 한데 부자의 윤리적 의무를 다하고자 한 방응모의 쾌척은 세간의 이목을 끌기에 충분했다.

이때 방응모가 조선일보에 쾌척한 거금은 50만 원이었다고 한다. 지금 돈 약 500억 원에 달하는 금액이다.

노다지 꿈 이룬 간호사 출신의 금광 여사장

1930년대는 그야말로 황금광의 시대였다. 폭풍처럼 불어 닥친 금광 열풍은 평생토록 전답이나 일구던 촌무지렁이부터 도시의 양복쟁이에 이르기까지 가리지 않았다. 남녀노소도 없었다. 벼락부자 노다지의 꿈은 누구만의 전유물이 아니었다. 온갖 고생을 감수한 끝에 마침내 금광을 찾아내어 하루아침에 세상의 부러움을 한 몸에 받게 된 여성 또한 없지 않았다. 간호부, 전화 교환수 등을 전전하다, 강원도 횡성 땅에서 금광을 만나 30만 원(약 300억 원)의 노다지의 꿈을 이룬 김정숙이 그 주인공이었다.

여성의 몸으로 지옥과도 같은 땅굴 속으로 깊이 파고 들어가, 천신만고 끝에 노다지의 꿈을 이룬 것은 정녕 놀라운 일이 아닐 수 없었다. 더욱이나 놀라운 건 스물세 살 때부터 8년여 동안이나 금전판을 전전하며 무려 4남4녀 여덟 남매를 키워내면서 끝내 일구어냈다는, 조선 여인의 끈질긴 깡다구를 보여주었다는 점에서 가상한 일이었다.

「삼천리」잡지 1935년 11월호는 '삼십만 원 모은 금광 여왕'이란 제목

「삼천리」 잡지에 '삼십만 원 모은 금광여왕' 김정숙의 인터뷰가 실린 1935년 무렵의 식민시대 경성의 종각 거리.

으로 김정숙의 인터뷰를 싣고 있다.

　세상에 놀랍고도 희귀한 일이 하도 만치만 일개 간호부의 몸으로서 또 전화 교환수의 몸으로서 인생의 가진 고생을 격든 나머지 조흔 금광을 맛나서 누러케 쏘다지는 노다지의 복을 입어 불 줄 수년에 일확 20만원을 모아쥔 금광여왕 김정숙 여사는 여러 가지 의미로 당대 녀걸 중 한 사람이 아니랄 수 업다. 나는 이 히한한 녀사의 경역과 포부를 듣고저 씨의 문을 두 다리기는 가을도 깊어가는 10월 15일 오후 6시라….

　　나 "분주하실 터인데 대단 미안합니다마는 듯자오니 부인께서는 나밍 맛보지 못하는 고생을 젊어서 붙어 겻거 왓다기에 그에 대한 자세한 이야기를 듯고 십허서 찾어왔습니다."

　　김 "아니 참 별 말슴을… 고생이야 무척 해왓습니다만 뭐 이야기 할 것까지야 잇습니까."

…<중략>…

광산鑛山을 차저-

나 "그리면 그 후에는…."

김 "내가 바로 18살 먹든 해임니다. 평북 창성금광에로 남편을 따라 가서 그날 그날을 무서운 고생으로 지냇슴니다. 그러다가 5달이 지난 뒤 종내 하는 수 업시 살길을 찾어 그곳을 떠날 작정을 하엿슴니다만 어데 로비路費가 잇슴니까! 왼종일 거러오는데 배는 곱흐고 발은 부르트고 갈길은 아득하지요! 그른데 도즁에서 마츰 어떤 이를 맛나서 자세한 사정을 말하얏드니 그 분이 돈 3원(약 30만 원)을 줍데다. 참 그 돈 3원! 지금도 잊지 안흠니다. 그이의 성명까지 '김병현'씨인 줄 잊지 안코 잇슴니다."

다시 싀집사리-

김 "그래서 오든 도즁에 저- 숙천肅川 뒷산골에 잇는 싀누이동서 집에 가잇는데 산골이라 모두 조잇단을 이고 비탈을 내려오는데 나도 거긔서 밥을 얻어 먹는 몸이라 그냥 이슬 수 없어 같이 일을 할랴니 여간 고생이 안이엿담니다. 참 그때의 일을 생각하면 우수운 일 한 가지가 다시금 생각키움니다. 바루 저- 우리 아희 아버지 생일인 즉 8월 추석날인데 보통 때는 강냉이 조밥만 먹든 것이 그날만은 명절 겸 생일이래서 흰밥을 햇는데 어린 마음에 보는 이가 많아서 마음 놓고는 못먹고 물동이 우에 놓인 밥그릇의 이밥을 손에 물칠을 하여 주먹밥을 만들어 남이 보지 안는 틈에 먹누라니 여북햇겟서요! 참 지금 생각하면 우수운 일이엿지요. 참 싀집사리를 이렇게 해왓담니다."

나 "하하하… 그때 밥맛이 어떼슴니까. 지금과 비해서…."

식민시대 여성 전화 교환수. 전화를 하려는 사람이 수화기를 들고 전화번호를 말하면 전화 교환수가 손으로 회선을 연결해주어야 통화할 수 있었던 시절, 하지만 대개 시간을 다투는 다급한 통화량이 많아 고단한 직업이었다.

김 "그때는 밥이 안이라 꿀이엿지요. 지금에 고양진미가 아무려면 그때의 조밥을 따러가겟습니까."

다시 여자고보女子高普에-

나 "그 다음엔 엇지되여서 다시 여고에 임학하엿습니까"

김 "그렇게 무서운 고생으로 싀집사리를 하면서도 늘 공부하고 십흔 마음은 끈치지 안어서 다시 평양으로 나와 여자고등보통학교에 입학햇습니다."

나 "맷살에요⋯."

김 "19살 나든 해임니다. 그래서 20살 되여 2학년 때에 학교를 그만 두엇습니다. 녀자란 할 수 없어요. 내가 그렇게 공부하고 십허서 선생에 밥을 지어주어가면서 공부하려고 한 것도 수포로 도라가고 마랏슴니다. 한 남편의 안해이니 하는 수 잇슴니까. 그때 나는 첫 아이를 가진 몸이니 그만 두엇섯지요!"

전화 교환수로-

나 "그래서 그후 붉어는 살님사리를 햇슴니까."

김 "웬걸요. 싀아젓씨가 장사를 식혀준다고 해서 겸이포兼二浦로 갓지요. 웬 장사가 됩뎃가. 그래서 사라가자니 하는 수 업시 나는 (일본) 미쓰비시회사 전화 교환수로 드러가서 하루에 일금 36전(약 3만6,000원)씩을 받엇고 아희아버지는 도로공사판의 십장으로 65전(약 6만5,000원)씩을 받어서 그날 그날 살아가 뎃슴니다."

나 "그때는 두 분이 손을 마주잡고 버럿스니 재미잇는 생활이엿겟슴니다."

김 "글세요. 낮에는 회사에 밤에는 너무 곤해서 그냥 너머저 쓰러질 때가 잇섯스니 그것도 재미라고나 할넌지요."

정선旌善 화암금산畵岩金山을 차저-

나 "강원도는 언제 갓슴니까?"

김 "네, 바로 미쓰비시에서 그만두든 때 내가 23살 때입니다. 그해 4월에 남편이 먼저 강원도로 갓고 나는 7월인가 8월에 그이를 따라 갓뎃슴니다."

나 "그때 가실 때에 고생을 퍽 많이 하엿겟슴니다."

김 "고생을 하닷뿐임니까. 문제門峙 전제栓峙를 넘어 대화방림大和芳林에 니르러서 별편嶺 고개를 넘을 때는 참말 울엇담니다. 도라보니 내가 온 길은 천리가 넘고 아직도 나의 갈 길은 첩첩산중 어듸가 길인지 앞이 맥히고 듬은듬은 맛나는 사람은 모두 도적놈 갓흔 생각이 들어서 참말 가슴이 두근거리엿고 눈물이 글성글성 하엿습니다. 아이구 강원도 정선 산골 말두 마세요!"

지게지고 산에 올너-

나 "그 뒤에는 어떻게 지냇습니까."

김 "생전에 못해본 노릇이지만 그곳에 가서 붙어는 겨울이 올 때까지 지게지고 산에 올너 나무해다 때엿지요. 그런 드멧산골에서 이런 일즘은 으레히 하는 일이엿습니다. 요새의 신녀성들은 이런 고생을 생각도 못해 볼 것입니다. 그래서 나무를 조금식 해다 파러서는 쌀을 사다 그럭저럭 사라갓지요. 그 때가 바로 긔미년(1919)인가봐요. 쌀 한 말에 2원50전(약 25만 원) 하든 때입니다.

나 "광산에 신혈은 언제 낫습니까."

김 "그럭저럭 금점을 하는데 차츰 차츰 신혈新穴이 나서 돈이 좀 많이 생긴다 하니까 싀아주버니 되는 이가 와서 자긔가 하겟다고 달나기에 주엇드니 다- 잡혀 먹고 말앗습니다. 그러니 그 뒤에는 또 적수공권이 되고 말앗습니다. 그러다가 또 신혈이 나서 잽힌 것을 다시 찾으니 또 달나는구려! 그때 남편은 서울 올너와 잇든 때이엿지요. 남편이 1개월 15원(약 150만 원)씩 세금을 주고 얻은논 금산을 소화 원년(1925) 11월에 다내여 노왓담니다. 그 후에 나혼자 수체막에 잇노라니 어둠이 닥처오는 것이 마치 죽엄이나 오는 듯 합데다. 수수깽이로 둘녀쌓은 울타리가 바람이 불면 웃석웃석하는데 하로밤에는 문밖에 도적놈이 왓겟지요. 겨울날 눈은 작고 내리는데 갓득이나 잠을 못자는 혼자 잇는 녀자로서 문을 잠그고 몽둥이를 쥐고 소리를 질넛드니 그 도적

은 도망헷는데 나중에 아
러보니, 니웃놈이 녀자가
혼자 잇고 웃방에 금이
잇는 줄 알고 들어왓다고
하겟지요. 참 무서웟댓지
요. 지금 저 열아홉 난 처
녀아이 젓떠러질 때임니
다. 그날밤 떨니고 소름
이 게치든 일을 생각하면
진저리가 납니다. 그 뒤
에도 해만저서 바람만 불
어 수수깽이만 버석버석
하여도 공포에 떨엇슴니

일제강점기 경성의 거리에 무수히 많았던 광무소鑛務
所. 인지대 100원(약 1,000만 원). 열람비 5원(약 50
만 원), 수수료 10원(약 100만 원), 지도대 18전(약 1만
8,000원)만 지출하면 누구라도 금광을 찾아 나설 수
있는 광구를 출원 등록할 수 있었다.

다. 그리고 이른 가을에 갓스니 겨울 의복을 못가젓기에 헐벗고 그 추
운 겨울을 지냇습니다. 그러나 그렇게라도 먹을 것이나 늘 잇섯스면
그래도 좋지요."

나 "그럼 하루 셋 때도 못 이을 형편이엇습니까."

김 "굶을 때가 먹을 때보다 더 많엇지요. 쌀을 살야니 돈이 잇서야지
요. 이집 저집 가서 금을 캐서 팔어다 갑흘테니 돈 좀 취해달라고해서
3원, 4원(약 30만 원~40만 원)을 가지고 두 달 석 달 련명햇지요. 이렇게
지내자니 이런 것들이 배곱흐다고 울제 어미된 이의 마음이 오죽하엿
겟슴니까!"

산후産後에 쌀 한줌 없어서-

황금광의 열풍이 거세게 불었던 1930년대 조선 전역에서 노다지의 꿈 찾는 광구의 수만도 5,500여 곳에 달했다. 이중 노다지를 찾아 팔자를 고쳤다는 이는 기껏 20여 명이었다. 성공 비율로 보면 불과 0.0036% 남짓이라서, 그야말로 낙타가 바늘구멍을 통과하는 확률이었다.

김 "정선서 순흥이를 나엇슬 때는 누구 하나부축해주는 사람이라고는 없고 첫밥할 쌀도 없고 미역조차 없엇댓지요. 그 뿐인가요. 산후에 바람 쏘히면 안된다지만 문구멍 바를 조희 한 장 살 돈 없는 생활이라 산후에 나와 물긷고 별별 힘든 일을 다- 햇담니다. 변변히 먹지도 못해서 얼굴은 푸석푸석 붓고 그 몸에 병이 나면 죽는다는 것이 살아낫지요. 아이구, 이 이상 다 말하지 맙시다. 마음이 상하는구면요. 내 고생한 것을 전부 말한다면 길다란 소설책이 하나 되겟지요."

나 "그러면 언제부터 차츰차츰 올나섯습니까?"

김 "그렇게 싀아주버니에게 두 번재 맷기고 또 천포금산으로 갓지요. 그러나 거기서는 일이 뜻대로 안 되엿고 소화 6년(1931) 12월에는 어린아이까지 죽고 해서 마음이 살난하기에 그냥 서울로 올나왓지요. 그랫드니 그 후에 신혈이 낫다고 우리 일꾼 두 분 한테서 통지가 왓기에 그 길로 이여 출원한 것이 '노다지'가 쏘다지는 바람에 올나섯지요. 그래서 작년 정월에 천포광산을 20만 원(약 200억 원)에 팔엇습니다."

아직 광구鑛口 60여개소-

나 "지금은 광구를 얼마나 가지고 계심니까."

김 "한 60개나 될넌지요. 출원한 것까지."

나 "아이구, 그 60곳에서 노다지가 쏘다지면 그 돈 처치를 어데다 하시렵니까?"

김 "그까짓것 못해요. 금이 조선만치 잇드래도 마음대로 다- 처지할 걸요, 하하하…."

나 "어떻게 하시렵니까. 락동강 들판을 사드리고 만주 벌판을 충량하시렵니까? 또는 아들, 딸, 물녀주시렵니까?"

김 "들판은 사서 무엇함니까? 나는 현금 10만 원만 내 손에 들어온다 하드래도, 부모없는 아희 자식없는 로인, 그리고 나같이 산후에 고생하는 가난한 사람들, 내가 공부하고 십흐든 때 못해 본 나이니가 돈 없어 공부 못하는 이, 또 사업하겟다고 하는 이들이나, 가치잇는 사업이라면 한 사람도 거절하고는 십지 않어요. 민중을 위한 사업이라면 무엇이든지 하렵니다…"[8].

신흥광산의 광부들, 습격 폭파사건

1930년대의 황금광의 열풍은 하루아침에 팔자를 고친 벼락부자들을 숱하게 탄생시켰다. 대공황으로 인한 무력감 속에서도 거의 유일하게 호황(?)을 구가했다. 깊어진 불황의 늪에서 헤어날 길이 없었던 경성의 상계에도 일정 부분 신선한 활력을 불어넣어 준 것 또한 사실이다.

그렇대도 이즘의 황금 열풍은 한쪽 면만을 조명하고 있는 경우가 허다했다. 천신만고 끝에 금광을 찾아내어 한순간에 노다지의 꿈을 이뤘다고 하는 미담만이 야단법석을 떨었을 뿐, '막장 인생'의 체념 속에 살아가는 이름 없는 광부들의 고단한 삶에 대해선 철저히 외면하고 있었다. 지옥만큼이나 깊고 깊은 땅굴 속에서 그저 하루 동안의 호구를 위하여 속절없이 다시 또 무거운 곡괭이질을 하지 않으면 안 되었던, 두더지만도 못한 그들의 깊은 시름과 처절한 절규에 귀 기울여주는 이는 많지 않았다.

대표적인 사례가 함경도 신흥탄광新興炭鑛의 광부들이 집단 파업사태를 벌이다 일으킨 폭파사건이었다. 비록 금광이 아닌 탄광이기는 하더라도, 앞서 제기한 그 같은 실상을 가늠해 보는데 실제 조금도 다를 것이 없었다는 점에서, 당시 신흥탄광 광부들의 폭파사건을 현장 취재 보도한 기사를 거의 그대로 인용해본다.

지옥만큼이나 깊고 깊은 땅굴 속으로 들어가기에 앞서 탄광의 갱구 입구에서 찍은 광부들의 단체 사진. 막장 인생의 체념 속에 살아가야 했던 고단한 광부들이 견디다 못해 끝내 집단행동에 들어갔다.

…우리를 태인 열차는 원산을 통과한다. 동도同途한 한국종 변호사와 시국의 잡담을 하다가 아츰 9시 반에 이르러 함흥역에서 조철 함남선을 밧구어 타고 나는 혼자 장풍리로 향하엿다. 이쪽 방면 길은 아즉 처음이라 함흥에서 17리哩 7분分 지점이라는 장풍역이 어느 편에 잇고 또 지세와 통신기관이 엇지된지도 모른다. 경변 철로 우를 달니는 '까소린'차는 의외에도 빠르다. 서울에서 보는 전차형의 좁은 차내에 벌서 함흥부터 몽둥이와 권총을 가진 정사복 또는 노동자 타입의 경관이 만재滿載하야 잇서 마치 만록총중萬綠叢中에 홍일점 격으로 나 혼자 가방들고 안젓스니 그들도 몹시 수상한 눈동자로 나를 굴니워 본다….

정작 현장에 와보니 탄갱 주위로 부근 100여리(40km)는 완연한 계엄상태이엇다. 그리하야 다시 오노리에서 현장의 참경慘景을 조사하기 위하야 상풍으로 장풍을 나러가는 열차를 기다려 타니 의외에도 미행하든 근로복의 조선 청년 형사는 뒤로 빠저버리고 일인日人의 경관 한

분이 손을 친다. 무슨 일 잇스면 와서 조사하라 한즉 아니야요 조곰 엿
줄 말슴이 잇슴니다. 잠시 열차 안으로 가십시다 하는 호의의 간청으
로 가본 즉 실례갓슴니다만은 저는 직업상 할 수 업스니 가지신 가방
만 보여주시면 조켓소이다 하고 청한다. 꼭 보아야겟소? …가방 잇는
대로 원고지 조각 침의寢衣 등을 보히어준 즉 '상당히 실례햇소이다'하
고 백배천배를 한다. 일인 경관에게 아모 자료도 주지 못한 것이 자못
미안하다. 그러나 서울 지방만을 여행하든 나는 여장 수색을 당헌 것
도 이번이 처음이다….

　이 날(6월 22일)의 나의 책임은 일부 마치엇슴으로 명일의 상보詳報를
쓰기 위하야 폭파된 현장을 탐방하기로 하엇다. 상풍역에서 10여 리
되는 장풍은 기차선이 잇섯스나 이미 종차가 되엇다.

　도보 10리를 사진사 한 사람을 구하야 검거될 각오를 가지고 입출
하자 장풍역에는 이미 수십 경관이 나의 압길을 저지식힌다. 그때 수
색 주임에게 명자名刺 한 장으로 나오기를 청한 즉 신흥서新興署 도변
渡邊 고등주임이 나와서 의외에도 지성껏 안내하야 지금까지 일절 신
문기자(일본인 신문기자까지)를 입출 식히지 안헛슴에도 불구하고 또 검
사의 명령으로 신문기자는 절대 면회하지 말나는 좌가左賀 갱장에게
까지 소개하고 일일히 폭파된 부분을 설명하야 보이어 준다. 심상치
안흔 후대를 감사하엇다.

　문제의 발단은 지난 5월 3일에 신흥군 가평면 장풍리 남산록 일대의
탄갱을 점령한 조선탄업주식회사 경영의 탄광 종업원 150여 명은 년
래의 불평을 말하는 조건이 12가지였다.

　대우를 개선하라(구타, 폭언을 일삼지 말라), 인금을 인상하라(남자는 2할

신흥탄광 폭파사건 때 105일 동안 단식 투쟁한 끝에 옥사한 이한빈과 그의 사건 기록. 이한빈은 신흥탄광 사건 때 망명을 하다 검거되어 5년 형을 마친 뒤, 일제의 '정치 예방 구금소'를 철폐 하라고 벌인 탄식 투쟁 끝에 끝내 숨졌다.

割 이상, 여자와 소년은 3할 이상 인상하라), 근로시간을 단축하여 1일 8시간 실시를 제도화하라, 갱내 위험 지역 채굴을 반대한다, 위생 기관을 충실히 설치해 달라, 해고 수당을 지급하라, 사망 위로금은 일일 급료의 일년 치를 지급하라, 부상자는 본인의 요구대로 치료하고 완치될 때까지 부상 수당을 현 임금대로 지불하라, 노동조합 조직 결성에 사측은 간섭하지 마라, 사측의 무조건 해고는 반대한다, 폭력을 일삼는 탄광 경무대원 3명을 축출하라, 배금품은 실비대로 제공하라.

이 12개 조건을 회사에 제출하고 더욱 그 요구하는 바를 관철하기 위하야 150여 남녀 노동자는 단결을 공고히 그리하야 또 종종 '떼몬스트레이슌'을 시試하야 회사와 항쟁하여 일시 기형세는 바야흐로 험악하고 사회적 여론을 환기케 한 바까지 잇섯다.

그러나 당시 함흥에 잇는 노동총연합회 간부의 출근과 조정으로 12개 조건 중 일부는 회사에서 승인하고 일부는 태업단 측의 양보로 무조건 태업과 쟁의의 일단락을 짓게 되엇든 것이다….

그러나 6월21일 150여 광부들의 회사에 대한 반감은 최고도에 달하엿다. 전일의 약속과 무조건 태업에 대한 원만한 해결 방법은 그 이면에 잇서서 유명무실하엿슬 뿐이요 회사에서는 까닭업시 전번 스트라익의 주요 분자라고 인정되는 광부에 대하야 까닭모를 주목과 감시! 그리하야 조곰이라고 허물만 잇다면 용서업시 또 일부러 허물을 맨드러 괵수馘首! 도태淘汰를 자행하야 그들에게 오로지 적지 안흔 불안과 공포를 은연히 감추게 한 바 잇섯다. 이에 감정의 '템프'에 달한 그들의 불평! 또 반감은 결국에 '테로리즘'을 거부할 수 업섯든 것인듯? 갱 측 11조를 절대복종한다는 서약 제출 최고催告와 6월21일에 일으러 전번 스트라익단團의 총 리다- 격으로 활동하든 이인섭의 해고를 최후로 형세 자못 불온한 중 이날이 지나고 21일 오전 11시를 전후하야 불평품은 150여 명(?)은 암흑한 송림 속에서 소주 10여 병을 깨뜨리고 미래를 위하야 목전目前의 희생을 각오하고 고정苦情의 축배를 들어 그네들이 7, 8년간 정회情懷 깁고 또 그날 그날의 '빵'문제 해결하기 위하야 일하든 그 곳! 그 '엔진'을! 습격 폭파하고 철도 전화선 절단, 문서 소각 등 정연한 계획적 '테로리즘'에 출발하야 침묵에 잠든 장풍리 일대를 진해震駭케 하고 갱주 이하 사무 감독원 등 남녀노소를 일시 피난케 하야 실로 탄광 개척 이래 초유의 대사변을 일으키게 하엿다. 말하자면 원인은 단순하고 결과는 중대하엿다. 그에 대하야 여러 가지로 유언비어가 만엇다. 검은 연돌煙突! 희생을 앗기지 안코 암흑의 석갱 굴속에서 곡갱이 들고 흑인종 가튼 검은 얼굴을 한 노동자가 피우는 저 꺼문 연기는 과연 엇더케나 흐를 것인가![9].

동척으로 넘어가고 만 노다지 꿈의 에필로그

금광을 찾아내면서 하루아침에 팔자를 고쳐 경성으로 돌아온 벼락부 자들은 열 손가락을 꼽고 남았다. 최창학, 정 아무개 운전수, 방응모, 김 정숙, 이용익. 김준상, 이종만, 김태원, 김기덕, 홍종화, 김영근, 또 글 한 줄 쓸 줄 모른다는 육순 넘은 모某 노인, 박용운, 원윤수, 박기효, 염경훈, 김봉오, 이용신 등등….

하지만 그들과 같이 노다지의 꿈을 품고 금광을 찾아 나섰으나 끝내 돌아오지 못한 이들은 그보다 더 많았다. 조선 전역에서 노다지를 캐고 있다는 광구의 수만도 자그마치 5,500여 곳을 헤아린다고 했으나, 그보 다 더 많으면 많았지 결코 안 쪽은 아니었다. 더욱이 그들에겐 초조한 시간이 흐르면 흘러갈수록 점점 더 깊고 깊은 지옥과도 같은 땅굴 속으 로 파고 들어갈 수밖에는 없었다.

실제로 1930년대 막바지에 접어들게 되면, 금광에 관한 세간의 관심 사도 시들해진다. 신문 잡지의 금광계 지면도 시나브로 종적을 감추고 만다. 금광을 찾아내어 떼돈을 벌었다고 하는 미담 기사조차 찾아보기

설 연휴가 끝난 이후 조선총독부 광산과에 금광 출원 등록을 하기 위해 몰려든 인파. 1931년 1월 7일
자 조선일보

어려워진다.

반면에 이미 명성을 떨친 금광의 부호들이 또 다른 금광에 대규모 자
본을 투자했다느니, 동양척식에서 급히 빌려다 쓴 대금이 얼마나 된다
느니 하는, 흥밋거리 정도만이 이따금 언급되고 있을 따름이었다.

무엇보다 그들에겐 바닥이 취약하다는 점이 시한폭탄이었다. 최창학
이나 방응모 등과 같이 재기불능의 나락으로 떨어지기 직전에 금광이
번쩍하고 눈앞에 나타난다면 몰라도, 그렇지 않고서야 언제까지나 버틸
만한 힘이 없었다. 곡괭이나 망치·정·호미 따위가 전부인 적수공권, 다
시 말해 맨손으로 개척에 나선 노다지의 꿈을 뒷받침해줄 만한 어떤 대

책도 없었다. 또 그런 점이 그들의 발목에 족쇄가 되고 말았다.

따라서 죽음의 문턱까지 추락하다 어렵사리 금광일 것 같다는 '서광'의 징후를 찾아낼지라도, 결국에는 일본의 자본가나 기업에 울며 겨자 먹기로 헐값에 매각하지 않으면 안 되었다. 또 그렇게 헐값으로 팔려나가면서 그만 술에 절어 금광의 주위에서 벗어나지 못한 채 배회하는 이들마저 적지 않았다.

식민경제의 흡혈귀 역할을 하기 위해 간판을 내건 동양척식(이하 동척)이, 이 같은 시한폭탄을 가만 내버려 둘 리 만무했다. 일찍이 1908년에 설립되어 조선에서 이미 방대한 토지를 갈취한 끝에, 내심 새로운 먹잇감을 찾고 있던 동척이 마침내 금광의 실상을 예리하게 파고든 것이다.

…그러면 대체 동척에서는 어떤 방면, 어떤 부류, 또 얼마나한 금광자금을 대출하고 잇는가를 조사한 바에 의하건대.

동척에서 광업 관계(금은광에만 한정함)로 대출한 총액이 270만 원(약 2,700억 원)인데, 그 대출 조건은 매우 엄격하다고 한다. 금광이란 잘 되면 일확천금하는 것이지만, 자칫하면 고만 일거에 참패를 당하는 것임으로 여기에만은 소홀하게 대출할 수 없는 것이다. 그래서 먼저 광업주가 자기의 광을 담보로 금융을 신청하면 회사에서는 자사에 소속된 기수技手를 파견하야 해광該鑛의 우수를 타진케 하는데 신청주는 우선 그 감정료로 200여 원(약 2,000만 원)을 납입하여야 한다. 그런 뒤 그 광에 우수함이 인정되는 때는 그 감정한 소견서에 의하야 자금을 대출하는 바 여기에는 개인도 잇고 법인도 회사도 잇서 그 수가 천여 개에 달하는데, 제일 거액의 융자를 바든 자는(신용 관계로 그 이름을 회사에서

식민시대 악명 높았던 동양척식은 일본 정부의 국책회사라는 탈을 쓴 전형적인 고리 사채기업이었다. 지금의 을지로 1가 하나은행 본점 건물의 자리에 들어섰던 동양척식은, 막대한 자본력을 앞세워 식민지 조선에서 돈 냄새가 나는 데라면 빨대를 꽂아 여지없이 고혈을 빤 전형적인 고리사채기업이 다름 아니었다.

엄비로 붓침으로 알 길이 업다) 100만 원(약 1,000억 원) 정도가 잇다고 하고 또 개인 관계로 근소하게 자금 융자를 바든 사람은 최소 1,000원(약 1억 원)도 잇다 한다.

그런데 회사에서 융자를 밧게 되면 그 광주는 항상 회사의 감독을 바더야 하고 또 일정한 분광分鑛을 밧처야 한다고 한다(산액의 1만분지 1이라고 한다). 그 뿐외라, 산액 기타 여러 가지 조건 하에 감시를 밧고 그 융자액을 전부 환상하기 전은 그 말대로 경영행동을 하여야 한다고 한다….

이와 가튼 방법과 조건으로 광업에 융자하는 것이오, 그 상환 기간은 구구불일區區不─하야 일양─樣으로 볼 수 업스나 최장기는 10년,

동척은 일제강점기 조선에서 토지와 자원을 수탈하고 경제적 이득을 착취하기 위해 설립된 일제의 흡혈귀였다. 사진은 동척 목포지부 건물로, 지금은 목포근대박물관 2관으로 활용하고 있다.

　　최단기는 1, 2개월이지만 그 동안에 산금이 우량하야 일시에 상환하여
　　도 무방할 것이라고 한다…[10].

　요컨대 조선에서 돈이 좀 된다고 알려진 노다지의 꿈에까지 동척의 마수가 이미 깊숙이 뻗쳤음을 말하고 있다. 금광을 담보로 잡고 돈을 빌려주어 다행히 금이 쏟아지면 고리채를 챙기되, 그렇지 못해 허덕일 적엔 담보로 잡은 금광을 가로채는 수법이었다. 어디서 많이 보아온 낯익은 갈취 수법이 아닌가?

　그렇다. 앞서 살펴본 '입이 떡 벌어지는 높은 이자와 야박한 변제 독촉으로 서민들의 고혈을 빤다는 흡혈마, 전식동물錢食動物, 고리사채업자'들이다. 그들 고리사채업자의 수법과 다를 것이 하나도 없었다. 그야말로 돈 놓고 돈 먹는 판이 다름 아니었다.

이처럼 동척은 1920년대 조선에서 광활한 토지를 갈취했을 때와 마찬가지로, 운영자금에 목말라 하는 영세한 조선의 광주들에게 달콤한 독배를 들게 하여 금광을 강탈해갔다. 10년 남짓 열풍이 불다 1930년대 막바지에 접어들게 되며, 이제는 노다지의 꿈마저 꿀 수 없게 되기에 이른다. 지옥 같은 땅굴 속에 갇혀 두더지보다 못한 '막장 인생'들의 깊은 시름과 처절한 절규만이 날로 늘어갈 따름이었다.

> 금이야 은이야 하고 동에 가도 광산 이야기, 서에 가도 광산 이야기로 한동안 광산쟁이가 조선의 상하에 가득 찼더니. 최근에 이르러는 광산도 유한有限이요, 자금도 유한으로, 광광鑛만 가지고도 별수가 업게 되어 적은 자본가지고 뿌로-커 하든 다수한 사람들이 지금 큰 공포시대를 만나고 잇다. 즉 등록 허가는 마텃스나 채굴 자금이 업고 여간 돈 마련한 것 땅 파는데다 처너헛스나, 광은 팔니지 안어 노치도 못하고 하지도 못하는 것이 금전꾼의 최근 고민이다.
>
> 이 까닭에 다수한 광주들은 너나하고 모다 동척에 이르러 광산을 잡히고 동척으로부터 자금을 어더내기에 눈코 못뜨고 잇는 형편이나 동척서도 마구대고 돈을 주지를 안어 비통스러운 광경을 이루고 잇다.
>
> 광산 경기는 이제는 가고 잇다고 봄이 적평適評이 아닐는지…[11].

제8장

조선의
물류업계에
새벽이 열리다

"

'조선미창', 조선 물류업계의 새벽을 열다

"

일본 작가 시오노 나나미는 자신의 밀리언셀러 「로마인 이야기」에서 '로마군이 병참에서 이긴다'는 표현을 수시로 사용한다. 로마군이 각종 전쟁과 전투에서 승리한 원동력이 다름 아닌 보급에 있었음을 강조하고 있다. 다시 말해 로마군이 '물류'에서 상대적으로 앞섰기 때문에 전쟁에서 유리한 고지를 점할 수 있었다는 얘기다.

「삼국지」에 등장하는 제갈공명 또한 다르지 않다. 대륙의 패권을 놓고 벌인 수많은 전쟁과 전투에서 그가 승리할 수 있었던 원동력 가운데 하나는 다름 아닌 병참이었다. 넓은 영토를 가진 위나라나 오나라에 비해 상대적으로 적은 촉나라가 군량미와 마초까지도 고려한 그의 용의주도한 병참으로 이미 전쟁에서 이길 수 있는 조건을 마련하고 있었다.

우리나라 기업경영에서 물류라는 용어가 처음으로 등장하기 시작한 건 1980년대 초였다. 당시만 해도 해당 관련 업체를 제외하곤 물류에 대한 중요성이나 인식조차 희박한 때였다.

한데 1975년 대우중공업과 한국중공업에서 지게차를 생산함에 따라

1차 세계대전이 끝나갈 무렵 같은 시기 조선과 일본에서 쌀값 폭등으로 인한 시민폭동이 일어났다. 사진은 성난 군중에 의해 불타버린 일본 고베에 자리한 스즈키상점 본사 건물.

운반과 하역 부문의 기계화 보급과 관련하여 비로소 물류에 관심을 갖게 되었다. 이어 1980년대 초 태평양화학과 동아제약, 한국타이어 등이 조직 안에 잇따라 상품유통본부랄지 물류과를 신설하기 시작했다.

그러나 따지고 보면 이런 물류도 전연 생소한 것만은 아니었다. 물류란 아주 오래전 상업의 시작과 함께 이미 운용되어온 시스템이었다.

조선시대의 미곡 유통 시스템이 대표적인 예라고 볼 수 있다. 조선시대엔 미곡이 백성들의 생활과 국가 재정에 절대적인 비중을 차지하는 재화였다. 때문에 태조는 왕조를 건국하자마자 가장 먼저 착수한 것이 토지제도의 개혁과 조운제도의 복구였다. 조운漕運이란 세수로 징수한 미곡을 선박 등으로 이용하는 해운과 강물을 이용하는 강운, 그리고 육로로 이용하는 육운이 있었다.

그러나 17세기 들어 이 같은 조운제도에 일대 변화가 일어난다. 도성의 인구가 늘어나면서 소비시장으로서의 규모가 형성되고, 화폐가 통용되자 사정이 달라졌다. 시장을 통한 미곡 유통이 활성화된 것이다. 이때

인천의 미두취인소. 미두장으로도 불렀다. 지금의 증권거래소와 같은 역할을 했던 곳으로, 조선 최초의 쌀 선물거래소였다. 전국의 쌀값이 인천의 미두취인소에서 결정되었다.

부터 시장 기능에 의한 민간 부문의 유통량이 관주도 유통량을 앞지르며 미곡 유통을 지배하게 되면서, 조선의 미곡 유통 시스템은 경쟁체제를 갖추기 시작했다.

하지만 이런 경쟁체제는 미곡 유통의 진화 발전으로 선순환되지 못한다. 미곡 유통을 지배한 경상京江상인들에 의한 담합과 매점매석으로 쌀값 조작이라는 역기능을 초래하기도 했다. 경강상인들은 그동안 축적된 자금 동원은 물론이고, 선상을 통한 전국의 쌀값 정보를 누구보다 빠르게 얻었다. 또한 운송 수단인 선박을 독점하고 대형 창고까지 보유하여 쌀을 장기간 매점할 수도 있었다. 따라서 쌀의 구입과 판매량, 판매시기, 판매지역 등을 조절하여 독점적 이익을 취하면서 끝내 사회적 물의를 일으키기에 이른 것이다[1].

대표적인 사례가 1883년에 발생한 이른바 '쌀 폭동'이었다. 이 사건은 마포의 경강상인 김재순 등이 인위적으로 도성 안의 쌀값을 폭등시켜 분노한 한성의 빈민들이 일으킨 폭력사건이었다.

한데 이 같은 쌀 폭동은 20세기 들어서도 반복되었다. 일제강점기인 1918년 여름, 경성의 종로소학교 앞에 자리한 쌀 판매소 앞에 줄을 서서 기다리던 주민들과 일본 경찰 사이에 실랑이가 벌어졌다. 한동안 가벼운 몸싸움쯤으로 끝나는가 싶던 충돌은, 시간이 흐를수록 점차 험악해져 갔다. 급기야 쌀값 폭등에 항의하는 주민들의 폭동으로 번져나갔다.

이런 폭동이 있기 한 달여 전쯤, 일본 도야마현의 한 어촌에서 주부들이 쌀 도매상을 습격하여 불태우는 사건이 발생했다. 이 사건 이후 이른바 '쌀 소동'이라 일컫는 소요 사태가 일본 전역으로 번져나갔다. 한때 계엄선포를 준비할 정도로 심각한 상황이 벌어졌다.

1차 세계대전(1918)이 끝나가는 시점에 조선과 일본에서 거의 동시에 일어난 이 같은 쌀 폭동은, 가장 많은 생산품인 동시에 가장 중요한 식량자원이었던 쌀의 대규모 이동이 당시 생활에 어떤 영향을 미쳤는지 상징적으로 보여준 사건이었다.

쌀 폭동이 진정된 후 일본은 근본적인 식량자원의 대책이 필요하다는 데 절감한다. 그런 결과 일본과 조선에서 수리 사업, 품질 개량, 퇴비 활용, 농사 기법 등 대대적인 미곡 증산정책을 추진하기 시작했다. 하지만 속내를 들여다보면 1차 세계대전 이후 마땅한 투자 대상을 찾지 못하고 있는 일본의 유휴자본을 투입하여 조선을 장기적인 식량기지로 개발하는 데 있었다.

그러나 이렇게 증산된 조선의 쌀이 일본으로 대량 수출되기 시작하면서 또다시 문제가 불거진다. 조선과 동시에 추진된 일본의 산미 증식 계획에 따라 미곡 생산량이 증가하는 가운데 조선에서 쌀이 대거 유입되자 그만 쌀값이 큰 폭으로 곤두박질치고 말았다. 전국적인 쌀 폭동으로

개항 이후 인천은 국내 최대 미곡 집산지였다. 미국인 타운센드가 세운 '담손이'정미소가 인천에 세워진 것도 그런 이유다. 사진은 지금 보아도 엄청난 규모의 일본 카토오정미소 인천지점 정미소.

이미 곤욕을 치른 일본 정부는 부랴부랴 조선에서 유입되는 쌀에 대해 관세를 부과하겠다며 대책 수립에 나섰으나, 품질 좋고 저렴한 조선 쌀의 경쟁력을 당할 수가 없었다[2].

때문에 다시 대책이 수립되었다. 일본으로 들어오는 조선 쌀의 수량을 월별로 일정하게 조절하자는 거였다. 그러기 위해선 조선 쌀의 수출량을 차질 없이 보관 통제할 수 있는 별도의 수단이 마련되어야 했다.

그렇게 확정된 안이 '조선 미곡 창고 계획'이었다. 이어 창고 건설과 창고에 위탁된 쌀을 동양척식과 조선식산은행에서 저리의 자금을 대출한다는 계획이 확정되자, 미곡 창고 건설이 빠르게 진행되었다. 1930년 한 해에만 전국 16개 지역에 17만 석을 수용할 수 있는 미곡창고가 세워졌다.

하지만 정작 중요한 건 쌀을 보관할 수 있는 상업창고의 건설과 이를 관리할 전담 회사를 설립하는 것이었다. 일본은 곧바로 전담 회사의 운영 방안에 대한 윤곽을 제시했다. 설립 회사는 쌀 수출이 많은 5개 항구에 5,000평 규모의 창고를 신축 또는 임대 방식으로 확보케 하되, 건설비와 운영비 등은 국고에서 보조한다는 내용이었다.

이런 계획안이 발표되자 조선은행과 조선식산은행, 동양척식, 조선정미회사 등 법인과 개인 주주를 포함한 28명의 발기인이 모였다. 새로 만들어질 회사의 정관 작성을 비롯하여 세부 운영 계획 수립에 착수했다.

그렇게 경성의 남대문 부근에 자리한 경성전기 본사 건물에서 창립총회를 열고, 조선미곡창고주식회사(이하 미창으로 표기)가 탄생했다(1930). 자본금은 100만 원(약 1,000억 원)이었다. 오늘날 대한통운의 전신인 미창이 조선 물류업계의 원조를 이루면서, 미창의 창립일을 지금도 '물류의 날'로 제정하고 있다.

이처럼 조선 물류의 새벽을 열게 된 미창은 개항장이 들어선 인천항을 시작으로 부산과 진남포, 목포와 군산 지점을 개설하면서 첫 물류 영업을 개시했다. 당시 가장 많은 생산품이자 수출량 1위 화물이었던 쌀의 매입과 운송, 입고, 보관 출하, 선적에 이르는 전 과정을 일괄 관장하는 국책회사로 출범했다. 미창은 이후 일제강점기를 지나는 동안 물류 전문회사로 도전을 거듭해나가게 된다.

특히 미창은 전쟁의 포화 속에서 빠른 속도로 팽창할 수 있었다. 회사 설립 이듬해(1931)에 일본이 만주에서 전쟁을 일으켜 조선에 주둔하고 있던 일본군이 만주 국경을 넘나들면서 군량미의 수송 수요가 급증했다. 미창은 당국과 정부 보유미 위탁계약을 체결하고 정부미의 일괄 보

대한통운의 전신인 조선미창이 창립총회를 열고 조선 물류의 새벽을 연 경성전기 본사 건물. 지금도 지하철 을지로입구역에서 같은 건물을 볼 수 있다.

관 및 운송 업무를 담당케 되었다.

　그뿐 아니라 일본군의 북방 진출이 날로 확대되면서 군수물자의 보관과 수송을 위한 병참기지로써 조선이 차지하는 비중이 더욱 커졌다. 그러면서 1933년에는 조선군사령부의 창고와 함께 현미 보관 및 운송에 관한 청부 계약을 맺었다. 이를 계기로 대일 수출에만 국한되던 미창의 업무 영역은 압록강을 넘어 만주로까지 이어지는 국제간 물류로 확장되기에 이르렀다.

　더욱이 2차 산미 증식 계획(1934)이 중단되면서 미창의 업무 환경은 한층 복잡해졌다. 일본이 산미 증식을 중단시킨 표면상의 이유는 국제 곡물 가격의 하락으로 수리조합의 경영이 악화되어서였다. 하지만 진짜 이유는 정작 따로 있었다. 조선 쌀의 수출 증가로 일본의 농촌 경제가 큰 타격을 입게 되면서 반발이 거세어지자, 일본 정부가 서둘러 조선에서의 산미 증식 계획을 중단시킨 것이다.

호남에서 수집한 쌀이 일본에 대량으로 수출되기 위해 군산항에 산적해 있다. 그러나 쌀의 대규모 이동이 자칫 심각한 상황을 불러일으킬 수도 있었다.

한데도 조선에서의 쌀 생산량은 계속해서 늘어갔다. 이런 상황에서 대일 수출이 가로막히자, 전국 각지에서 생산된 미곡을 보관하기 위한 창고 수요가 폭발적으로 증가했다.

미창 역시 예외가 아니었다. 회사 설립 당시만 해도 향후 5년간 필요한 창고 면적이 7,000평을 약간 상회할 것으로 추정했으나, 1934년 미창이 보유한 창고는 이미 2만 평을 넘어서고 있었다.

하루가 달리 늘어만 가는 보관 수요를 담당하기 위해 미창은 이듬해부터 도처에 지점을 신설하는 한편, 창고 신축 및 증축과 함께 지방에 산재해 있는 농업창고를 적극적으로 매입하고 나섰다. 이렇게 미창은 1936년까지 마산과 여수·강경·원산·해주에 새로이 지점을 신설하고, 신축 창고 2만7,000평과 임대 창고를 포함하여 자그마치 7만 평에 달하

중일전쟁은 미창의 업무 환경에도 엄청난 영향을 미쳤다. 전선이 중국 대륙으로까지 확대되면서, 미창의 업무량 또한 예전과 비교되지 않을 만큼 폭증케 되었다. .

는 보관 능력을 갖추게 되었다.

그러나 이듬해 다시 발발한 중일전쟁(1937)은 동북아 경제 환경에 엄청난 변화를 가져다주었다. 중일전쟁이 발발하기 이전부터 빠른 속도로 공업화가 진행된 일본에선 상대적으로 농촌 인구가 감소하면서 농업 생산량이 눈에 띄게 저하되고 있었다. 이에 따라 쌀을 비롯한 곡물 소비가 크게 늘면서 조선 쌀의 수입량도 다시금 증가하기 시작했다.

그뿐 아니라 미창의 업무 수행에도 변화가 요청되었다. 일본군의 전선이 중국 본토로까지 확대되면서, 군량미를 포함한 군수물자의 보관 및 배급 기관으로서 미창의 업무량이 예전과 비교가 되지 않을 만큼 폭증한 것이다.

중일전쟁 이후 일본의 대륙 지배가 보다 확고해지면서, 조선의 주요 항구와 철도역에는 이미 오래전부터 대륙을 떠나는 화물과 여객이 물밀듯이 밀려들고 있었다. 1937년부터 미창이 항만에 들어오는 화차 운송에서 창고 보관을 거쳐 선적에 이르는 작업의 전 과정을 일괄 취급하기 시작한 것도 항만의 적체가 시작된 바로 이 무렵부터였다.

그러나 1939년은 대부분의 조선인들에게 악몽과도 같은 한 해였다. 역사상 최악의 가뭄으로 쌀 생산량이 전년도에 비해 절반 가량인 1,000만 석 가까이 줄어들자, 도시와 농촌을 가리지 않고 각지의 쌀값이 급등하며 매점매석마저 횡행했다.

조선의 대흉작으로 말미암아 일본의 궤도 수정 또한 불가피했다. 일본 군부의 전시 식량 수급 계획에 차질이 생기자, 서둘러 3차 산미 증식 계획을 수립했다. 이듬해부터 연산 3,000만 석을 목표로 대대적인 증산에 총력을 기울였다. 미창 또한 증산 계획이 다시 추진되면서 보관 업무 역시 증가할 수밖에 없었다.

1941년엔 일본의 진주만 공습으로 태평양전쟁이 시작되어 전선이 보다 확대되자, 조선을 경유해 만주와 중국 등지의 전장으로 수송되는 전시물자의 물동량도 크게 증가했다. 이에 따라 미창의 영역 또한 전선을 따라 점차 북쪽으로 이동하면서, 1942년 한 해에만 함흥과 평양, 청진에 새 지점을 개설했다.

1943년이 되자 전쟁이 막바지로 치닫기 시작했다. 철도를 통해 수송되는 전시물자가 급증하면서 미창은 같은 해 남한 13개 역과 북한 10개역 등 23개 역에 차급화물(화차 1량 단위로 실리는 대량 화물)에 대한 면허를

조선에서 쌀 생산량이 계속해서 늘어갔으나 대일 수출길이 막히자 생산된 미곡을 보관하기 위한 창고 수요가 폭발적으로 증가했다. 사진은 미곡이 대량으로 보관되어 있는 미창의 미곡 창고.

받아냈다. 정부 관리 양곡의 효율적인 운송 취급을 위한 면허였으나, 당시 취득한 면허는 이후 미창이 소량 운송 분야에도 활발하게 진출하는 출발점이 되었다. 이같이 전시물자의 취급량이 하루가 다르게 늘어가는 가운데, 해방 직전인 1944년 미창의 회사 보유 창고는 어느덧 10만 평에 육박하고 있었다[3].

필자는 1960년대 국내 7대 도시였던 남도의 항구도시 목포에서 어린 시절을 보냈다. 또 그 도시에서 가장 큰 건축물은 다름 아닌 미창의 미곡 창고였다. 고만고만한 시내 건물들을 보다가 어쩌다 역전 근처에 자리한 미창에라도 가볼라치면 그 우람한 창고 건물이며, 끝없이 즐비하게 늘어선 위용에 그만 압도당하고 말았던 기억이 지금도 생생하다. 모르긴 해도 미창이 들어선 다른 도시들 또한 별반 다르지 않았을 것으로 추측된다.

어떻든 해방 이전까지 미창은 이 땅에서 가장 큰 건축물을 보유하고 있었다. 또 그런 인프라 구축을 기반으로 한 물류 분야에서 값진 업무 경험을 축적해나가고 있었다.

자본금 3조8,500억 원, 종업원 5만 명의 '조선운송'

'상계의 역사'에서 물류 업계의 개척기를 돌아볼 때, 아울러 국내 최대 기업의 탄생을 알리는 여정을 밝혀나갈 때 조선미창(이하 미창으로 표기)만을 가지고는 설명이 다 되지 않는다. 앞서 살핀 미창이 전국의 주요 항구에 건축한 대규모 '미곡 창고를 중심으로 미곡의 운송과 보관 및 출하 부문의 물류'를 개척해나갔다면, 조선운송(이하 조운으로 표기)은 전국에 거미줄처럼 깔린 '철도역을 중심으로 철도화물의 운송과 출하 및 배달 부문의 물류'를 개척해나갔다. 각기 항구와 철도라는 고유 영역을 구축하며 근대 물류업의 쌍벽을 이뤘다.

그러나 조운의 성장통은 미창과 또 달랐다. 조운의 역사야말로 조선 운송업자들의 끝없는 투쟁과 도전, 협력으로 이루어진 산통 끝에 탄생할 수 있었다.

사실 종래의 조선 운송업은 전통적으로 상인들의 숙박과 상품 거래를 중간 도매한 객주와 여각(旅閣)이 전담 겸임한 것이 오랜 상례였다. 또한 객주와 여각은 주로 포구나 나루에 자리하기 마련이었다. 대부분 고개가 많은 내륙보다는 상품 운송이 쉬운 강과 바다에 의존하고 있었다. 일본의 운송업자들이 침투해 들어오기 시작한 19세기 초 개항 이후에도 한동안 해운과 강운을 중심으로 한 운송체계는 별다른 변동이 없었다.

그러다 노량진↔제물포 구간 32.2킬로미터의 경인선 철도가 개통(1899)된 데 이어, 경부선과 경의선 철도가 잇따라 깔리기 시작하면서 상황이 달라졌다. 해운과 강운을 중심으로 조선의 운송업계를 독점해 온 객주와 여각은 새로운 교통수단에 밀려 쇠퇴하거나, 철도 정거장으로 자리를 옮겨 앉아야 했다. 조선의 운송업계가 철도를 이용한 화물 운송 중심으로 빠르게 재편되어 나갔다. 또 이처럼 강이나 연안을 따라 주로 선박을 통한 근거리 운송과 하역을 업으로 삼던 조선의 운송업자들이 경쟁적으로 철도화물 운송에 뛰어드는 동안, 명치유신(1868) 이후 자본을 축적한 일본의 크고 작은 운송회사들이 하나둘 조선에 발을 들여놓기 시작했다.

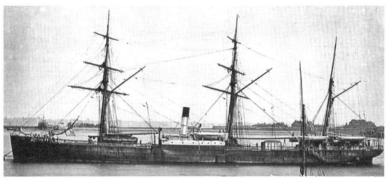

마산항에 정박한 조선의 세곡선 현익호(1897). 444톤 규모의 현익호는 2개의 돛을 단 2범帆 기선으로 당시 국내에선 가장 큰 선박이었다.

그렇게 경부철도와 경의철도의 주요 역이나 중간역에는 으레 조선과 일본의 운송업자가 상당수 존재하고 있었다. 철도기관과의 밀착 관계로 보나 자본의 규모 면에서 일본의 운송업자들이 압도적으로 유리했지만, 조선 운송업자들의 활동 또한 만만치 않았다.

한데 러일전쟁(1904)이 끝나자 일본은 경부선과 경의선 등을 국유로 전환했다. 노선 연장 사업도 대대적으로 추진시켰다. 평남선을 개통(1910)한 데 이어 호남선과 경원선의 전 구간이 개통(1914)되면서, 한반도를 거미줄처럼 연결하는 철도망을 구축해나갔다. 그 사이 1911년에는 압록강 철교가 준공되어 광활한 만주 벌판으로까지 철도가 연결되었다.[4]

조선철도의 이 같은 국제화는 당시 정세 변화와도 맞물려 조선은 물론이고 동북아 운송업계 전반에 걸쳐 일대 지각 변동을 몰고 왔다. 또 그 소용돌이가 시작되는 시점(1907)에 통감부의 비호 아래 일본의 운송 전문업체인 내국통운이 조선에 들어왔다.

내국통운이 한성에 지점을 설치하고 영업을 시작하자, 통감부는 철도 화물 운송취급인 승인제도를 도입했다. 이 승인제도는 내국통운을 비롯한 일본계 업체를 보호하기 위한 수단이었다.

그런 결과 조선의 운송업계는 불꽃 튀는 경쟁 구도로 내몰렸다. 내국통운 계열 점소의 친목단체인 통운동맹회와 중소 규모의 일본계 및 조선계 업체들이 연대한 조선운수연합회 사이에 알력과 다툼이 끊이지 않았다. 대자본과 소자본의 연대가 서로 물러설 수 없는 벼랑 끝 대립으로 치달았다.

이런 와중에 조선철도의 경영을 일제의 국책기업인 만주철도(이하 만철로 표기)에 통합시켜 위탁(1917)하기로 하자 운송업계가 술렁였다. 1차

경인선 철도 개통 당시의 인천역. 개통 당시 인천역은 여객의 운송보다는 철도화물 운송과 철도 운영에 직접적으로 필요한 시설만이 세워져 초라하기까지 했다. 인천역 역사가 고작 90평 남짓이었다.

세계대전(1918)이 끝난 후 시작된 경기침체가 장기화되는 가운데, 그동안 우후죽순처럼 늘어났던 운송업체들은 물량 부족과 경쟁에 따른 수지 악화로 고전하고 있었다.

그러자 철도화물시장의 혼란을 우려한 만철의 경성관리국은 조선철도승인운송조합을 결성하고 나섰다. 일본계 운송업체 위주로 정산 업무를 단일화하겠다는 의도였다.

조선운수연합회 소속의 조선계 업체들은 발끈했다. 조선계 업체들 또한 독자적인 선운동우회(1922)를 조직하고, 회원사 간에 친목 도모와 더불어 별도의 정산 업무를 취급하기 시작했다.

그러던 중 변수가 발생했다. 일본에서 내국통운과 경쟁 관계사였던 국제운송이 다시 조선에 진출(1923)해 들어왔다. 지금껏 내국통운이 독점적인 영향력을 행사하던 조선의 운송업계는 이 두 일본 회사의 세력

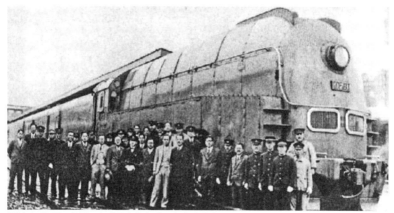

일본이 만주를 점령한 뒤 개통하면서 대륙까지 내달렸던 만철의 특급열차 아지아호. 사진에서 보듯 당시로선 파격적인 유선형 선체에, 객차 내부에는 냉난방시설까지 갖추었다. 조선의 경의선으로 연결되는 대련을 출발한 만철의 특급열차 아지아호는 만주국의 수도 신경을 거쳐, 하얼빈역까지 순간 최대 시속 170km로 내달렸다.

권으로 갈라져 새로운 대립과 갈등의 늪으로 빠져들었다.

　그러자 일본계 승인점조합을 중심으로 조선운송업활동유지회를 결성하고 통합을 논의하기 시작했다. 조선계 업체들의 조직체인 선운동우회는 즉각 반발했다. 하지만 거대 자본에 맞서기 위해선 뭉쳐야 한다는 회원 업체들이 늘면서 결국 통합에 참여키로 입장을 정리했다.

　한편 일본의 내국통운과 국제운송은 자국 철도성의 주도로 통합 작업을 진행한 결과, 내국통운이 국제운송을 합병하면서 회사명을 국제통운으로 변경시켰다. 조선에서의 운송업계 통합 역시 변화에 따른 영향을 받을 수밖에 없었다.

　그러나 내국통운으로 조선에 진출한 이래 줄곧 절대 우위를 점하고 있던 국제통운은 처음부터 통합에 부정적인 입장이었다. 그러면서 운송업계는 조선계 업체들의 조직체인 선운동우회를 중심으로 하는 통합파와 일본계 국제통운이 이끈 반대파 진영으로 갈려 한 발짝의 양보도 없이 대립하게 되었다.

보다 못한 철도국이 긴급 중재에 나선 끝에 국제통운이 최종적으로 이탈을 선언하자, 조선의 운송업 통합은 조선계 운송업체들이 모인 통합파가 주도할 수 있게 되었다. 결국 통합파 진영은 발기인 총회(1930)를 열고 회사 설립 안건을 가결한 데 이어, 주식 대금 100만 원(약 1,000억 원) 전액을 불입하면서 회사의 경영진 전원을 선임했다. 4년여의 우여곡절 끝에 조선운송업계를 대표하는 조선운송주식회사(이하 조운으로 표기)가 마침내 탄생하는 순간이었다.

이렇게 출범한 조운은 회사를 설립한 이후 통합에 찬성하는 군소업체들을 지속적으로 흡수 합병해나갔다. 그런 결과 출범 첫해 이미 전국 주요 역의 41개 직할점에서 일제히 영업을 개시할 수 있었다. 철도국에서도 나 몰라라 하지 못했다. 조선 전체 운송업자들의 70% 이상인 1,328개 업체가 회사 설립에 참가한 사실을 들어, 업계에선 유일하게 조운을 국유철도 지정 운송 취급인으로 지명했다.

이를 계기로 조운은 역 구내에서의 화물 작업과 집배, 소화물 배달, 소구 급과 톤 급 화물의 운반, 작업 인력 공급 등 대부분의 운송 업무를 대행케 되었다. 철도국 또한 철도 영업 창고의 경영을 조운에 위탁하고 화물자동차를 제공하는 한편, 조운의 임직원에 대해서는 무임승차증을 제공하는 등 지원을 아끼지 않았다.

철도국의 이 같은 조치에 일본의 국제통운은 당장 위기감을 느꼈다. 국제통운은 계열 점소의 친목 단체인 통운동맹회, 선운협회, 조선운송동맹회 등을 움직였다. 집단행동으로 세력을 과시하는 한편, 각지의 화

경부선에 이어 경의선이 신의주까지 완전히 개통하여 만주 대륙으로까지 기차가 내달리게 되는 1907년 이래 한반도 철도의 중심이 된 용산의 조선총독부 철도국 전경.

주들을 대상으로 운임 경쟁과 화물 쟁탈 등을 벌이기 시작했다.

그러나 조운과 국제통운 양 진영 간의 경쟁과 암투는 쌍방 모두에게 고통만을 안겨주었다. 이런 와중에 화물 짐표를 허위로 발급하는 등 범법행위마저 저지르는 업체들이 나타나 시장이 어지러워지자 끝내 정책 결정권자가 나섰다. 철도국과 함께 자금줄을 쥔 조선은행이 중재에 나서면서 상황은 급변했다.

결국 그동안 통합에 반대해 오던 일본의 국제통운을 비롯하여 조선운송 3사의 대표들이 통합에 합의하기에 이른다(1931). 국제통운이 조운에 합류하면서 조선의 운송업은 드디어 조운을 중심으로 하는 일원화 시대로 접어들었다.

더욱이 이듬해부터는 동북아 경제도 오랜 불황을 넘어 때맞춰 활황 조짐이 보이기 시작했다. 조선과 만주에 진출하기 시작한 일본의 공업자본이 증가하면서, 조선의 운송업계 역시 전에 없는 호황기에 들어섰다.

지금의 웨스틴조선호텔 자리에 위치한 조선철도호텔(1914). 호텔의 내부 전경(아래 사진). 일제는 방대한 지역에서의 원활한 운송을 위해 철도를 중심으로 대형 호텔과 병원까지 운영하기에 이른다.

이듬해엔 만주국이 건국(1932)되면서 조선을 거쳐 만주에 이르는 최단 거리 노선의 확보가 일본 정부의 최우선 전략 과제로 떠올랐다. 다시금 운송업계가 요동쳤다.

　일본은 만주 신경新京에서 함경도 회령을 거쳐 나진에 이르는 구간에 이어, 나진에서 청진과 원산을 지나 경성에 이르는 철도를 개통했다. 이 노선이 개통되면서 원산과 청진을 거쳐 만주로 이동하는 물동량이 급증하자, 조운에 합류한 일본의 국제통운과 만주 대련大連에 본사를 둔 일본의 국제운수가 이 황금 노선에 서로 눈독을 들이고 나섰다.

　새로운 황금 노선을 두고 1년 가까이 첨예하게 대립했던 두 회사의 이해관계는 결국 타협과 양보로 합의점을 찾았다. 만주 대련에 본사를 둔 일본의 국제운수가 청진 이북의 철도 영업권을 갖는 대신 조선의 운송시장에서 빠져나갔다. 국제통운은 해운 업무 일체를 조운에 양도하면서 조운을 실질적으로 지배한다는 조건으로 최종 일단락 지었다.

　이처럼 국제통운의 해운 업무가 새로이 편입되면서 해상 운송 물량이 급증하자 조운은 해운 부서를 신설했다(1934). 해운 점소도 15개나 확장하는 등 조선 전역에서 운송 일관 체제를 빠른 속도로 구축해 나갔다.

　이후 벌어진 중일전쟁(1937)으로 국내 경기는 인플레가 날로 확대되어 갔으나, 반대로 운송업계만은 활기를 띠었다. 조선 쌀의 일본 수출과 만주에서 생산되는 잡곡 수입을 비롯해서, 관공서 및 군부대 물자 수송 등으로 전에 없이 바쁜 나날을 보냈다.

　1939년부터는 조운의 영업 기반이 더 북쪽으로 뻗어나갔다. 당시 신의주에서 다사도항으로 이어지는 압록강 하구의 넓은 지역에 수많은 공장들이 줄지어 세워졌다. 곧 완공될 수풍발전소의 전력과 압록강을 이

용하여 군수품을 생산할 공
장들이었다. 조운은 신의주와
다사도항에 지점을 설치하고
새로운 화물을 확보하는 한
편, 부산과 베이징 간 대륙 기
차 운행 개시를 계기로 중국
내륙의 주요 도시를 도착지로
하는 철도화물 영업에도 활발
하게 진출했다.

1937년 창간된 조선운송의 사보 「조운」. 「조운」은
우리나라 최초로 창간된 기업 사보의 효시로 기록
되고 있다.

조운은 창립 10주년(1940)
을 맞는다. 설립 당시 4과 10
계였던 본사 조직이 8과 26계로 확장되었다. 또 해운 점소를 포함한 지
점과 출장소 등 현장 인프라도 43개에서 169개로 크게 늘면서, 어느덧
조선을 넘어 동북아 굴지의 물류기업으로 도약하고 있었다.

그러나 같은 해 연말부터 철도와 자동차의 연계를 강화해야 한다는
철도국의 방침이 정해졌다. 이에 따라 전국 철도역을 매개로 이루어지
고 있던 화물자동차 사업이 조운 주도로 통합 작업을 추진하였다.

이 통합 작업은 전국 22개 주요 역 소재지에 난립해 있는 소규모 운송
회사 372개를 통합해 1역 1사 기준으로 합동 운송회사를 설립하고, 나머
지 작은 역 소재지에 있는 827개 군소 회사는 조운이 직접 인수하는 방
식을 취했다. 이런 결과 전국 22개 주요 역에는 합동 운송회사 1개와 조
운이 1역 2사 체제로 영업을 하고, 나머지 작은 역에선 조운 1사가 전담
해서 영업하는 체제가 갖추어졌다.

전통적으로 포구나 나루를 이용한 해운과 강운으로 시작된 우리의 물류체계는 일제강점기 철도로 옮겨가게 된다. 조선운송은 한반도에 거미줄처럼 깔린 철도역을 중심으로 철도화물의 운송과 출하 및 배달 부문의 물류를 개척해나가 지금의 CJ대한통운으로까지 이르게 된다.

　하지만 이렇게 만들어진 22개의 합동 운송회사는 조운이 모두 50% 이상 투자한 자회사였음에도 불구하고, 영업 현장에서 원활한 협조가 이루어지지 않았다. 이 같은 밥그릇 싸움은 철도국의 조정에 의해 항만 운송과 하역 작업에 관련된 회사를 통합하는 작업이 추진되면서 비로소 해소될 수 있었다 (1941).

　또 그런 과정을 거치면서 조운은 함경도 흥남의 서호진 수산운수의 운송 부문을 포함하여, 22개 합동 운송회사 전체를 흡수 합병했다. 아울러 업무와 인력을 그대로 받아들임으로써 육상 운송업계를 천하 통일할 수 있게 되었다(1942).

　항만의 운송업 역시 전시의 일원화 정책에서 예외일 순 없었다. 전시

통제령(1941)이 내려지기 전까지 전국 항만의 하역과 운송업이 자유업으로 누구나 간판을 내걸 수 있었다. 그러나 전시 통제령 이후 항운업에 대한 통제 방침이 구체화 되면서, 전구 주요 10대 항구(부산, 인천, 목포, 군산, 마산, 포항, 해주, 진남포, 원산, 성진)에는 조운이 50% 이상 투자한 항운주식회사가 일시에 설립되었다.

한데 조운의 자회사로 설립된 이들 항운 역시 철도역의 합동 운송회사와 같은 문제점을 드러냈다. 그러자 이들 10개 항운을 전격 해산하고(1943), 그 업무와 임직원 모두를 신설 합병 형식으로 조운에 흡수시켜 조선내륙운수로 회사명을 바꿨다.

그러면서 해방 직전 조운은 항만 하역과 연안 해운을 비롯하여, 철도 화물과 공로 운송에 이르기까지 미치지 않은 데가 없었다. 조선 전역의 육운에 이은 해운 모두를 천하 통일한 종합 물류기업으로 우뚝 섰다.

회사의 규모 또한 어마어마했다. 자본금 3,850만 원(약 3조8,500억 원)에 종업원 수 5만 명에 달하는, 일제강점기 국내 어느 기업과도 비교할 수 없는 거대 기업으로 성장해가고 있었다.

"
남북 종단 철도 1천km, 토목업계의 씨앗을 뿌리다
"

불과 백여 년 전만 하더라도 한강은 지금보다 강폭이 두 배가량은 더 넓었다. 지금의 용산역 가까이 서해의 조수가 올라와 지방의 어염선박이며 숯을 싣고 온 시탄선박, 세곡선박 등이 무시로 드나들었다.

때문에 선초부터 용산에 운하를 뚫자는 얘기가 심심찮게 나돌았다. 실제로 태종 때 좌의정 하륜 등이 용산 운하를 주청하고 나섰다. 용산까지 들어오는 세곡선박이 남대문 앞까지 올라와 손쉽게 하역할 수 있도록, 1만 명가량의 군사와 백성을 동원해서 지금의 원효로를 따라 흐르는 욱천旭川을 준설·확장하여 운하를 만들자고 요청한 것이다.

욱천은 지금 모두 복개되어 큰 도로로 사용되면서 그 모습을 찾아보기 어렵다. 당시 욱천은 제법 큰 하천으로 하천 주위는 모두 저습지였다. 여름철 홍수가 나면 남대문 근처까지 범람하기 일쑤였다고 한다.

태종은 하륜의 주청을 받아들였다. 용산 운하 계획을 대신들의 공론에 부쳤다.

한데 반대가 극심했다. 용산도 도성에서 가까운 곳인데 굳이 백성들

을 괴롭힐 필요가 있
겠느냐며 반대하고
나서는 바람에 용산
운하 계획은 무산되
고 말았다. 만일 이
때 용산 운하가 성사
되었더라면 개경에
서 한성으로의 천도
이후 대규모 토목건
설 공사가 될 뻔했다.

경성↔부산 간 경부선의 기공식(1901)을 기념하기 위해 꽂은 조
· 일 양국의 국기가 눈에 띈다. 한데 태극기보다 일장기가 훨씬
더 컸던 건 당시 이 땅의 주권이 어디에 있었는가를 점치게 하고
있다.

그 다음으로 대규
모 토목건설 공사는
정조(22대) 때 수원

화성의 축성(1794~1796)을 들 수 있다. 성벽의 둘레만 5,744m에 4개의
성문을 비롯해서 공심돈 3개 등 총 48개의 시설물로 일곽을 이루고 있
는 18세기 최대의 토목 건축물이다.

하지만 무산된 용산 운하도, 수원 화성의 축성도 모두가 공역이었다.
국가가 백성들에게 의무적으로 부과한 부역으로 이루어진 대규모 토목
건설 공사였던 셈이다.

그러나 일제강점기 일본에 의해 부설된 경인선, 경부선, 경의선 등의
철도 공사는 성격부터가 전혀 달랐다. 처음으로 공역이 아닌 사역의 성
격을 띤 대규모 토목건설 공사였다. 또 여기에 대한 우리의 대응 또한
적극적이었다. 비록 근대적 굴레에서 벗어나지 못한 보잘것없는 수준이

총 길이 445.6km의 경성↔부산 간 경부선이 완공되어 개통식(1904)을 가졌다. 일본은 철도건설 공사에 조선인들을 강제 동원하고, 철도 침목 등의 목재를 남벌해서 사용하는 등 갖은 약탈적 방법으로 지구촌에서 가장 저렴한 비용으로 건설할 수 있었다.

었다 하더라도, 처음으로 기업 형태를 띤 토목건설회사들이 등장케 된 것이다.

이것은 당시 철도부설 공사가 발기와 청부로 엄격히 이원화되어 있기에 가능했다. 경부선 철도와 경의선 철도의 건설 공사가 진행되던 시기의 철도건설은 발기회사가 철도건설 계획과 노선의 선정 및 철도 용지 확보 등의 업무를 담당하고, 토목건설 청부회사가 철도건설 공사를 담당하는 형식으로 업무를 구분시켜 놓았다. 따라서 현장의 근로자들을 직접 사역하여 교량을 건설하고, 터널을 굴착하며, 레일을 건설하는 등의 철도건설 공사를 실제로 수행했던 건 순전히 발기회사와 청부 계약을 맺은 일본과 조선의 토목건설회사들이었다.

물론 일본의 철도 발기회사 또한 각 공정을 수주하고 시공해 나갈 수 있는 청부회사를 선정하는 원칙이 따로 없진 않았다. 청부회사가 보유하고 있는 자본과 경험 및 기술의 적합성 여부, 요컨대 할당된 공사를 책임지고 완공할 수 있는 역량과 신뢰를 우선 고려하지 않을 수 없었다.

그렇더라도 철도건설이 일본이 아닌 조선에서 시행된다는 특수성은 일본에게 골머리였다. 단순히 청부회사의 자본과 경험 및 기술만을 기

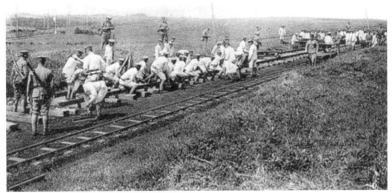

일제가 조선에 첫 입맞춤을 한 것은 철도건설이었다. 그러나 일제는 우리의 철도 자력건설운동을 철저히 짓밟으면서 일본군의 군용 철도로 만들어 나갔다.

계적으로 고려하여 일방적으로 일본의 토목건설사들을 선정해줄 수도 없는 노릇이었다. 철도건설 공사를 시행하기 위해서는 당장 조선인들로부터 방대한 면적의 철도 용지와 수많은 근로자를 동원하지 않으면 안 되었다. 철도 용지와 노동력을 확보하기 위해서라도 조선인들로부터 적대 감정을 누그러뜨리는 것이 급선무였다.

이런 분위기 속에 철도건설의 붐을 타고 조선에서도 처음으로 토목건설사가 다수 설립되었다. 장님 문고리 잡는 식이었으나 어떻게든 철도건설 공사에 참여해보려 활발히 움직였다. 이런 움직임은 일본 정부가 조장한 측면도 없지 않았다. 일본이 조선 정부와 철도건설 계약을 체결하는 과정에서 철도건설이 조·일 양국의 합동 사업이라고 교묘하게 선전한 술책에 현혹되어 촉발되었기 때문이다.

어떻든 철도건설 공사의 수주 활동에 가장 먼저 뛰어든 토목건설사는, 관찰사(지금의 도지사) 출신의 초대 사장 이병승이 설립한(1899) '대한국내철도용달회사'였다. 이 회사는 설립과 동시에 일본의 '경인철도합자회사' 측과 경인철도 토목건설에 필요한 각종 물품 구매와 근로자를 모집하여 공급한다는 일종의 청부 계약을 맺었다.

청부 계약이 체결된 후 대한국내철도용달은 신문에 광고를 게재했다. 신문광고에 의하면 이 회사가 일본의 철도회사에 납품하려고 한 각종 물품은 목재, 석재, 석탄, 연와석煉瓦石, 칡넝쿨, 삼베, 동아줄, 짚신, 엽초, 미곡, 곡류, 음씩 따위였다. 그런가 하면 철도 공사에 필요한 다량의 석탄을 확보키 위해 함경도 지역의 탄광을 인수 합병하기도 했다.

하지만 이후 영업 체제를 확충 정비하기 위해 사장을 궁내부 대신이자 왕족인 청안군清安君 이재순(제4장 '왕조가 망하자 잡화상점 차린 왕족' 참조)을 모셔 왔다. 사장이 왕족으로 바뀌면서 한성→원산→경흥을 연결하는 경원선 노선 건설권을 따내는 데 성공했다. 일본인 측량 기사도 고용했다. 두 달여 동안 한성에서 양주에 이르는 노선 예정지를 측량하기조차 했다.

그러나 자본이 부족했다. 측량을 더 이상 추진키 어려웠다. 이 회사가 경원선 철도의 건설권 인허가를 받을 당시 궁내부에서 주기로 한 거금이 무산되면서 심각한 자금난에 빠져들고 만 것이다.

결국 이 회사는 경원선 토목건설 계획을 중도에서 접는다. 설립 당시 표방했던 철도 공사에 필요한 각종 물품 구매와 근로자를 모집하여 공급하는 청부회사로 돌아갔다. 그러면서 첫 철도 공사인 노량진↔제물포 간 경인선 철도 공사의 일부 사역 부문에 참여케 되었다.

대한국내철도용달과 함께 같은 시기 활발하게 움직였던 또 다른 토목

일제는 경부선을 착공한 데 이어 이듬해 곧바로 경의선 착공에 앞서 먼저 경성↔송도 구간 기공식을 가졌다. 사진은 경의선 철도건설 공사 건설 자재 운반용 월미도↔인천역의 철도지선 4km 구간 전경

건설사는 '대한경부철도역부회사'였다. 고위 관료의 영향력을 이용하여 설립 허가를 받은 일종의 관변회사였던 셈이다.

하지만 자금 모집에 대한 구체적인 규정이나 실현이 없어 이렇다 할 것을 보여주지 못했다. 초창기 토목건설회사의 속성대로 단순히 근로자들을 모집하여 공급하는 일종의 인력 청부회사에서 벗어나지 못한 것이다.

그 밖에도 철도건설 공사에 참여키 위해 뛰어든 군소 청부회사가 여럿이었다. 이재순이 설립한 '철도목석등물용달회사', 김재정의 '흥업회사', 정기봉의 '한성철도역부회사', '경성토목회사', '경성북제특허회사' 등이 그것이다.

지방에서도 생겨났다. 부산에서 동래부사(지금의 시장) 현명운이 경부 철도 공사를 청부받기 위한 '부산토목합자회사'를 비롯하여 '한일공업조', '경부철도경상회사' 등이 간판을 내걸었다.

이처럼 서울과 지방에서 속속 등장하게 된 토목건설사들은 사실 철도 기공을 앞두고 급조되어 거품처럼 등장한 면이 없지 않았다. 하지만 이들의 등장을 뒷받침해줄 만한 사회적 여건이 어느 정도 성숙해 있었다는 점 또한 부인할 수 없었다.

예컨대 토목건설사 설립 붐과 때를 같이 하여 우리 손으로 각종 철도학교를 세웠다. 서구식 토목건설 기술을 습득한 졸업생들이 다수 배출되었다.

1900년에 개교한 사립 철도학교는 한 해 만에 15명의 졸업생이 나왔다. 낙영학교에서도 철도학과를 특설하여 철도기사를 양성했다. 흥화학교의 양지과量地科에서는 한 해에 23명의 졸업생이 배출되었다.

그러나 토목건설업계의 이 같은 적극적인 참여는 일본의 '경부철도(주)'에서는 결코 반가울 리 만무했다. 처음부터 기대한 것도 아닐뿐더러, 더구나 일관된 정책도 아니었기 때문이다. 당시 일본의 철도건설업계가 깊은 불황에 빠져있는 상황을 고려한다면, 조선에서의 이 같은 움직임은 경부철도 건설에 기대를 걸고 있던 자신들의 이익과는 어긋난 것이었다.

따라서 일본 정부는 경부철도의 철도건설 공사를 원만하게 진행하기 위해서라도 고육책이라도 찾지 않으면 안 되었다. 경부철도 공사에 참여하기를 희망하는 일본 철도건설업계의 욕구를 일정 선에서 만류해가며, 조선의 토목건설사들의 공사 참여를 묵인할 수밖에 없었다.

때문에 일본의 철도건설업계는 조선의 토목건설업계가 어떻게 움직이는가를 예의 주시해야 했다. 공사에 참여하는 방법으로 우회적인 길을 선택하지 않으면 안 되었다.

일제가 경부선 철도 공사를 벌였을 때 조선은 철도 자력건설운동을 벌여나갔다. 철도학교를 여러 곳에 세워 서구식 토목건설 기술을 습득한 졸업생들을 다수 배출했다. 사진은 경성철도학교(1920)

　우회적인 길이란 딴 게 아니었다. 자본의 부족과 기술의 미숙이라는 조선 토목건설사들의 약점을 최대한 걸고넘어지는 거였다. 철도 공사가 시작된 지 얼마 지나지 않자 일본의 철도건설업계가 마수를 드러낸 것이다.

　조선의 토목건설사에 얼마 되지도 않은 수수료를 지불하거나, 합자의 명목으로 그들의 명의를 간단히 손에 쥐게 되었다. 일본의 철도건설사들은 그러한 명의로 경부철도와 다시 계약을 맺었다. 계약서를 들고 공사에 참여함으로써 겉으로 보기에는 조·일 양국의 토목건설사들은 공존 관계가 유지되는 듯했다.

　그러나 이 같은 공존 관계는 경부철도가 기공된 지 1년여가 지난 시점부터 붕괴하기 시작했다. 일본의 토목건설사들이 깊은 불황에서 탈출하

아직은 공사 중인 경성역의 전경. 일제는 경성역을 건설하면서 사유지 1만1,929평, 민간 가옥 2,346채와 함께 분묘 1천여 기를 철도 용지로 강제 수용하면서 집단 시위가 벌어지는 사태가 발생하기도 했다.

기 위해 앞다투어 경부철도 공사에 침투해 들어오면서 철도건설 공사를 일본이 독자적으로 추진하려고 했기 때문이다.

조선의 토목건설사들이 즉각 반발하고 나섰다. 각사의 대표들이 모임을 갖고 일본 측의 부당성을 통박하는 설명서를 발표하면서, 집단적인 저항에 들어갔다.

그러자 공사 진척에 차질을 빚을지도 모른다고 생각한 일본 정부가 개입했다. 조선 토목건설사들의 반발을 무마시키기 위한 계책을 내놓았다. 조·일의 토목건설사들이 모두 다 참여하는 초대형 청부회사인 '한국특허회사'를 설립하자는 묘안이었다.

한데도 저항은 계속되었다. 정부의 매판적 고위 관리와 거기에 종속

경부선과 경의선 철도부설 공사를 시행하면서 일제는 폭력을 앞세웠다. 막대한 규모의 철도 용지를 강제로 탈점했을 뿐 더러, 연인원 수천 명에 달하는 연선 주민들을 강제 동원하여 살인적인 노역을 강제하였다.

된 일부 청부회사를 제외한 조선의 토목건설사 대부분은 특허 회사에 참여하지 않았다. 조선의 토목건설사들은 단결하여 공사 청부를 미끼로 접근하는 일본의 회유 공작을 뿌리치고 철도 사역에 일체 불참키로 한 것이다.

하지만 칼자루를 쥔 쪽은 일본이었다. 더구나 러·일전쟁(1904)을 목전에 둔 터였다. 전쟁에 앞서 경부, 경의, 삼마 철도를 건설하여 러시아의 함포사격으로부터 안전한 병참 건설을 확보하는 것이 최대 급선무였던 일본은, 경부철도를 신속히 건설하라는 비상조치를 내린다.

아울러 철도건설 공사를 일본의 9개 철도 건설사에게 분할하여 담당토록 배당했다. 경부철도는 전시 아래 신속한 공사라는 비상조치를 교묘하게 이용하여 그동안 논란의 대상이 되어 왔던 조선의 토목건설사들을 공사 현장에서 일체 배제하였다.

나아가 일본은 조선 정부에 방대한 철도 용지를 요구하고 나섰다. 경부철도와 경의철도의 선로 용지는 폭 18m였고, 정거장 1개소의 평균 면적은 경부철도의 경우 3만 평, 경의철도는 10만 평 규모였다. 일본은 이같이 조선과 대륙을 침략하기 위한 간선으로 경부철도와 경의철도를 건설하면서, 무려 2천만 평에 달하는 방대한 철도 용지를 폭력을 앞세워 무상 혹은 거기에 가까운 헐값으로 탈점(奪占)했다.

저항이 없을 리 만무했다. 지금의 서울역이 들어선 남대문 근처의 사유지 1만1,929평, 민간 가옥 2,346채와 함께 분묘 1천여 기가 철도 용지로 강제 수용되면서 집단시위가 벌어지는 사태가 발생했다.

일본은 거기에 그치지 않았다. 연인원 수천 명에 달하는 철로 주변의 연선(沿線) 주민들을 철도 근로자로 강제 동원하여 살인적인 노역을 강제하였다. 조선 정부의 주권이 철저히 무시된 채 일본의 토목건설사 혹은 철도대대와 공병대대의 노동조직이 조선인 근로자를 폭력으로 지휘 감독하는 방식이었다. 더욱이 당시 일본은 전쟁 중이었기 때문에 하루라도 빨리 공사를 완공시키려고 혈안이 되어 살인조차 서슴지 않았다.

그뿐 아니라 일본인 철도 근로자들의 행패까지 연이어졌다. 부녀자를 겁탈하는가 하면, 양민을 살해하며, 비협조적인 지방의 군수들을 구타하는 사례까지 빈번했다. 일례로 경북 청도에서 일본인 철도 근로자가 민가에 난입해서 부녀자를 겁탈하려다 남편이 제지하자 권총으로 쏘아 허벅지를 관통시킨 것도 모자라, 15세 된 아들을 무참히 살해했다.

결국 조선인들은 철도를 문명의 이기가 아닌 일제의 침략과 수탈의

경성↔부산 간 445.6km 갈이의 경부선을 내달린 특급열차 아카쓰키의 운행 전경(왼쪽 사진). 대부분 일본인 승객들로 채워진 아카쓰키 1등석 전망차의 내부 전경(1936).

도구로 받아들이게 되었다. 아울러 연선 주민들을 주축으로 침략 세력과 그들에게 굴종한 매판적 지배 세력에 대해 끊임없이 저항운동을 전개하기에 이르렀다.

이처럼 한반도를 남북으로 종단하는 1천km의 경부·경의철도는 우리 민족의 씻을 수 없는 수난과 희생 위에 구축될 수 있었다. 일제는 우리의 철도 자력 건설 운동을 철저히 짓밟으면서 일본군의 군용 철도로 만들어 나갔다.

그러나 앞서 살핀 것처럼 경부철도의 기공과 더불어 청부회사로 공사에 참여한 조선의 토목건설사는 모두 10여 개나 달했다. 물론 이들 토목건설사는 불과 2년여 간의 짧은 활동을 끝으로 역사의 뒤안길로 사라져야 했다. 그런 만큼 이들의 청부 내용이나 활동 상황을 구체적으로 전해주는 사료는 거의 남아 있지 않다. 그렇더라도 초기 철도 공사 현장에 참여했던 짧은 경험과 학습은 우리 토목건설업계가 발아하는 씨앗이 되어주었음은 부인할 수 없는 사실이다.

<하>권으로 계속

출전을 밝혀주는 원주 목록

제1장. 5백 년 전통의 조선상계 '종로 육의전'과 '보부상단'

1) 이존희, <조선시대의 한양과 경기>, 2001.

2) 일본 아세아협회 編 발췌, <향토서울> 제1호, 1957.

3) 고동환, <조선후기 서울상업발달사 연구>, 1998.

4) 김대길, <시장을 열지 못하게 하라>, 2000.

5) 정승모, <시장으로 보는 우리 문화 이야기>, 1992.

6) 박상하, <박승직상점>, 매일경제신문사, 2013.

7) 이태진 외, <서울상업사>, 태학사, 2000.

8) 이사벨라 버드 비숍, 유병선 번역, <이사벨라 버드 비숍의 황금반도>, 경북대 출판부, 2017.

9) 이훈섭, <經營史論>, 글로벌, 2002.

10) 김대길, <조선 후기 장시 연구>, 국학자료원, 1996.

11) 조재곤, <근대 격변기의 상인 보부상>, 서울대 출판부, 2003.

12) 정승모, <시장의 사회사>, 웅진출판, 1992.

13) 박상하, <반란의 역사>, 생각출판사, 2021.

14) 박상하, 위의 책.

15) 국사편찬위원회, <거상, 전국의 상권을 장악하다>, 두산동아, 2005.

16) 강만길, <한국 상업의 역사>, 세종대왕기념회, 1974.

제2장. 개항, 조선 상계 '종로 육의전'의 붕괴

1) 서울특별시사편찬위원회, <서울六百年史>, 1978.

2) 서울시 중구 문화원, <명동변천사>, 2003.

3) 김양수, <仁川開化百景>, 1998.

4) 李鏞善, <巨富實錄>, 양우당, 1983.

5) 박병윤, <財閥과 政治>, 1982.

6) 김양수, <仁川開化白景>, 1998.

7) 李鏞善, 위의 책.

8) 박상하, <한국기업성장 100년史>, 경영자료사, 2013.

9) 박병윤, 위의 책.

제3장. 5백 년 '한성'에서 상업 중심의 근대도시 '경성'으로

1) 日本外務省, <公使館及領事館報告>, 1893.

2) 金京鈺, <黎明八十年>, 1964.

3) 박승돈, <한국고무공업50년 소사>, 1970.

4) 김태수, <꽃가치 피어 매혹케 하라>, 2005.

5) 서형실, <식민지시대 여성 노동운동에 관한 연구 : 1930년 전반기 고무제품 제조업과제사업을 중심으로> 이화여대 대학원 석사논문, 1990.

6) 고승제, <한국고무공업의 전개와 대륙고무공업회사의 지위>, 1973.

7) 이규태, <고무신 공장> 조선일보, 1996.

8) 金京鈺, 위의 책.

9) 시대일보, <漫畵로 본 京城>, 1925.

10) 金京鈺, 위의 책.

11) 조희문, <무성영화의 해설자, 변사연구>, 1997.

12) 조희문, <영미연초회사와 한성전기회사의 영화 상영에 대한 고찰>, 2002.

13) 조희문, <초창기 한국영화사연구 : 영화의 전래와 수용(1896~1923)> 중앙대 대학원 박사 논문, 1992.

14) 조희문, 위의 논문.

15) 안종화, <한국영화측면비사>, 1962.

16) 조희문, <한말 · 일제 시기의 대중문화사>, 1999.

17) 조희문, <극장-한국영화의 또 다른 역사>, 2001.

18) 金京鈺, 위의 책.

19) 임종국, <한국인의 생활과 풍속 상>, 1995.

20) 조풍연, <서울잡학사전>, 1989.

21) 조희문, 위의 책

22) 조선일보, <모껄 弟三期, 漫畵子가 豫想한 1932>, 1932.

23) 조선일보, <녀름 風情, 몽파리 裸女>, 1929.

24) 조선일보, <一日一畵, 꽃구경이 사람구경>, 1930.

25) 조선일보, <十錢人間獸人 이데오로기>, 1934.

26) 삼천리, <文士와 전당포, 염상섭>, 1931.3.

27) 서길수, <개항 후 대차관계 및 이자에 관한 연구> 국제대학, 1987.

28) 서길수, <개항 후 이자부 자본의 사적 고찰>, 단국대 대학원 박사 논문, 1978.

29) 김희중, <한말 식민지 금융체제의 전개 과정에 관한 연구> 조선대 대학원 석사 논문, 1981.

30) 조선일보, <歲暮苦, 高利貸金業者>, 1928.

31) 조선일보, <舊曆歲暮1>, 1930.

32) 조선일보, <舊曆歲暮2>, 1930.

33) 조선일보, <아스팔트의 딸, 輕氣球를 탄 粉魂群>, 1934.

34) 조선일보, <異端女의 서울, 文人이 본 서울>, 1932.

35) 탁지부 건축소, <건축소 사업개요>, 1909.

36) 조성용, <일제강점기 경성부 도시계획>, 1993.

37) 정재정 외, <서울 근현대 역사기행>, 1998.

제4장. 경성의 젊은 상인들, 종로 거리로 돌아오다

1) 황성신문, 1913.8.2.

2) 李鏞善, <巨富實錄>, 양우당, 1983.

3) 금복현, <옛 안경과 안경집>, 1995.

4) 李鏞善, 위의 책.

5) 매일신보, <자동차와 鄕人의 경이>, 1917.

6) 이규태, <재미있는 우리의 집 이야기>, 1991.

7) 전영선, <월간 자동차, 한국자동차 야사>, 1986.

8) 李鏞善, 위의 책.

9) 박병윤, <財閥과 政治>, 1982.

10) 김영근, <일제하 서울의 근대적 대중교통수단> 한국학보, 2000.

11) 전영선, <월간 자동차, 자동차 비화 80년>, 1985.

12) 三千里 5월호, <方義錫씨의 京城택시>, 1934.

13) 박병윤, 위의 책.

14) 三千里 8월호, <金鑛夜話>, 1934.

15) 三千里 6월호, <長安 名士의 自家用自動車>, 1936.

16) <배오개에서 세계로-두산 100년 이야기>, 두산그룹, 2018.

제5장. 조선의 3대 재벌 김성수 · 민영휘 · 최창학

1) 三千里 11월호, <朝鮮 近代 三大 財閥 總解剖>, 1930.

2) 三千里 7월호, <銀行長의 하루>, 1934.

3) 三千里, 위의 책.

4) 三千里, 위의 책.

5) 三千里 5월호, <朝鮮銀行 地下藏金庫>, 1934.

6) 三千里 4월호, <總督府月給 三百萬圓>, 1936.

7) 三千里, 위의 책.

8) 三千里 7월호, <二大財閥의 빌딩爭奪戰 ; 閔奎植 對 韓學洙>, 1935.

9) 三千里, 위의 책.

10) 三千里, 위의 책.

11) 三千里 8월호, <又一빌딩出現說>, 1935.

12) 三千里 12월호, <高層建物林立의 大京城>, 1933.

제6장. 경성의 젊은 여성들, 시대를 거역하다

1) 三千里, 4월호, <興行戰 ; 朝鮮劇場이냐, 團成社냐. 料理戰 ; 明月館이냐, 食道園이냐>, 1932.

2) 三千里, 위의 책.

3) 三千里 6월호, <社長 月給 五百圓>, 1936.

4) 三千里, 위의 책.

5) 三千里 送年號, <飛行機 宣傳은 尙무>, 1935.

6) 三千里 送年號, <春香傳의 初日收入>, 1935.

7) 三千里 8월호, <大映畵會社創立所聞>, 1935.

8) 三千里 11월호, <六十萬圓의 호텔出現>,1935

9) 三千里, 위의

10) 三千里, 위의 책.

11) 三千里 新年號, <現代샐러리맨 收入調査>, 1936.

12) 조선일보, <일요만화, 집집마다 기미고히시>1929. 9.1.

13) 조선일보, <漫畵散步, 詩人업는 땅-제비 따라 江南갓다네>, 1928.

14) 조선일보, <夏夜風景, 천국행·지옥행의 밤列車를 타고서>, 1934.

15) 三千里 新年號, <年四十萬枚팔리는 레코-드界>, 1936.

제7장. 꿈의 노다지, 황금광 열풍이 불다

1) 東光 12월호, <박인수, 세계공황 1주년 개관>, 1931.

2) 三千里 8월호, <金鑛界財界內報>, 1934.

3) 조선일보, <時代相-黃金狂時代>, 1932.

4) 전봉관, <황금광시대>, 2005.

5) 三千里 9월호, <一億圓의 雲山金鑛>, 1934.

6) 三千里 12월호, <方應模氏 成功記>, 1933.

7) 三千里, 위의 책.

8) 三千里 11월호, <三十萬圓 모은 金鑛女王>, 1935.

9) 三千里 初秋號 , <新興炭鑛事變卽後의 光景>, 1930

10) 三千里 6월호, <東拓에서는 金鑛에 얼마나 貸出해 주나?>, 1936.

11) 三千里 3월호, <東拓에 殺倒하는 鑛主들>, 1935.

제8장. 조선의 물류업계에 새벽이 열리다

1) 강만길, <한국 상업의 역사>, 세종대왕기념회, 1974.

2) 오호성, <조선시대의 미곡유통 시스템>, 국학자료원, 2007.

3) <대한통운 30년사>, 1960.

4) 정재정, <일제침략과 한국철도>, 서울대출판부, 1999.

5) <대한통운 30년사>, 위의 책.

6) 이존희, <조선시대의 한양과 경기>, 2001.

7) 정재정, 위의 책.

8) 고바야시 히데오, 임성모 번역, <만철>, 2002.

9) 박천홍, <매혹의 질주, 근대의 횡단>, 산처럼, 2003.

지은이 | 박상하

펴낸이 | 최병식

펴낸날 | 2024년 1월 23일

펴낸곳 | 주류성출판사

주소 | 서울특별시 서초구 강남대로 435 주류성빌딩 15층

전화 | 02-3481-1024(대표전화)   팩스 | 02-3482-0656

홈페이지 | www.juluesung.co.kr

값 22,000원

ISBN 978-89-6246-520-4 03910